鉄道と自然災害
列車を護る防災・減災対策

公益財団法人鉄道総合技術研究所
防災技術研究部・鉄道地震工学研究センター 編

日刊工業新聞社

はじめに

　日本周辺は地球を覆う4枚のプレートがひしめき合い、世界でも地球科学的に最も活動的な場所といえる。そのため、日本列島は非常に急峻な地形をしており、かつ地震や火山活動が活発で他国に比べても新しく、脆弱な地質から構成されている。また、日本の大部分は温暖湿潤気候に属し、夏季には台風の影響を受け、冬季には北西の強い季節風と豪雪に見舞われる。こうした地象や気象の特徴を有するため、これまでも暴風、豪雪、豪雨による洪水や土砂災害、地震や津波そして火山噴火など様々な自然災害により、人的、経済的な被害を被ってきた。このような国土においても、鉄道は安全かつ安定した輸送の提供が求められるため、数々の被災の経験に基づいて自然災害に対する様々な対策の努力を続けている。その成果もあり、近年では鉄道における自然災害の発生件数は減少してきている。そして、これからも鉄道事業者、鉄道の防災担当の技術者は、災害をゼロにすることは極めて困難ではあるが、限りなくゼロに近づけるよう努力を重ねていかなければならない。

　著者は1991年に鉄道総合技術研究所に入社し、以来、地質技術者として鉄道における自然災害、主に降雨にともなう自然斜面の崩壊や落石災害などの調査や地形地質に基づいた自然災害発生危険箇所の抽出法などの防災技術の研究に携わってきた。これまで調査した災害のなかで、非常に強く著者の心に残っている災害が、本書にも記述した1993年8月6日の鹿児島県の豪雨災害である。

　この時、鹿児島市の中心を流れる甲突川が氾濫し、甲突川に架かる有名な5つの石橋「五石橋」のうち2橋が流出するとともに、周辺では数多くの斜面崩壊が発生した。特に鹿児島市中心部から北東に位置する竜ヶ水周辺では始良カルデラのカルデラ壁斜面が無数の箇所で崩壊し、斜面と鹿児島湾の間の狭隘な平地に並行して走っていたJR日豊線と国道10号線を寸断した。そのため、多くの人々が豪雨のなか、取り残されたり、海に流されたりしたうえ、竜ヶ水と鹿児島市街の間にあった花倉病院が土石流に襲われ、高齢者をはじめ多数の方

が犠牲となった。また、日豊線では雨量規制により列車の運行は停止していたが、運悪く列車一編成が竜ヶ水駅に待避することになり、竜ヶ水駅付近で発生した斜面崩壊が土石流となってこの列車を直撃した。

　著者は発生から数日後に原因究明のために災害の現場に入り調査をしたが、鹿児島市内や花倉病院周辺での被災地独特の臭いと雰囲気から災害調査の責任の重さを感じるとともに、竜ヶ水駅では土石流により破壊された列車を目の当たりにし、鉄道防災、運転規制をより高度にすることの必要性を痛感した。この事例では列車の乗務員の適切な判断により、乗客はより安全な場所に避難したとのことであるが、もし多くの乗客を乗せたままの列車が退避した駅にこのような土石流が直撃したら大惨事となることは想像に難くない。

　また、このような降雨災害の時に「自然の水の力」の大きさを実感することがある。例えば、上に述べた鹿児島県での豪雨災害の時には肥薩線でも盛土の崩壊などが多数発生した。そのうち最も大きな盛土崩壊は河川を疎水トンネルで付け替え、もともとの河床の上に盛土を構築して線路を敷設した箇所で発生した。これは豪雨によって流量を増した河川水が人工の水路ではなく、もともとの河川が自然に作った流路を流れようとして、そこにある人工の盛土を押し流したことによると考えられる。このように豪雨の際に人間によるコントロールが不能となり災害に至る事例は、鹿児島での豪雨以外にもよく見られる。

　気象現象による災害は当然雨だけではなく、暴風や豪雪などによる災害もあり、鉄道もこれらの災害を被ってきた。これらの災害について著者自身が調査研究した経験はないため詳細は本文に委ねるが、強風による列車の転覆事故はここ10年でもいくつか発生している。例えば、2005年の寒冷前線にともなう突風によって羽越線の特急「いなほ」が転覆した事例や、2006年に台風接近時に発生した竜巻により日豊線で特急「にちりん」が転覆した事例がある。また、2014年2月の関東地方の豪雪で山梨県全域が孤立し、多くの列車が立ち往生した事例は記憶に新しい。

　さらに日本は前述したようにプレート境界、それも4つのプレートが衝突したり沈み込んだりする場所にあるため、世界でも有数の地震国でもある。この四半世紀の間にも兵庫県南部地震（1995年）、新潟県中越地震（2004年）、東北地方太平洋沖地震（2011年）といった震度7を記録する大規模な地震による

大きな災害が発生している。それぞれの地震では、本書にも記述したように鉄道でも大きな被災を被った。兵庫県南部地震では高架橋橋脚のせん断破壊や桁の落下、盛土の崩壊、新潟県中越地震では上越新幹線「とき」の脱線や魚沼トンネルの大きな変状、東北地方太平洋沖地震では東北新幹線の電架柱や高架橋橋脚の損傷、在来線での津波による列車の脱線や駅舎の崩壊などが生じた。しかしながら、幸いにもこれらの大きな地震の際にも乗客の直接的な死傷はなかった。

　このような気象災害や地震災害に対して、鉄道は施設の補強といったハード的な対策と運転規制といったソフト的な対策を行い、被災を最小限に食い止める努力をしてきた。本書では、これまで鉄道が被ってきた災害とそれに対する対応の事例、また災害に対する鉄道での対策について紹介する。
　第1章ではまず、自然災害や防災・減災についての一般論を説明し、第2章で鉄道における防災の基本的な考え方を述べる。そして第3章ではこれまで鉄道が被災した降雨災害、風化による災害、強風災害、雪氷災害、地震災害そして火山噴火災害について、いくつかの事例を挙げて説明し、それぞれの災害での対応をとり上げる。第4章ではそれぞれの災害に対して鉄道が現在行っている対策について説明する。最後に第5章で、今後鉄道が行うべき自然災害に対する防災・減災について考察したい。
　本書では、鉄道がこれまで受けてきた、あるいは今後受けるであろう自然災害について俯瞰的に記述したつもりである。したがって本書が、鉄道の防災担当の技術者の方々にとって、改めて自然災害、特にご自身が経験したことのない災害の実態や防災・減災についてご検討いただく際の一助となれば幸いである。また、鉄道防災にご協力いただいている建設会社やコンサルタント会社の方々、あるいは鉄道事業者のなかで防災担当以外の、特に運輸系の技術者の方々に、より鉄道の防災・減災についてご理解いただくためにご一読いただければ、執筆者一同大変うれしく思う次第である。

2015年10月

執筆者代表　太田岳洋

目 次

はじめに i
編集者一覧・執筆者一覧 x

第1章　自然災害と防災・減災の基礎知識

1.1　自然災害を発生させる外力（誘因） 3
⑴　降　雨 3
⑵　強　風 8
⑶　降雪・寒冷 11
⑷　地　震 13
⑸　火　山 17

1.2　自然災害に抵抗する耐力（素因） 19
⑴　地　形 19
⑵　地　質 21
⑶　植　生 27
⑷　周辺環境 28
⑸　防護設備 29

1.3　防災・減災の基本概念 30

第2章　鉄道における防災・減災の基本

2.1　ハード対策：予防・防護 37
2.2　ソフト対策：検知と運転規制 40
2.3　防災強度とハード対策、ソフト対策の組み合わせ ... 42

第3章　自然災害による鉄道の被災事例

3.1　降雨災害 44
3.1.1　斜面の崩壊 44
(1) 2012年九州北部豪雨 44
(2) 2013年山口・島根豪雨 50
3.1.2　盛土の崩壊 56
(1) 1998年土讃線災害 56
(2) 1998年東北線黒田原〜豊原間盛土崩壊 61
3.1.3　土石流 71
(1) 1993年日豊線竜ヶ水駅構内 71
3.1.4　地すべり 75
(1) 1970年飯山線高場山 76
3.1.5　河川増水・洗掘 82
(1) 1982年東海道線富士川橋梁流出 82

3.2　風化による災害 88
3.2.1　岩盤崩壊・土砂崩壊 88
(1) 2006年羽越線小岩川〜あつみ温泉間 89
3.2.2　落　石 96
(1) 1996年高山線落石災害 97
(2) 2006年津山線落石災害 100

3.3　強風災害 105
3.3.1　列車の脱線転覆 106
(1) 1986年山陰線余部橋梁 106
(2) 2006年日豊線竜巻災害 110
3.3.2　線路設備の機能阻害 113
(1) 飛　砂 113
(2) 倒　木 113

3.4　雪氷災害 114
3.4.1　鉄道の雪崩災害 115
(1) 雪崩による橋梁の損傷事例 115
(2) 雪崩による列車の輸送障害事例 117
3.4.2　吹雪・吹きだまりによる災害 120
(1) 2013年奥羽線 120
3.4.3　冠雪による倒木 124
(1) 2014年久大線 124

3.5　地震災害 126
3.5.1　兵庫県南部地震 127
(1) 地震の概要 127
(2) 山陽新幹線の被害 127
(3) 在来線の被害 128
(4) 復旧方法 131
3.5.2　新潟県中越地震 134
(1) 地震の概要 134
(2) 新幹線の脱線 136
(3) 新幹線構造物の被害 138
(4) 在来線構造物の被害 141
3.5.3　東北地方太平洋沖地震 143
(1) 地震の概要 143
(2) 列車運行状況と脱線 144
(3) 新幹線構造物の地震動による被害 145
(4) 在来線構造物の地震動による被害 149
(5) 津波による構造物の被害 152

3.6　火山噴火災害 155
3.6.1　1991年雲仙普賢岳 156
3.6.2　2000年有珠山 161

第4章　鉄道における自然災害の対策

4.1　降雨災害 ·· 166
4.1.1　鉄道の雨量観測と運転規制 ······································ 166
(1) 雨量観測 ·· 166
(2) 降雨時運転規制 ·· 168
4.1.2　降雨災害の予防と斜面検査 ······································ 172
(1) 検査の取り組みの経緯 ·· 172
(2) 維持管理標準に基づく斜面の検査 ···························· 173
(3) 降雨に対する弱点箇所の定量的評価 ························ 176
4.1.3　災害発生後の復旧 ·· 180
(1) 災害復旧の流れ ·· 180
(2) 適切な対策の選定 ·· 183
4.1.4　地すべりの調査 ·· 184
(1) 規模の概略的な把握 ··· 184
(2) 観　　測 ··· 186
(3) 地すべり対策 ·· 192

4.2　風化による災害 ·· 196
4.2.1　風化と斜面災害 ·· 196
(1) 風化とは ·· 196
(2) 風化と斜面災害 ·· 199
(3) 斜面災害の対策 ·· 200
4.2.2　斜面の調査・評価法 ··· 200
(1) 調査の目的と方法 ·· 200
(2) 風化が大きく関係する災害形態に関する調査 ············· 201
4.2.3　風化による災害への対策 ·· 206
(1) 発生源対策（予防工） ·· 207
(2) 線路際対策（防護工） ·· 209
(3) 検　知 ·· 213

4.3　強風災害 ... 215
4.3.1　運転規制 ... 215
(1) 強風時の運転規制方法の変遷 ... 215
(2) 現在の運転規制方法 ... 216
4.3.2　風観測 ... 218
4.3.3　防風柵などのハード対策 ... 221

4.4　雪氷災害 ... 223
4.4.1　軌道上の積雪対策 ... 227
4.4.2　雪崩対策 ... 233
(1) 雪崩危険斜面の抽出 ... 233
(2) ハード対策 ... 237
(3) ソフト対策 ... 239
4.4.3　吹雪・吹きだまり対策 ... 240
4.4.4　着雪・着氷・着霜対策 ... 240
4.4.5　凍結・融解 ... 242

4.5　地震災害 ... 243
4.5.1　耐震設計 ... 243
(1) 性能規定化と国際標準との整合 ... 244
(2) 地震時の要求性能 ... 244
(3) 設計地震動 ... 246
(4) 地盤の挙動評価 ... 246
(5) 構造物の応答値の算定 ... 248
(6) 性能照査 ... 250
4.5.2　耐震対策 ... 252
(1) 耐震対策の取り組み状況 ... 252
(2) 耐震対策に関する技術開発 ... 254
4.5.3　早期地震警報システム ... 260
(1) 地震、地震動、地震警報 ... 261
(2) 新幹線における早期地震警報の変遷 ... 262

(3) 現行の早期地震警報システムの仕組み ································ 264
(4) 緊急地震速報の利用 ·································· 268
(5) 今後の展望 ·································· 270

第5章　鉄道の自然災害に対する防災・減災の今後

(1) 巨大地震・巨大津波 ·································· 274
(2) 火山災害 ·································· 276
(3) 大規模水災害・大規模土砂災害、竜巻 ·································· 277

索　引 ·································· 282

編集者一覧 （五十音順）

浦越　拓野、太田　岳洋、太田　直之、川越　健、室野　剛隆

執筆者一覧 （五十音順、【　】は執筆担当箇所）

荒木　啓司　　【第3章3.3、第4章4.3】
公益財団法人鉄道総合技術研究所　防災技術研究部　気象防災研究室　主任研究員

飯倉　茂弘　　【第3章3.4、第4章4.4】
公益財団法人鉄道総合技術研究所　防災技術研究部　気象防災研究室　室長

浦越　拓野　　【第3章3.6】
公益財団法人鉄道総合技術研究所　防災技術研究部　地質研究室　副主任研究員

太田　岳洋　　【第1章、第2章、第3章3.1.3、3.2.2、3.3、第4章4.3、第5章】
公益財団法人鉄道総合技術研究所　防災技術研究部　部長

太田　直之　　【第3章3.1.1、3.1.2(1)、3.1.4、3.1.5、第4章4.1】
公益財団法人鉄道総合技術研究所　防災技術研究部　地盤防災研究室　室長

川越　健　　　【第4章4.2】
公益財団法人鉄道総合技術研究所　防災技術研究部　地質研究室　室長

川村　力　　　【第3章3.6.2】
北海道旅客鉄道株式会社　工務部　工事課　防災技術G　副課長

近藤　政弘　　【第3章3.5.1】
西日本旅客鉄道株式会社　構造技術室　基礎・トンネル構造　課長

谷村　幸裕　　【第4章4.5.2】
公益財団法人鉄道総合技術研究所　構造物技術研究部　部長

中村　宏　　　【第3章3.1.2(2)】
東日本旅客鉄道株式会社　構造技術センター　耐震土構造PT　課長

野澤　伸一郎　【第3章3.5.2、3.5.3】
東日本旅客鉄道株式会社　執行役員　構造技術センター　所長

藤原　寅士良　【第3章3.2.1】
東日本旅客鉄道株式会社　構造技術センター　基礎・土構造グループ　副課長

松本　健次　　【第3章3.6.1】
島原鉄道株式会社　営業部　次長（鉄道担当）

室野　剛隆　　【第4章4.5.1】
公益財団法人鉄道総合技術研究所　鉄道地震工学研究センター　センター長

山本　俊六　　【第4章4.5.3】
公益財団法人鉄道総合技術研究所　鉄道地震工学研究センター　地震解析研究室　室長

第 1 章

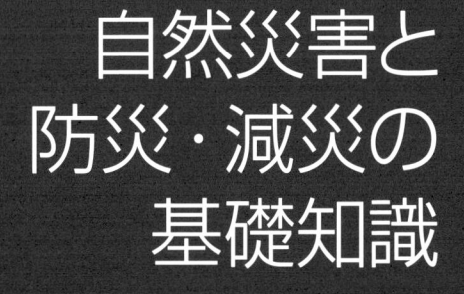

自然災害と防災・減災の基礎知識

第1章 自然災害と防災・減災の基礎知識

　日本列島は地質学的にはプレート境界に位置し、世界でも有数の変動帯にある。そのため、非常に急峻な地形を呈し、かつ地震や火山活動が活発な地域である。例えば、世界のマグニチュード6以上の地震の約2割が日本列島周辺で発生し、約2,000の活断層が確認されている。さらに、世界の活火山の約7％に当たる110の活火山が分布する。そのため、日本の国土は世界的に見ても新しく、脆弱な地質から構成されているといえる。一方、日本列島の大部分は温暖湿潤気候に属し、夏季には台風に襲われ、冬季には北西の季節風と豪雪に見舞われる。これらの地象・気象の特徴を有する日本では、これまでも暴風、豪雪、豪雨や土砂崩壊、土石流、地震、津波、噴火などのあらゆる自然災害が発生し、人的、経済的被害を被ってきた。

　ここで、「自然災害」の基本的な概念を述べておこう。自然災害とは、様々な地球科学的な現象（台風、豪雨、土石流、突風、地震、津波、噴火など）によって、人間社会（本書では鉄道設備や列車運行が対象）が受ける被害と定義される。例えば、人里離れた山奥で地すべりが発生しても、その影響範囲に人間の活動がなければ「自然災害」ではないが、人家の裏の崖が降雨時に崩れると「自然災害」となる。自然災害を引き起こす地球科学的な現象をハザード（Hazard）と呼ぶこともある。したがって最近各種災害で整備が進められているハザードマップは、災害を引き起こす現象が生じうる可能性を示した図であり、被災想定の図ではないことがある。

　また、自然災害は「素因」と「誘因」から構成されるとも考えられる。「素因」とは自然災害が発生した場合のその場所の特徴であり、地形や地質、植生、気候などの自然的な素因と、土地利用や構造物、防災対策工などの社会的な素因に分けることもできる。「誘因」は豪雨や突風、地震動、火山噴出物など被害を引き起こす直接的な原因である。最近は被災する側の視点から、誘因を外部から作用する力と考えて「外力」といい、素因は社会的な素因を重視して「耐力」ということも増えてきている。

　本章では、上記の自然災害の概念を理解したうえで、これを発生させる直接的な原因である外力とそれに抵抗する耐力について、地球科学的な側面から解説し、これに基づいた自然災害に対する防災・減災の基本的な概念について述

べる。本章は自然災害や防災・減災の基本的な事柄について鉄道に限らずに述べているので、鉄道での災害や防災の現状を知りたい読者は本章を読み飛ばして第2章以降から読み進んでいただければと思う。その後、基本的なことをより知りたい時に本章を読んでいただければ幸いである。

1.1　自然災害を発生させる外力（誘因）

(1) 降　雨

　日本の大部分は温暖湿潤気候に属するため、世界的に見ても比較的降雨の多い国であり、毎年梅雨のような長雨や台風などによる大雨が生じる。日本の年平均降水量は約1,700mmであり、米国や欧州の約2倍である。

　梅雨には、初夏にオホーツク海高気圧から吹き出す冷たい風と本州南方海上の太平洋高気圧から吹き出す暖かい風が衝突して形成される前線が、本州南岸で停滞して停滞前線（梅雨前線）となり長期間ぐずついた天候をもたらす。同様の停滞前線は秋にも発生し、秋雨が続くことがある。梅雨末期には梅雨前線上に積乱雲が発生しやすく、梅雨前線に亜熱帯性の湿潤な暖気が流入すると（湿舌という）、積乱雲群が発達して集中豪雨をもたらすことがある。また、台風は南方の熱帯の太平洋上で海からの水蒸気をエネルギー源として発達した上昇気流の渦として発生し、発達しながら北上して、海面水温が低い日本付近で水蒸気の供給が減少し、衰退する。

　このような長雨、集中豪雨や台風にともなう大雨による災害は日本のどこかで毎年発生しており、日本では最も発生件数の多い自然災害といえよう。死者・行方不明者数で見ても毎年数十名、多い年には100名以上が降雨による風水害の犠牲となっている（図1.1-1）[1]。

　近年、地球温暖化にともなって降雨状況がこれまでとは異なっているといわれている。例えば図1.1-2に示すように、アメダス地点1,000地点において1時間降水量が50mm、80mm以上となった年間の回数は増加傾向にあり[2]、さら

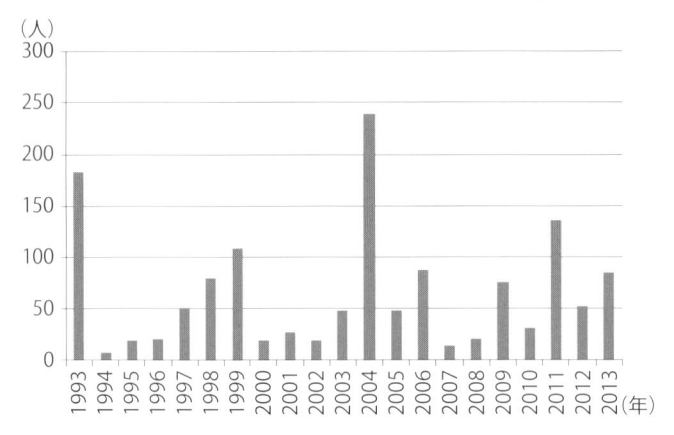

第 1 章　自然災害と防災・減災の基礎知識

図 1.1-1　1993 年以降の風水害による死者・行方不明者の推移
対象年の 1 月 1 日から 12 月 31 日までの死者・行方不明者数
（平成 26 年版度版防災白書[1]のデータより作成）

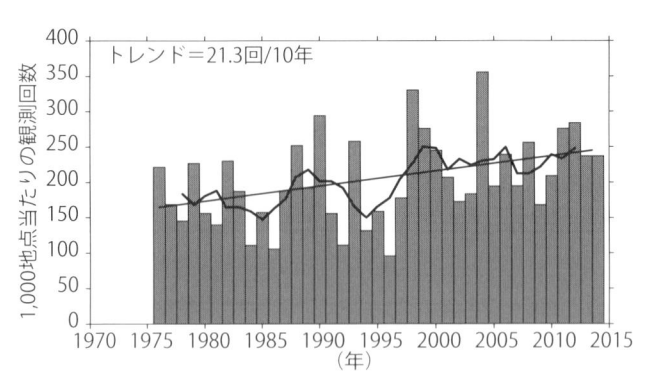

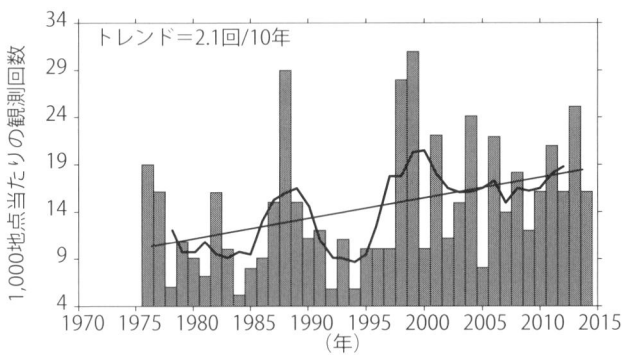

図 1.1-2　1 時間降水量が 50 mm 以上（上）、80 mm 以上（下）となった
アメダス地点 1,000 地点当たりの年間の回数[2]

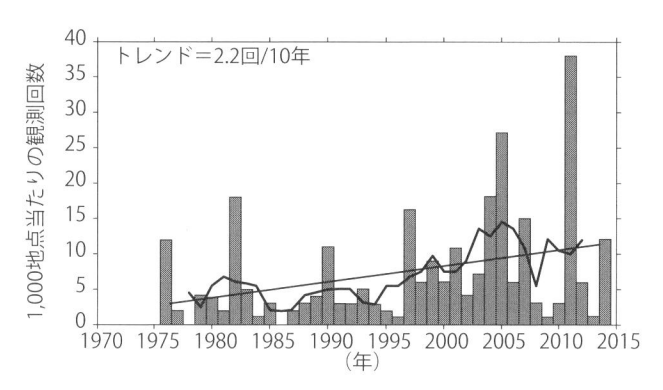

図1.1-3 日降水量400 mm以上となったアメダス地点1,000地点当たりの年間の回数[2]

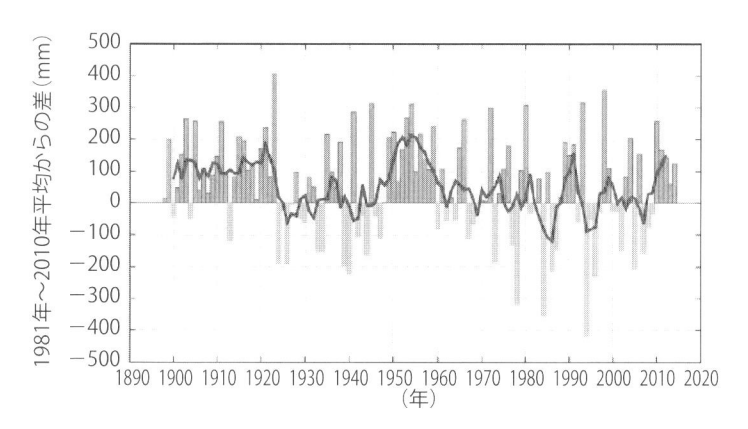

図1.1-4 日本の年降水量の経年変化（1898年〜2014年）[2]

に日降水量400 mm以上の年間観測回数も増加している（図1.1-3）[2]。このことから、大雨や短時間強雨が増加しているともいえる。しかし、アメダスの観測期間は1976年以降の38年間と短いため、この変化傾向を確実に捉えるためには今後のデータの蓄積が必要であるといわれている[2]。

次に、図1.1-4に国内51地点の年降水量の偏差とその5年移動平均を示す。同図から、年降水量は1時間降水量とは異なり、増加傾向は明瞭ではないが、1920年代半ばまでと1950年代に多雨期が見られ、1970年代以降は変動幅が大きくなっていることがわかる[2]。また、月降水量における異常多雨の出現率に

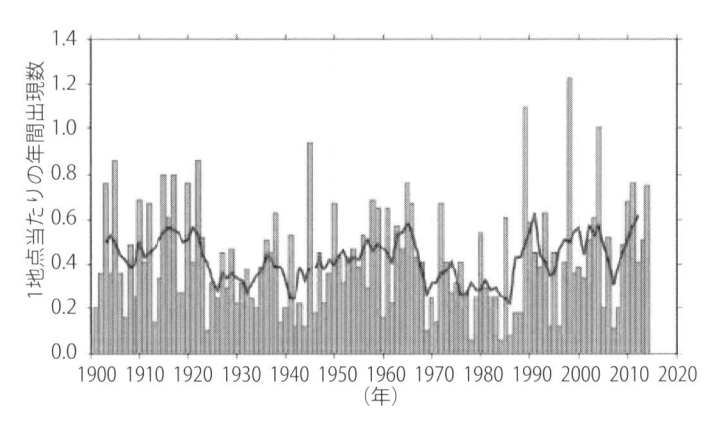

第 1 章　自然災害と防災・減災の基礎知識

図1.1-5　月降水量における異常多雨の年間出現数の経年変化[2]

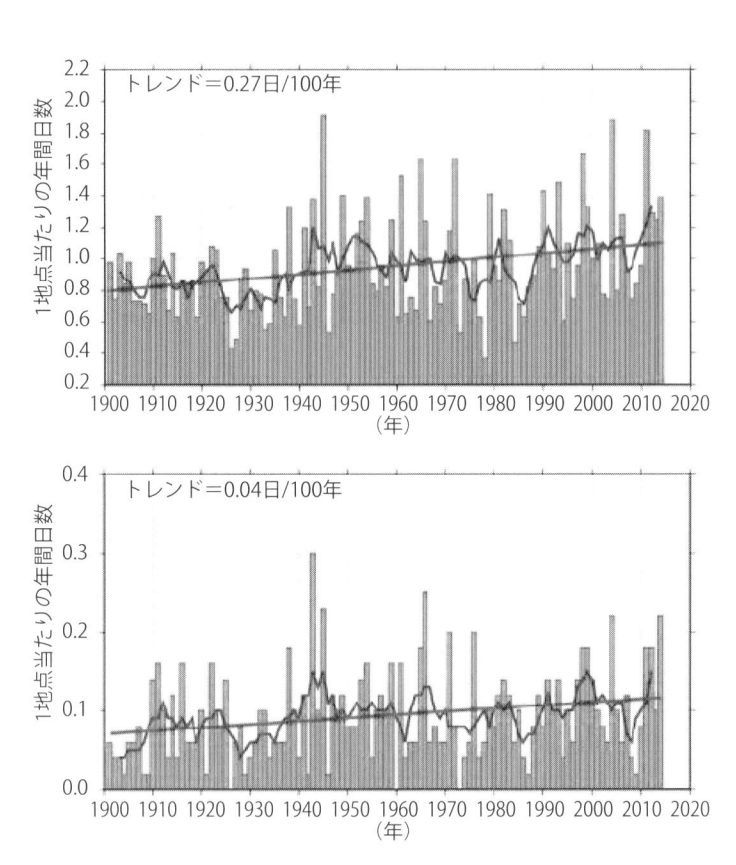

図1.1-6　日降水量100mm以上（上）、200mm以上（下）の年間日数の経年変化[2]

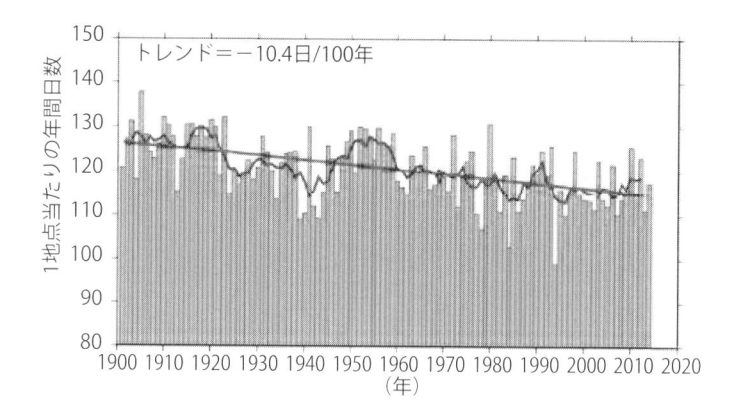

図1.1-7 日降水量1.0mm以上の年間日数の経年変化[2]

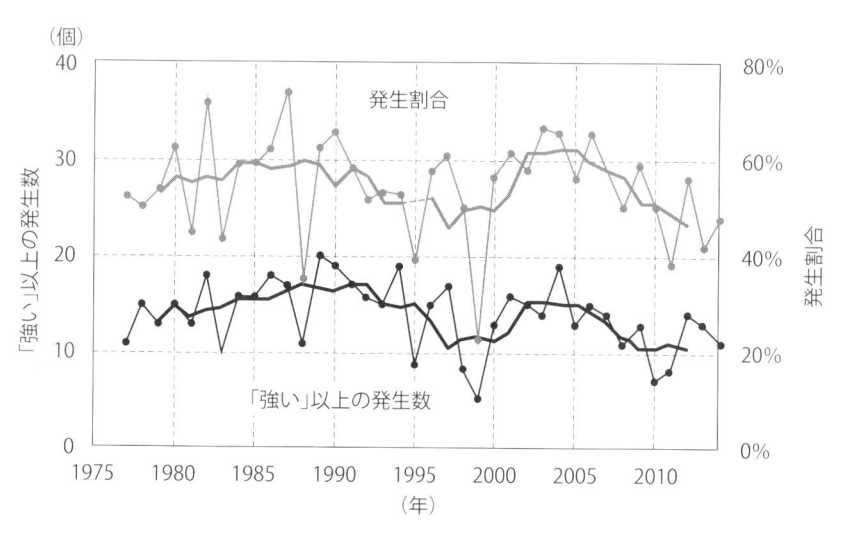

図1.1-8 「強い」以上の勢力となった台風の発生数と全発生数に対する割合の変化[2]

は明瞭な変化傾向は見られない（図1.1-5）が、国内51地点の1901年〜2013年の日降水量100mm以上、200mm以上の年間日数は増加傾向が明瞭であり（図1.1-6）、日降水量1.0mm以上の日数は明らかに減少している（図1.1-7）[2]。このことから、大雨の頻度は増加しているが、降水の日数自体は減少しているといえる。

図1.1-2で示したような1時間で50mmや80mmを超えるような短時間の大雨は「集中豪雨」や「ゲリラ豪雨」と呼ばれる。これらの用語は学術用語ではないので、明確な定義はない[3]。1時間降水量の歴代記録の上位10位のほとんどは、台風ではなく低気圧や大気の不安定化が原因とされている[3]。このような短時間の大雨は積乱雲が発達することによりもたらされるが、そのメカニズムの詳細については多くの気象学関連の解説書[3,4]を参照されたい。

一方、日降水量の歴代記録の上位10位までのうち、8例が台風を原因としている[3]。このように大雨の原因のひとつである台風について発生状況の変化を見ると、その発生数については、明瞭な長期的な変化傾向は認められていない。また、「強い」以上の勢力となった台風（最大風速33m/s以上）の発生数や台風の全発生数に対する「強い」以上の台風の発生数の割合についても目立った変化の傾向は見られない（図1.1-8)[2]。

(2) 強　風

近年の鉄道における強風災害は主に突風現象に起因するものが多い。この突風現象には主に「竜巻」、「ダウンバースト」、「ガストフロント」がある（図1.1-9)。

表1.1-1に1981年以降に発生した死者がでた突風被害事例を示す。この表の1999年豊橋市の事例は、死者はいないものの藤田スケール（竜巻やダウンバーストなどの風速を、建物などの被害から簡便に推定するために、シカゴ大学の

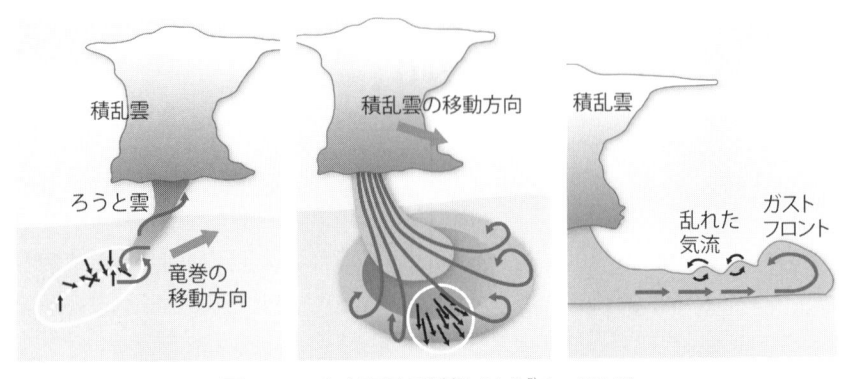

図1.1-9　主な突風の種類（文献[5]を一部修正）

1.1 自然災害を発生させる外力（誘因）

表1.1-1　1981年以降に発生した主な突風被害事例[6]

現象区別	発生日時	発生場所	藤田スケール	死者(人)	負傷者(人)	住家全壊(戸)	住家半壊(戸)
竜巻	2012年5月6日 12時35分頃	茨城県 常総市	F3	1	37	76	158
竜巻	2011年11月18日 19時10分頃	鹿児島県 大島郡徳之島	F2	3	0	1	0
ガストフロント	2008年7月27日 12時50分頃	福井県 敦賀市	F0	1	9	0	0
竜巻	2006年11月7日 13時23分	北海道 佐呂間町	F3	9	31	7	7
竜巻	2006年9月17日 14時03分	宮崎県 延岡市	F2	3	143	＊79	＊348
その他（不明を含む）	2005年12月25日 19時10分頃	山形県 酒田市	F1	5	33	0	0
その他（不明を含む）	2004年10月9日 16時00分頃	静岡県 伊東市	不明	＊5	＊100	＊165	＊244
ダウンバースト	2003年10月13日 15時30分頃	茨城県 神栖町	F1〜F2	2	7	不明	不明
竜巻	1999年9月24日 11時07分	愛知県 豊橋市	F3	0	415	40	309
竜巻	1997年10月14日 13時45分	長崎県 郷ノ浦町	F1〜F2	1	0	0	0
ダウンバースト	1996年7月15日 14時50分	茨城県 下館市	F1〜F2	1	19	1	69
竜巻	1991年2月15日 11時00分頃	福井県（湖上）	F1	＊1	＊5	＊1	0
竜巻	1990年12月11日 19時13分	千葉県 茂原市	F3	1	73	82	161
竜巻	1990年2月19日 15時15分頃	鹿児島県 枕崎市	(F2〜F3)	1	18	29	88

＊はほかの気象現象による被害数を含む。

藤田博士により考案された風速の尺度）がF3と風速が大きく、また負傷者も多数であるため掲載した。被災事例では竜巻とされた現象が最も多いが、ダウンバーストやガストフロントによる被災事例も報告されている。

「竜巻」は積乱雲にともなう強い上昇気流で発生する渦巻で、ろうと状または柱状の雲をともなうことが多い。被害域は幅数十〜数百mで、延長数kmの範囲に及ぶことが多い。「ダウンバースト」は竜巻とは逆に積乱雲からの下降気流が地表に衝突して水平に吹き出す現象である。この吹き出しの範囲は数百m〜10km程度で、被害域が円形または楕円形に広がる特徴がある。「ガストフロント」は積乱雲の下で形成された冷たく重い空気の塊が、暖かく軽い空気

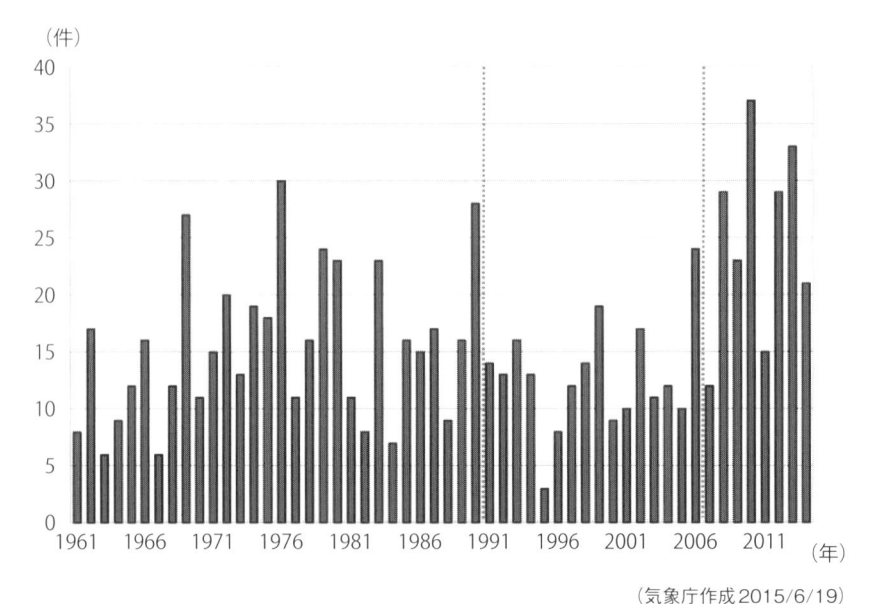

第1章 自然災害と防災・減災の基礎知識

図1.1-10 竜巻の年間発生確認数の推移[7]

（気象庁作成2015/6/19）

側に流れだすことによって発生する。広がる範囲は竜巻やダウンバーストよりも大きく、数十km以上に達することがある。そのほかには、晴れた日の日中に地表付近で温められた空気が上昇することにより発生する「じん旋風」なども突風現象のひとつである。このような強風現象のそれぞれの発生メカニズムの詳細についても、気象学関連の解説書[3),4)]を参照されたい。気象庁では1961年以降のこれらの突風事例を、突風データベースとして収集している。

図1.1-10に年別の竜巻の発生確認数を示す。ただし、年別の竜巻の発生確認数については、1990年以前は確認できる資料が少ないなどの理由から1991年以降と単純に確認数を比較することはできない。また2007年以降は突風の調査を強化したため、見かけ上発生数が増えている可能性があり、2006年以前と2007年以降を単純に比較できないとされている。

2007年〜2014年の日本において、海上を除いた竜巻発生確認数の年平均は約25件である。米国では年間約1,300件の竜巻が確認されているが、単位面積に換算すると日本での竜巻の確認数は米国の約3分の1で決して少ない数では

10

(気象庁作成 2015/6/19)
図1.1-11　1991年～2014年の突風分布図[8]

ない。

　これらの突風現象は、図1.1-11に示すように全国にわたって確認されており、日本中どこでも竜巻などの突風が発生する可能性があるといえる。竜巻は沿岸部で確認されることが多いが、ダウンバーストやガストフロントはそのような発生場所に関する傾向がない[8]。

(3) 降雪・寒冷

　日本周辺では冬季に大陸の高気圧（シベリア高気圧）が張り出し、いわゆる西高東低型の気圧配置となることが多い。このシベリア高気圧は非常に優勢であるため、東の海上の低気圧との気圧差が大きくなり、南北の等圧線が密になる。そのため北西の季節風が強く吹くことになる。この北西の季節風は日本海から水蒸気が供給されるため、日本海側に大雪や雨をもたらす。一方で、人口の集中している太平洋側では乾燥したからっ風となる。このため、首都圏や中京、関西圏の人々には、降雪・寒冷による雪氷災害の深刻さはあまり理解され

表1.1-2 戦後の主な雪害での人的被害状況[9]

年度	死者・行方不明者数（人）	負傷者数（人）	気象庁の命名
1962	231	356	昭和38年1月豪雪
1976	101	834	
1980	152	2,158	
1983	131	1,336	
2004	86	758	
2005	152	2,136	平成18年豪雪
2010	131	1,537	
2011	133	1,990	
2012	104	1,517	
2013	95	1,770	

ていないようである。

　表1.1-2に戦後の主な雪害での人的被害状況を、図1.1-12に1989年以降の雪害による死者数の推移を示す。過去10年間では「平成18年豪雪」と命名された2005年度に最も死者数が多く、2010年以降は毎年100〜130人前後の死者数である。これは図1.1-1に示した風水害の年間死者数と比べても、ほぼ同等かそれ以上である。

　雪害の形態は、主に雪崩と吹雪が挙げられる。雪崩は、斜面に積もった雪が重力の作用により肉眼で識別できる速度で流下する現象である。毎年、スキー場などでも発生し、人的被害が生じることがある。一方、吹雪は雪粒子が風によって空中を舞う現象である。2013年3月2日に北海道の道東地方で天候の急変により猛烈な吹雪が発生し、9名の死者がでた災害は記憶に新しい。しかしながら、2011年〜2013年の死者のうち70〜80％が雪降ろしなどの除雪作業中の事故によるものである。また、積雪そのものによる被害もある。2014年2月14〜16日の関東甲信から東北地方の大雪では、鉄道をはじめとする交通障害により山梨県全域が一時孤立するなどの孤立集落の多発や、積雪の重みによる家屋の倒壊など建物被害が多く発生した。

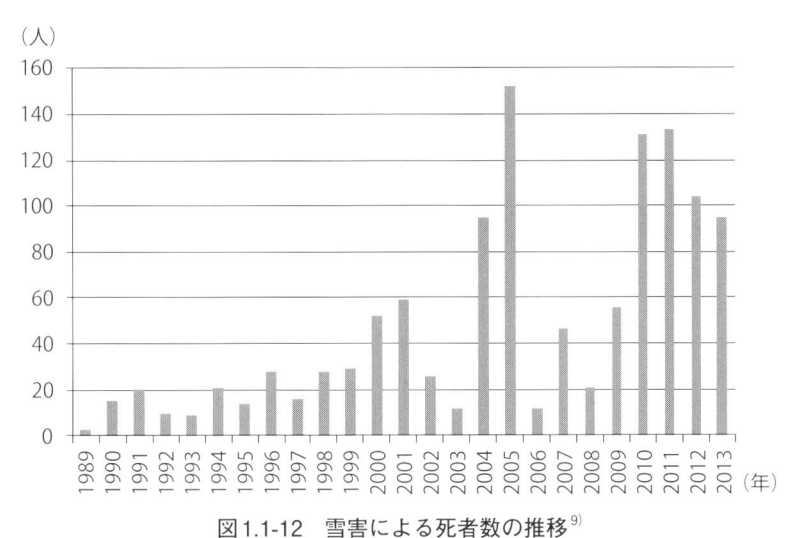

1.1 自然災害を発生させる外力（誘因）

図1.1-12 雪害による死者数の推移[9]
1989年～2003年までは暦年、2004年は暦年＋2005年1～3月、
2005年以降は年度の数値

　図1.1-12からは、近年は雪害による死者数が増加しているように見える。ここで、1963年～2013年の年最深積雪の経年変化（図1.1-13）[2]を見ると、東日本の日本海側、西日本の日本海側では減少傾向が明瞭であり、北日本の日本海側ではほぼ変化がないことがわかる。このことは、近年積雪量にかかわらず、雪害による犠牲者が発生していることを示している。この原因としては、日本の豪雪地帯における急速な人口減少と高齢化が一因であるという指摘もある[9]。

(4) 地　震

　地震は地球表層を覆う地殻を構成する岩盤の破壊、つまり断層の形成や再活動によって生じる。岩盤を破壊させるためには、岩盤に力を作用させる必要がある。地殻は図1.1-14に示すようにいくつかのプレートから構成されており、これらのプレートは図の矢印で示すように移動している[10]。発散型プレート境界（海嶺など）でプレートが生成され、収束型プレート境界ではプレート同士が衝突したり、海洋プレートが大陸プレートの下（海溝）に沈み込んだりする。また、トランスフォーム型プレート境界では2つのプレートがすれ違っ

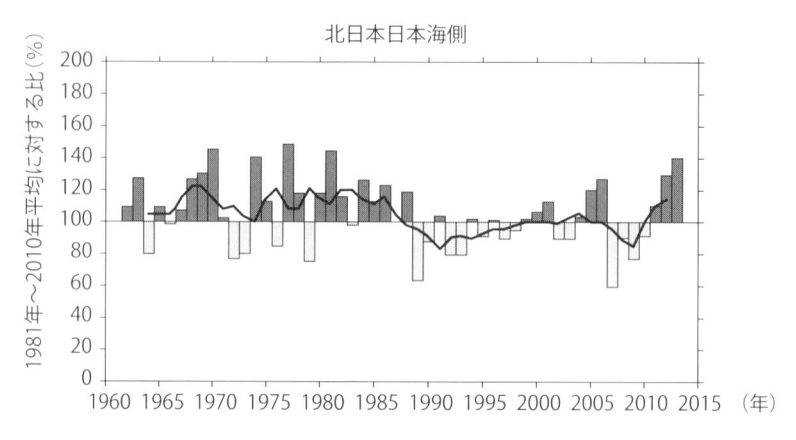

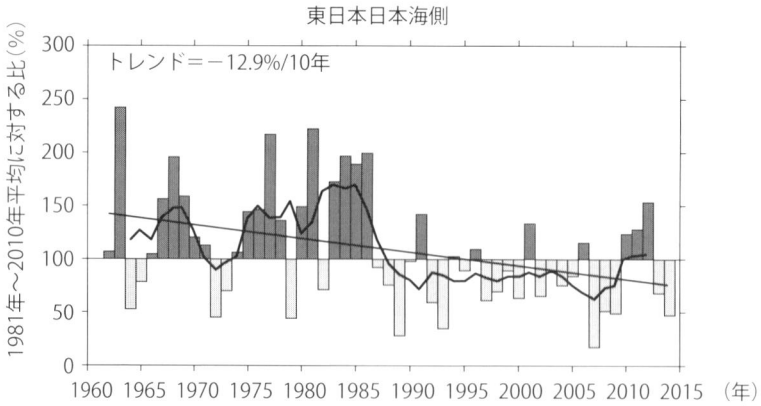

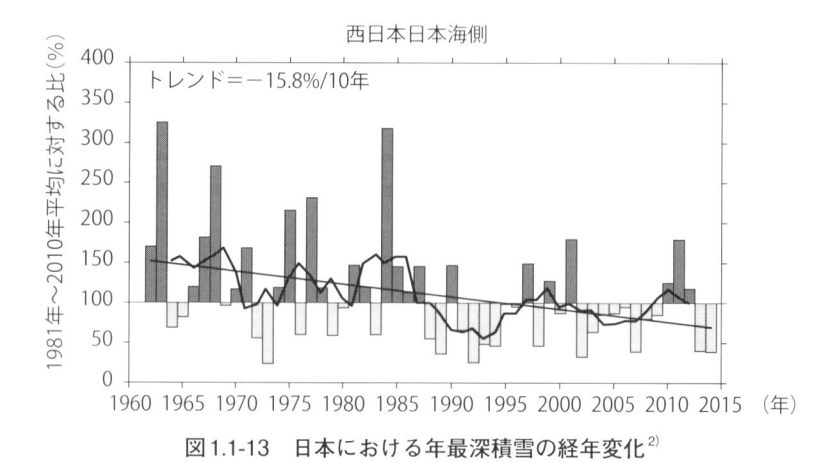

第 1 章　自然災害と防災・減災の基礎知識

北日本日本海側

東日本日本海側

トレンド＝－12.9%/10年

西日本日本海側

トレンド＝－15.8%/10年

図1.1-13　日本における年最深積雪の経年変化[2]

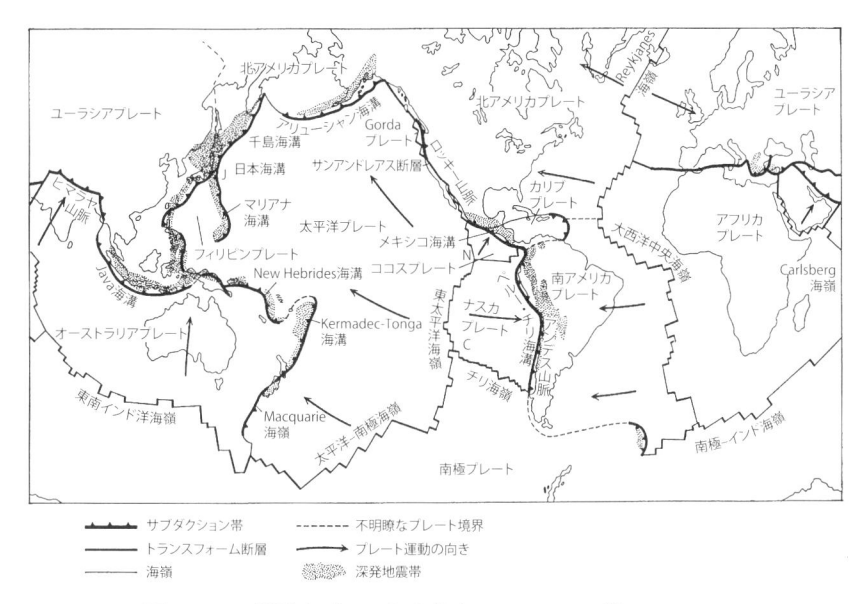

図1.1-14 世界のプレートの分布（上田（1978）[10]）に一部加筆）

ている。日本周辺には太平洋プレート、北米プレート、ユーラシアプレート、フィリピン海プレートが分布し、それぞれが収束型の境界で接しており、これらのプレートの移動方向から日本列島はおおむね北西－南東方向に圧縮される力を受けている。

　地震には、海溝付近で起こる地震と内陸での断層運動により起こる地震がある。日本周辺には図1.1-14に示すような海溝が分布し、今後活動する可能性のある断層（活断層）が図1.1-15に示すように日本中に約2,000確認されている。海溝付近で起こる地震の多くは、海洋プレートと大陸プレートが摩擦力により固着しているために、沈み込む海洋プレートにより引きずり込まれた大陸プレートにひずみが蓄積し、そのひずみエネルギーが摩擦力を超えて大陸プレートが跳ね上がることで発生する。マグニチュードの大きな地震となることが多く、津波が発生することもある。

　一方、内陸で起こる地震は、前述のようにプレートの運動で生じる圧縮力により地殻内にひずみが累積し、このひずみエネルギーを解放する際に断層運動が起こり、地震が発生する。地殻浅部（15～20km以浅）で発生することが多

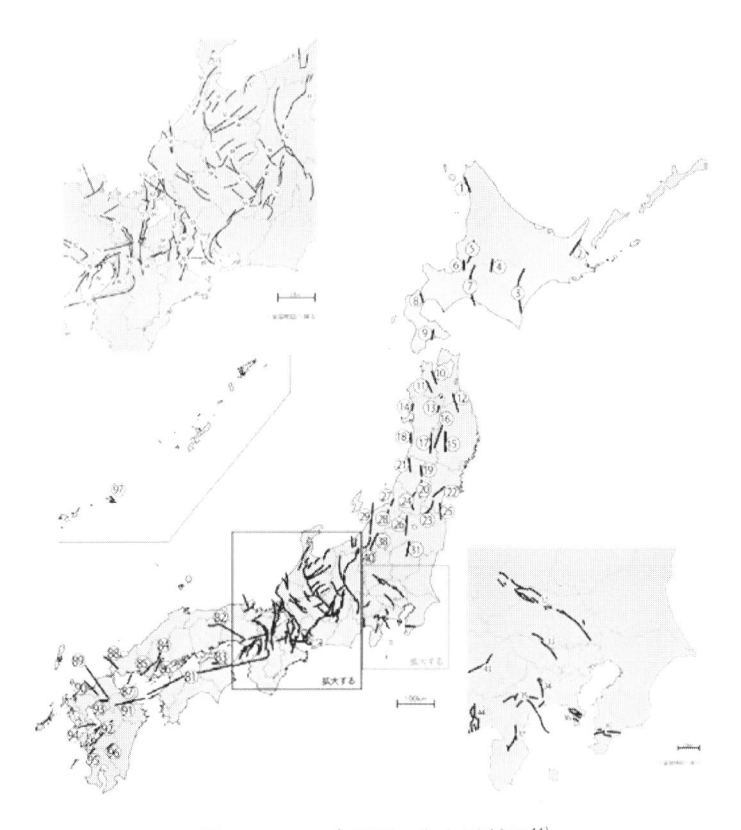

図1.1-15　日本周辺の主な活断層[11]

く、海溝型の地震に比べてマグニチュードは小さいが、生活の場である内陸で発生するため被害が大きくなることがある。

　地震で発生する災害の外力は、地震動、地盤の変位そして津波である。地震動は海溝型地震、内陸型地震のいずれでも外力として作用するが、地盤の変位は内陸型、津波は海溝型にそれぞれ特徴的な外力である。地震動の作用により建物の倒壊や斜面崩壊、落石、地すべりなどの地盤災害、地盤の液状化現象などが生じる。内陸型では比較的浅い場所で断層運動が起こるため、断層運動による変位が地表にまで現れることがある。その際には鉄道や道路、河川などの寸断、地上構造物の破壊などが生じるが、これらの被害は断層を跨ぐ位置のみで局所的に現れることになる。

また海溝型の場合、大陸プレートの跳ね上がりによる海底面の上下運動が大きいと津波が発生することがある。津波は波長が長く波高が高くなりやすいのが特徴であるが、発生源の外洋では波長が長く波高も2～3m以下であり、これが陸地に近づき水深が浅くなると速度が低下して波長が短くそして波高が大きくなる。津波は一般的な波浪に比べて波長が長いため、一波での海水量が極めて大きく、水の圧力は波浪よりも非常に大きくなる。このため、沿岸部の広い範囲に被害を与えることとなる。

(5) 火　山

　火山は平穏な時にはその美しい地形美で我々を魅了し、また温泉や地熱などの恵みも多く与えてくれる。しかし、この恩恵は火山の地下にあるマグマが地表やその付近に上昇することによりもたらされるものであり、マグマの上昇は噴火に至る場合もある。そして火山が噴火すると、甚大な被害を及ぼすことがある。火山は当然のことながら地下でマグマが発生する場所の地表に分布しており、マグマの発生場所として中央海嶺（アイスランドなど）、ホットスポット（ハワイなど）、島弧－海溝系の3つがある。

　日本列島は海溝に沿った弧状列島であり、島弧－海溝系に当たり、世界の約7％に当たる110の活火山が分布する（図3.6-1参照）[11]。そのため、日本は有史以来甚大な火山災害を繰り返し受けている。近年でも1990年～1995年の雲仙普賢岳、2000年の有珠山、三宅島、2011年の霧島山（新燃岳）など大きな被害をもたらした噴火が生じている。桜島は2009年以降爆発的な噴火を継続しており、降灰による農業被害などが生じている。また、2014年の御嶽山の噴石による災害や2015年5月の口永良部島の爆発的噴火による全島避難は記憶に新しい。

　災害の観点から見ると、噴火災害の加害因子として挙げられる現象は、溶岩流、火山泥流・土石流、火砕流・ベースサージ、火山岩塊・火山弾（噴石）、軽石・スコリア、火山灰、火山ガス、山体崩壊、火山性地震、空振、地殻変動など非常に多様であり、それぞれ被災の形態が異なる。特に火山泥流・土石流、火砕流、大きな火山岩塊・噴石、山体崩壊は発生後短時間で鉄道沿線などの人間の活動地域まで到達し、甚大な被害を及ぼす可能性がある。また、同じ

火山でも噴火ごとに噴火様式や噴火現象が異なり、1回の噴火でも時間の経過によりそれらが変化することがある。さらには、火山災害の発生頻度は一般的に非常に低いこともあり、火山の専門家以外の人々が噴火災害に備えることは難しいといわざるを得ない。

気象庁では110の活火山のうち火山噴火予知連絡会が選定した47火山（図3.6-1中の常時観測火山）について、地震計、傾斜計、空振計、遠望カメラなどの火山観測施設を整備して監視を行い、噴火の前兆などの把握に努めている。2014年の御嶽山噴火災害を受け、活火山の観測体制の強化に関する緊急提言が出され、そのなかで図3.6-1に示した常時観測47火山に加えて八甲田山、十和田、弥陀ヶ原についても常時観測すべきとされた。

【参考文献】
1) 内閣府：平成26年度版 防災白書、http://www.bousai.go.jp/kaigirep/hakusho/pdf/H26_honbun_1-3bu.pdf、2014
2) 気象庁：気候変動監視レポート2014、70p.、2015
3) 三隅良平：気象災害を科学する、271p.、ベレ出版、2014
4) 増田善信：地球温暖化を理解するための異常気象学入門、190p.、日刊工業新聞社、2010
5) 気象庁HP：竜巻などの激しい突風とは、http://www.jma.go.jp/jma/kishou/know/toppuu/tornado1-1.html、2015年8月27日閲覧、2015
6) 気象庁HP：竜巻等の突風の顕著な事例（過去の主な事例）、http://www.data.jma.go.jp/obd/stats/data/bosai/tornado/special/special_history.html、2015年8月27日閲覧、2015
7) 気象庁HP：年別の発生確認数、http://www.data.jma.go.jp/obd/stats/data/bosai/tornado/stats/annually.html、2015年8月27日閲覧、2015
8) 気象庁HP：竜巻分布図、http://www.data.jma.go.jp/obd/stats/data/bosai/tornado/stats/bunpu/bunpuzu.html、2015年8月27日閲覧、2015
9) 国土交通省国土政策局：豪雪地帯対策における関連施設等の実施状況と効果について、第7回豪雪地帯対策分科会資料、2014
10) 上田誠也：岩波講座 地球科学1 地球 第5章プレート・テクトニクスと地球の歴史、岩波書店、pp.225–308、1978
11) 内閣府：平成27年度版 防災白書、http://www.bousai.go.jp/kaigirep/hakusho/pdf/H27_honbun_1-5bu.pdf、2015

1.2 自然災害に抵抗する耐力（素因）

(1) 地　形

　日本は前述のように大陸縁辺部の変動帯に位置するため、その地形は欧州や米国などの大陸に比べて急峻で、平地に乏しいといわれている。図1.2-1に世界および日本の代表的な河川の縦断形を示す[1]。同図からもわかるように日本の河川は大陸の河川に比べて非常に勾配が急である。そのため、降水が地表に流出する率も大きく、欧米の多くの国の流出率が40%程度であるのに対し、日本では67%と高い流出率であり、日本の国土面積に対する年間流量は多くの欧米諸国の約4倍である[2]。日本における平地と山地の面積の比率はおおむね3：7であり、標高500m以上の面積が国土の約27%を占めている。図1.2-2に示す日本とヨーロッパ諸国の標高500m以上の高地の分布の比較[3]からも、日本では山地が広く分布することがわかる。そのため、日本の鉄道は山地斜面を縫うように走り、鉄道沿線には多くの自然斜面が接するとともに、数多くの急勾配の河川を渡っている。

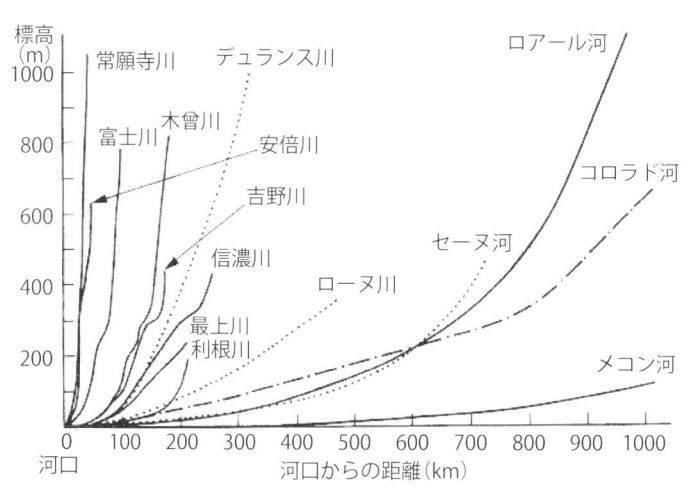

図1.2-1　日本の河川と世界の河川の縦断勾配の違い[1]

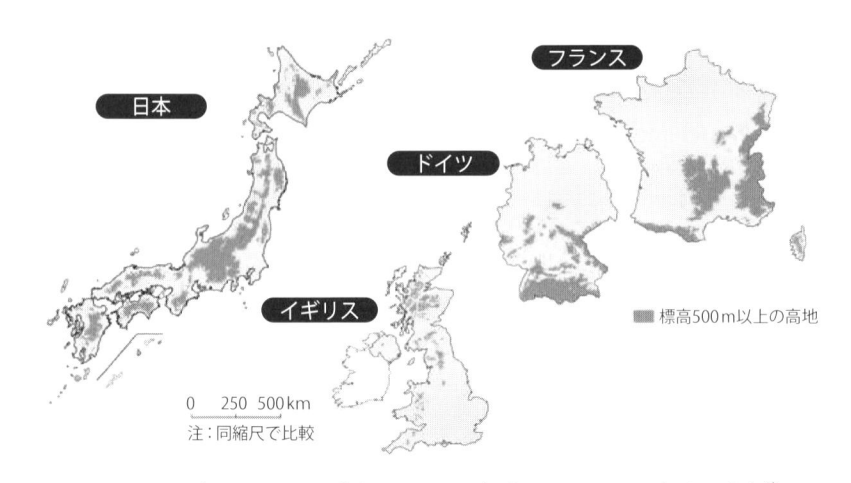

図1.2-2　日本とヨーロッパ諸国における標高500m以上の高地の分布[3]

　日本における自然災害はこのような日本特有の急峻な地形に深くかかわって発生している。降雨時の斜面崩壊については、その発生と地形とのかかわりに関して多くの研究事例がある。例えば、斜面崩壊が発生しやすい地形条件として、集水地形、0次谷、遷急線、斜面傾斜などが挙げられている[4,5]。さらに最近話題になっているいわゆる深層崩壊のような大規模斜面崩壊では、二重山稜や多重山稜など特徴的な地形を呈する箇所で発生すると報告されている[6]。地すべりは過去に滑動した箇所が再び滑動することが多く、地すべりに特徴的な地形（図1.2-3）[7]を見いだすことで発生の可能性の高い箇所を見つけることができる。

　雪崩もその発生には斜面の向きや傾斜、形状などの地形条件が深くかかわる。斜面の向きは積雪や融雪に影響し、冬の卓越風の風上側斜面では積雪が多くなるため、雪崩は風下側斜面で発生することが多い。斜面が急なほど雪崩は発生しやすくなるが、あまりに急だと雪が積もりにくくなり、雪崩は発生しにくい。また、斜面の形状では谷型などで発生しやすく、尾根型の斜面では発生しにくい。雪崩の流下方向も地形的な制約を受ける。雪崩が頻発する斜面では雪崩の通り道に雪崩道（アバランシュ・シュート）と呼ばれる溝状の地形が形成される。

　風の吹き方にも地形は影響し、大きくは山地からの吹きおろし、いわゆるお

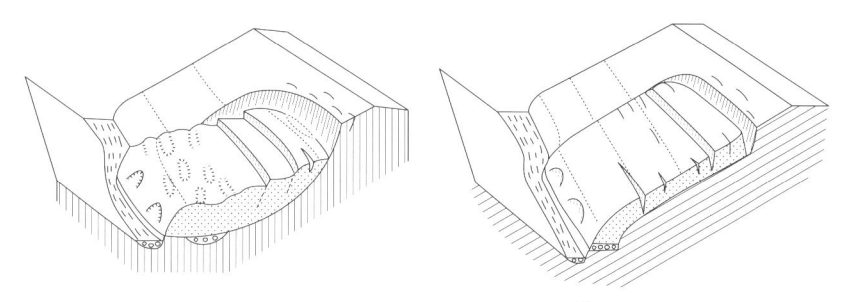

図1.2-3　地すべり地形の模式図[7]
（左：円弧すべり、右：層すべり）

ろし風は山麓で顕著に観測され、局所的には谷部や河川横断部で強風が吹きやすくなるなどとともに、地表面の人工構造物を含めた凹凸が風の強さに影響し、このような地表の凹凸を地表面粗度として風の評価にとり入れている。

　地震の原因となる断層活動の際に、断層のずれが生じる。内陸型でかつ地表近くで断層活動が発生すると、この断層のずれが地表に達して地表面が変位するが、これを断層変位地形という。主に断層が鉛直方向にずれた場合には、断層面の一方が他方に対して相対的に隆起するため、地表に断層崖と呼ばれる段差が生じることがある（図1.2-4）[8]。一方、断層のずれが主に水平である場合には谷や尾根などの系統的な屈曲が特徴的に表れる（図1.2-5）[8]。これらの断層変位地形は1回の断層運動でも生じるが、同じ箇所で同じような断層活動が起こることによって断層変位地形が成長し、地表面にリニアメントといった直線的な地形として認められるようになることがある。

(2) 地　質

　地形条件とともに地質の状況が自然災害の発生に大きく関与することがある。特に降雨時の斜面崩壊や土石流、地すべりなどの発生については、地質条件の関与が多くの事例で論じられている。例えば、地すべり防止区域は東日本では日本海側の新第三紀堆積岩・古第三紀堆積岩の分布域、西日本では中・古生代変成岩類の分布域に集中している[9]。

　自然災害の発生しやすさや発生時の規模を検討する際には、地質条件として地質構造や土や岩石の物性、風化や熱水などによる変質状況を考慮しなければ

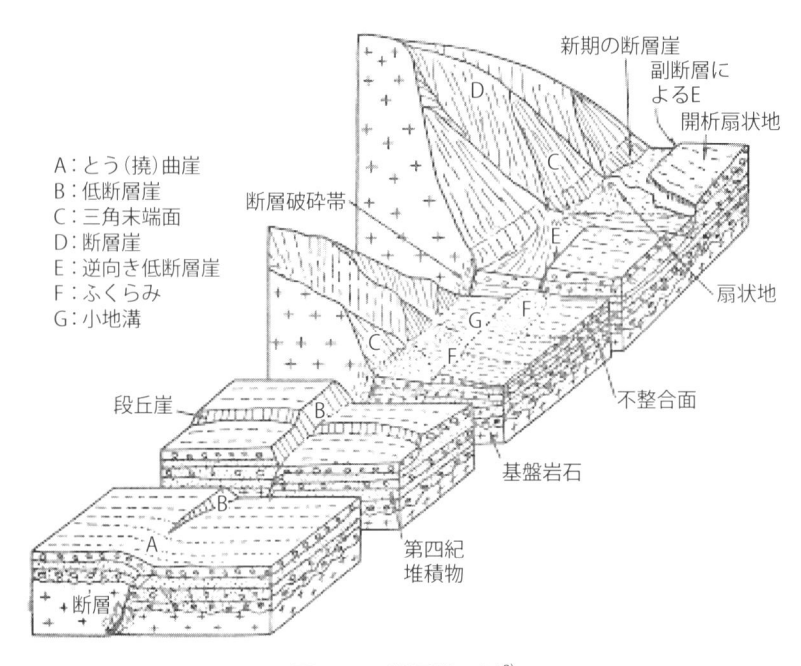

第 1 章　自然災害と防災・減災の基礎知識

A：とう(撓)曲崖
B：低断層崖
C：三角末端面
D：断層崖
E：逆向き低断層崖
F：ふくらみ
G：小地溝

図1.2-4　断層崖の例[8]

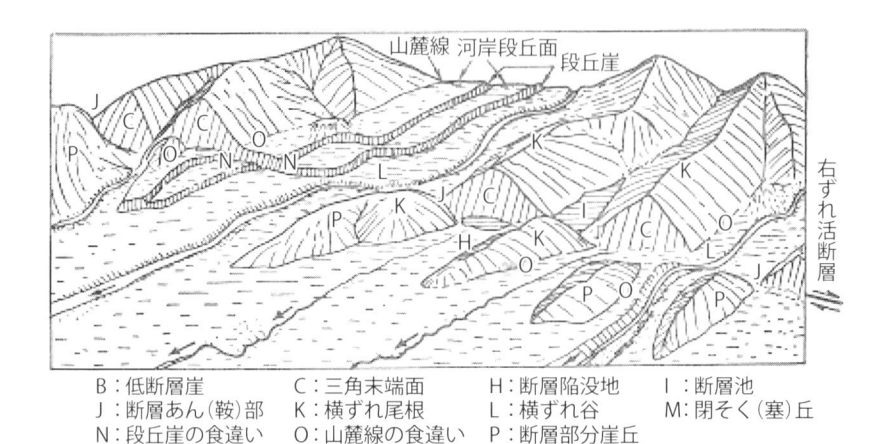

B：低断層崖　　　C：三角末端面　　　H：断層陥没地　　　I：断層池
J：断層あん(鞍)部　K：横ずれ尾根　　　L：横ずれ谷　　　　M：閉そく(塞)丘
N：段丘崖の食違い　O：山麓線の食違い　P：断層部分崖丘

図1.2-5　水平ずれ断層による断層変位地形[8]

ならない。自然災害の発生にかかわる地質構造として重要なのは、断層、褶曲、不整合、面構造、キャップロックなどである[10]。

断層は、前述の地形条件としても述べたように地震の発生箇所としての特徴もあるが、降雨時の斜面崩壊に関しても考慮すべき構造である。特に断層面周辺に分布する破砕帯の性状と構造は、それ自体が破砕されて岩盤としての強度が低下している場合もあるし、また地下水の流れを大きく規制することもあるため、特に重要である。

褶曲は、地層が曲がった状態になったものをいう。地層が褶曲する時には岩石が変形することが一般的なので、その変形にともなって岩石の物性が変化することがある。新潟県で褶曲作用が広く見られる場所では、褶曲の翼部（端）に比べて軸部（中心）の岩石の強度が低下しており（図1.2-6)[11]、この褶曲の軸部付近で地すべりが集中していることと関係していると考えられている。

地層と地層との間に著しい浸食作用などが生じるような時間間隙がある場合、これら2つの地層は不整合であるといい、その境界面を不整合面という。不整合面の上下では岩盤の性質が大きく異なることが多く、上位層の透水性が高い場合は不整合面の直上が地下水の水みちとなることがある。1996年12月の長野県蒲原沢上流の崩壊や1997年7月の鹿児島県針原川の崩壊は、それぞれ

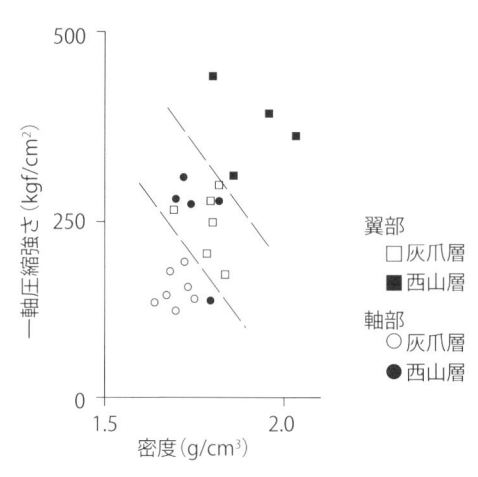

図1.2-6 褶曲にともなう岩石物性の変化
（文献[11]の図中の英語表記を日本語表記に修正）

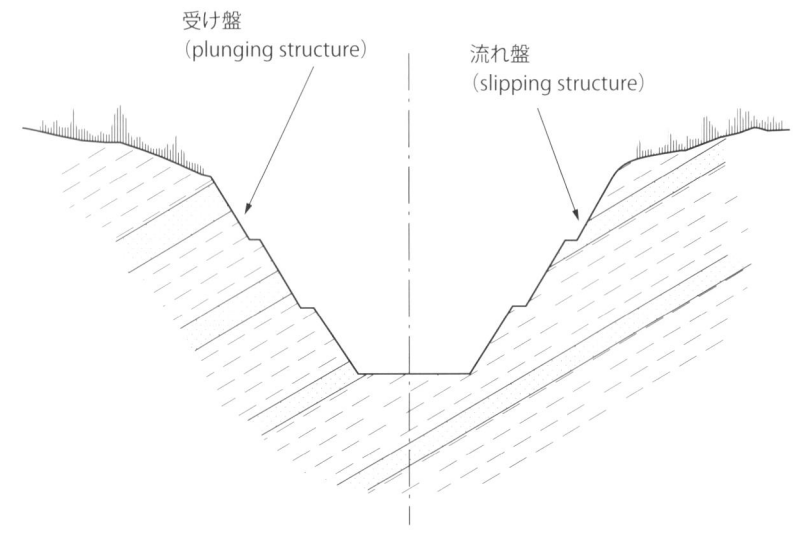

受け盤
(plunging structure)

流れ盤
(slipping structure)

図1.2-7　流れ盤と受け盤[12]

不整合面の上位に分布する火山噴出物、未固結堆積物が豪雨時や融雪期に不整合面上の水みちを流れる地下水の増加などにより斜面が崩壊したと推定されている[10]。

　岩盤には層理面、片理面、へき開面、節理面といった平面状の構造を示す面構造が見られることがある。このような面構造を有する岩盤中では一般的に、岩石の強度や透水性などの性質は異方性を示す。この異方性のため面構造に沿ってせん断破壊が起こりやすく、面構造に沿った剥離が多く見られる。このような面構造と斜面との幾何学的な関係により、受け盤や流れ盤といった構造（図1.2-7）が生じ、それぞれ特徴のある崩壊形態となる[12]。同図は面構造と斜面の関係を二次元的に模式したものであるが、実際の斜面では三次元的な関係を知る必要がある。面構造の幾何学的形状によって決定される岩盤ブロックの三次元的配置とそのブロックが分布する斜面などの安定性の考え方として、キーブロック理論が提唱されている[13]。

　地表部に風化に強い岩石が分布すると、その下の岩石が軟質である場合も、浸食から保護され、長期間存在することになる。このように軟質な岩石が硬い岩石の覆われている構造をキャップロック構造といい、硬い岩石の層は下位の

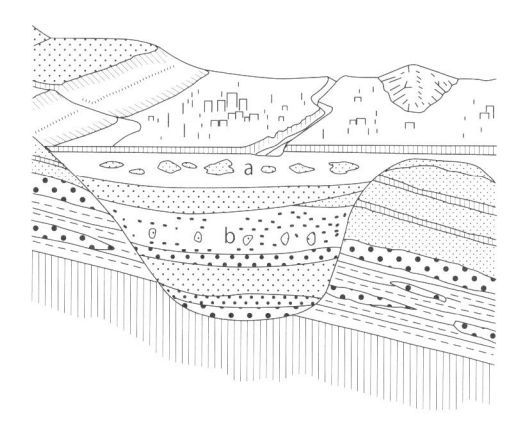

図1.2-8　埋没谷の例

軟質な層を浸食から保護するキャップロックといわれる。この構造が斜面に現れた場合、長期間安定を保つが、ある時期以降に大きな崩壊を発生しうるようになり、大規模な地すべりが発生することがある。長崎県北部から佐賀県北西部の北松浦半島に多く見られる地すべり地は、このキャップロック構造の場所で発生しており、「北松型地すべり」と称されている。

そのほかに古い河川が、新しい堆積物、例えば火山噴出物などに埋積されてできる埋没谷（図1.2-8）なども注意を要する構造である。これは不整合と同様に旧河川の底面を地下水が流下し水みちとなる場合が多く、これが斜面に現れていると、ここからの湧水にともなった崩壊が発生する。

上記のような構造が見られる箇所で必ず斜面崩壊など自然災害が発生するわけではなく、斜面を構成する土や岩石の物性が災害の発生に深くかかわる。斜面を構成する土や岩盤中での破壊の発生とそれに続くすべりの進行により、斜面は不安定となり災害に至るが、この破壊とすべりの原動力は主にすべり面より上の部分の荷重と考えられる。土や岩石自体の荷重に加えて、降水や地下水などがすべり面より上の土や岩盤に加わることにより、荷重が増加することでそのなかでのせん断応力が大きくなり、それが斜面を構成する土や岩盤のせん断強度を超えると破壊が発生する（図1.2-9）[12]。したがって、災害の発生を考える時に考慮すべき土や岩石の物性は、単位体積重量や間隙比、間隙率、一軸圧縮強さやせん断強度などの強度、透水性や保水性などである。

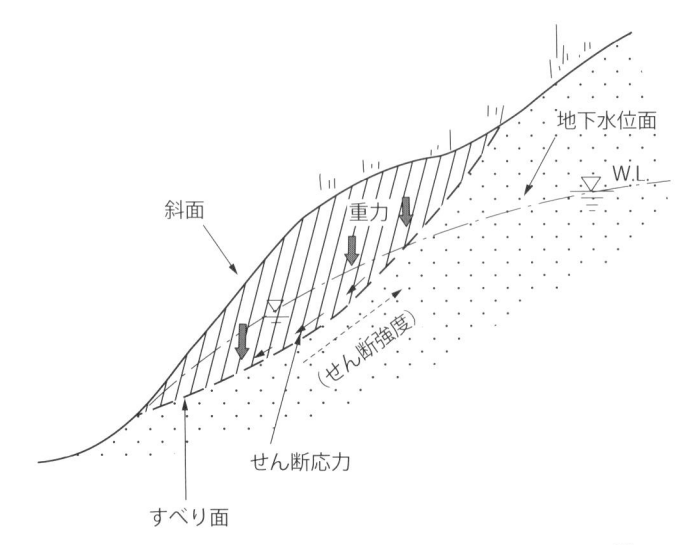

図1.2-9 斜面に働く外力と内部に発生するせん断応力[12]

　斜面を構成する土や岩盤、特に岩盤は地表に露出してから風雨にさらされるため、もともとの状態から変化する。これを風化作用というが、風化作用により一般的に岩盤は強度が低下するため、より災害の発生しやすい状態となる。風化作用は大きく物理的風化作用と化学的風化作用に分けられる。

　物理的風化作用は、力学的に岩石が細片化する作用であり、内部応力、日射、凍結融解、塩類の結晶成長、乾燥湿潤の繰り返しによって生じる。一方、化学的風化作用は岩石が水や空気、生物との相互作用によりもとの物質からほかの物質に変化する作用である。重要な作用として、水和、溶解、酸化がある。例えば、岩石に含まれている斜長石（しゃちょうせき）という鉱物が水と反応して溶解し、カオリナイトやスメクタイトなどの粘土鉱物が生成される。

　また、岩盤が地中で温泉水などと接触すると、化学的風化と同様にもとの岩石がほかの物質に変化する。これを熱水変質という。岩石が熱水変質を受けると様々な鉱物が生成され、岩盤が軟質となることもあるが、逆に硬質になることもある。熱水変質でスメクタイトなどの粘土鉱物が生成されると、一般に岩盤は軟質となり、斜面災害が発生しやすくなる。温泉地においては、地すべりが多く発生することがある。

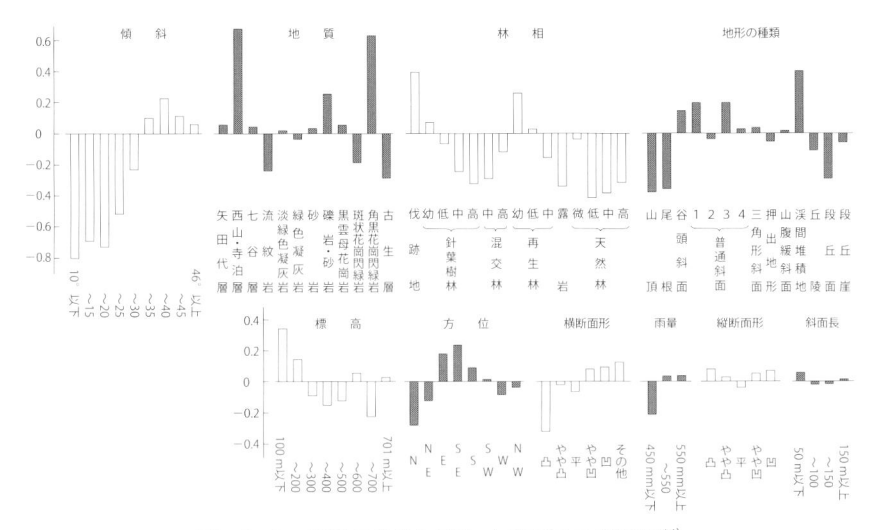

図1.2-10　崩壊の発生に寄与する要因の解析例[14]

(3) 植　生

　植生は自然災害の発生やその低減に対して影響を及ぼす。斜面の表面浸食は雨滴による斜面への衝撃が基本の作用とされ、裸地化すると雨滴による浸食が活発になり、それがもととなって大量の表面浸食が起こる可能性が指摘されている[4]。この時、森林の樹冠には雨滴の衝撃力を低下させる効果はないが、落葉は雨滴による浸食を防止する効果が大きいといわれている[4]。

　図1.2-10は斜面崩壊の要因を植生を含めて解析した例である。崩壊が特定の地質で発生しやすいこと、さらに伐採地や幼齢林で多く発生し、天然林や針葉樹の中・高齢林では発生数が少ないことがわかる[14]。これは樹木根による斜面の崩壊抑止効果が影響していると考えられる。図1.2-11に示した例では、伐採後10年で安全率が最低となり、最高となるのは林齢が20～30年の時である[15]。これは、図1.2-10で伐採地や幼齢林で崩壊が多く、中・高齢林で少ないことと一致している。樹木根系の斜面崩壊に対する抑止効果として、①水平根ネットの絡み合いが作る引き抜き抵抗による表土の保持効果、②-1鉛直根によるすべり面の押し下げ効果、②-2風化基岩に伸長した根の効果、があるといわれている[4]。

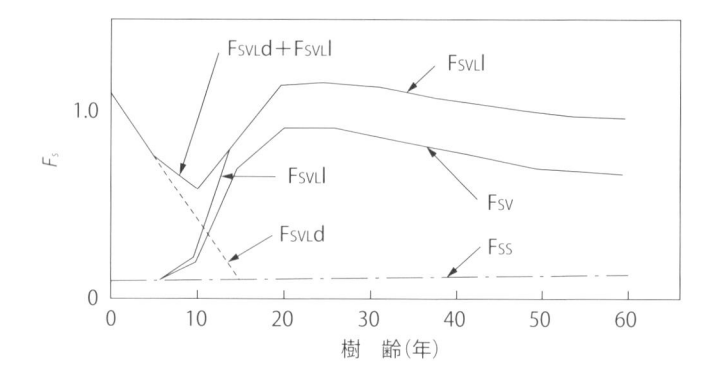

F_{SS}：土の強度、F_{SV}：鉛直根による土の強度補強、F_{SVLl}：鉛直根と水平根による土の強度補強、F_{SVLd}：伐採後根の腐朽に伴うF_{SVLl}の減衰値、F_{SS}、F_{SVLl}、F_{SVLd}は上界定理による計算値、F_{SV}は無限長斜面安定式による計算値。

図1.2-11　森林の伐採・新植と斜面安全率の経年変化[15]

雪崩の発生についても植生は大きく影響する。植生がまばらで、樹高が低いほど雪崩が発生しやすい[5]ことから、雪崩の発生確率の評価に際しては、斜面の傾斜とともに樹冠密度が評価項目となっている（第4章4.4.2参照）。また、林地は風速を低減させる効果があり、防風林として植林・造成された林地が多くある。農地の土壌を風食から守る農地防風林、海岸部での海風を防ぐ海岸防風林、列車や鉄道施設を防護する鉄道防風林などがある。さらに、吹雪による吹きだまりを防止するための防雪林も植生の自然災害の低減効果の一例であろう。

(4) 周辺環境

保全対象の周辺の環境変化により、自然災害が発生することがある。「(3)植生」でも述べたように伐採地では斜面崩壊が多く発生する。したがって、保全対象周辺で伐採などが行われると、表面浸食に対する抵抗力が低下するために、これまでよりも少ない雨量で崩壊が発生することがある。特に、広範囲に森林伐採が行われると、大規模な土砂崩壊が発生することがある。また、積雪地域では斜面上の植生が伐採されると、雪崩の発生確率が高まる可能性もある。

斜面の上部で道路建設や宅地開発が行われると、微地形の変化により表面水の流量や流れる方向が変化して、斜面に水が流入しやすくなることもある[16]。宅地や道路が造成されると、道路舗装や建物により地表が被覆され雨水などの地盤への浸透が阻害され、造成規模に応じて表面水の流水量が増加することになるため、その流量を適切に処理する排水設備が必要となる[16]。この排水設備が不十分な場合や排水設備の流末が適切でない場合には、下方の斜面に水が集中し災害が発生する可能性が高まる。また、保全対象の斜面上方の傾斜地に舗装道路が敷設された場合、その道路自体が排水経路となり表流水を道路の勾配に沿って下方に流下させることがある。このような表流水は道路勾配の変化点に集中し、ここに排水設備がない場合やあっても不十分な場合は、水が溢れて下方の斜面に流下して災害に至ることがある[16]。

水の影響以外にも工事などによる周辺環境の変化によって災害が発生する可能性が高くなることがある。

(5) 防護設備

自然災害に対する耐力を考える際には、当然のことながら設置されている防護設備についても考慮しなければならない。防護設備としては、土工設備、排水設備、落石対策工、土砂災害対策工、防雪対策工、防風柵、吹雪防止林や防備林などがある[2]。

盛土や切取などの土工設備の崩壊を防護するために、のり面防護工、土留壁、土留擁壁が設置される[2]。また降雨時に表流水が原因となって発生する斜面崩壊などを防止するために、排水溝、函渠などの排水設備が設置される[2]。また、自然斜面や渓流などからの落石や土砂崩壊、土石流などによる災害を防止するための設備として、落石防止網、落石止柵、擁壁や砂防堰堤がある。防雪対策の設備には、雪崩防止、吹雪防止を目的とした設備、また吹雪防止林や雪崩防止林も防雪対策設備といえる[2]。また、強風に対する設備としては防風柵がある。地震に対する耐震や免震も防護設備といえよう。

【参考文献】
1) 高橋裕・坂口豊：日本の川、科学、46、pp.488-499、岩波書店、1976

2) 村上温・野口達雄監修：鉄道土木構造物の維持管理、736p、社団法人日本鉄道施設協会、1998
3) 国土技術研究センター：国土を知る／意外と知らない日本の国土　山が多く森林に恵まれた国土、http://www.jice.or.jp/knowledge/japan/commentary07、2015年8月14日閲覧、2015
4) 塚本良則：森林・水・土の保全－湿潤変動帯の水文地形学－、138p、朝倉書店、1998
5) 熊木洋太・鈴木美和子・小原昇編著：技術者のための地形学入門、山海堂、212p、1995
6) 千木良雅弘：深層崩壊の場所の予測と今後の研究展開について、一般社団法人日本応用地質学会平成26年度特別講演およびシンポジウム予稿集、pp.1-9、2014
7) 江川良武：地すべり地形について、国土地理院時報、No.56、pp.48-56、1982
8) 岡田篤正：断層地形、土質学会編、土質基礎工学ライブラリー26「建設計画と地形・地質」、土質工学会、pp.95-110、1984
9) 新井場公徳・野崎保・鄭炳表・福本安正：日本の地すべり指定地分布と地質的特徴について－全国地すべり指定地調査結果報告－、日本地すべり学会誌、Vol.44、No.5、pp.38-43、2008
10) 千木良雅弘：災害地質学入門、206p、近未来社、1998
11) 岩松暉・服部昌樹・西田彰一：地すべりと岩石の力学的性質－新潟県山中背斜を例として－、地すべり、Vol.11、pp.13-20、1974
12) 横田修一郎：理学部学生と理学部出身者のための土木地質学、113p、斯文堂、1995
13) Goodman, R.E. and Gen-Hue Shi: Geology and rock slope stability – Application of the key block concept for rock slope, Proc. 3rd Int. Conf. on Stability in Sueface Mining, pp.347-373, 1985
14) 太田猛彦・石田正次：林地崩壊要因の統計的考察、第83回日林講、pp.367-369、日本林学会、1972
15) 塚本良則：樹木根系の崩壊抑止効果に関する研究、東京農工大学農学部演習林報告、Vol.23、pp.65-124、1987
16) 公益財団法人鉄道総合技術研究所鉄道技術推進センター：事故の学ぶ鉄道技術（災害編）、176p、公益財団法人鉄道総合技術研究所鉄道技術推進センター、2012

1.3　防災・減災の基本概念

　図1.3-1に1984年～2013年の世界の災害に対する日本の災害における死者数と被害額を示す[1]。日本においては世界に比べて災害の被害額に対して死者数が非常に少ないことがわかる。また、図1.3-2に示すように1945（昭和20）年以降、自然災害における死者・行方不明者数が、兵庫県南部地震（阪神・淡路大震災、1995年）、東北地方太平洋沖地震（東日本大震災、2011年）の発生年を除いて減少している[2]。これは、1959年の伊勢湾台風を契機に制定された「災害対策基本法」をはじめとして、災害対策に係る様々な法制度が整備された成果と考えられる。

1.3 防災・減災の基本概念

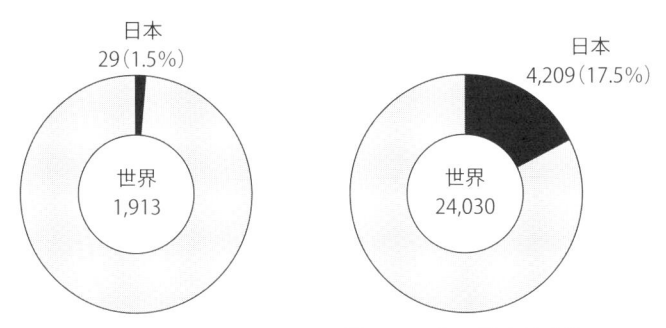

図1.3-1 世界の災害と比較した日本の災害被害[1]
(左：災害死者数（千人）、右：災害被害額（億ドル）)

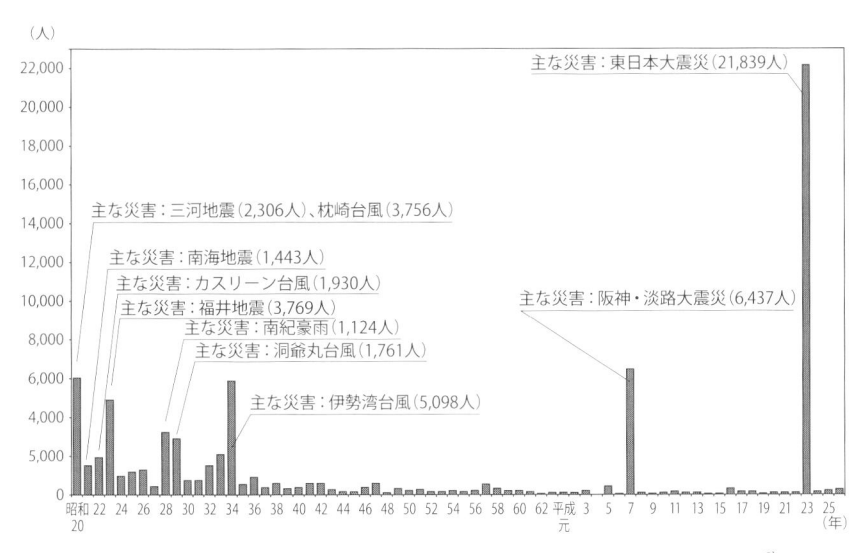

図1.3-2 日本における自然災害における死者・行方不明者数の推移[2]

　前述したように災害は、ハザードが人間あるいは社会の対応能力を超えた場合に発生する。「防災」とは、人間あるいは社会がハザードによって被害を受けないように対応することである。日本では、「災害対策基本法」などの法整備や各種災害に対する防護設備の設置、各種警報発令の基準の整備などにより防災対策を進めてきたが、これまでは後述するハード対策により「災害を完全に防ぐ」といった認識で進められていた、あるいはこの認識を社会が求めてい

31

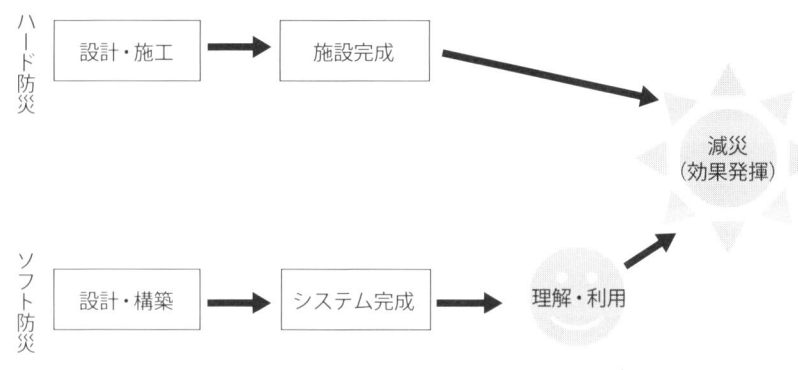

第1章 自然災害と防災・減災の基礎知識

図1.3-3　ハード対策とソフト対策の違い[4]

たように思われる。しかし、兵庫県南部地震（阪神淡路大震災）や東北地方太平洋沖地震（東日本大震災）を経験し、災害の発生を防ぎきることは不可能であること、大規模な災害が発生した場合は人命を守ることが第一であること、災害対策のあらゆる分野で予防対策、応急対策、復旧・復興対策などの一連の取り組みを通じて被害の最小化を図る「減災」の考え方を徹底する必要があること、が認識されるようになった[3]。

例えば、河川堤防を計画する際には数十年に1回発生する規模の降雨を想定し、その際の河川流量を計算して堤防の高さを決定することになる。このような降雨や流量が計画想定外力であるが、起こり得ないような大きな想定外力を設定することは不可能である。そのため、一般的な防災対策工は設計想定外力の規模までの外力であれば、災害の発生を防ぐことができるが、それ以上の外力の場合には災害の発生は防ぎきれないことになる。このような場合にも適切な警報発令や避難誘導などにより人命を保護すること、そして早期に復旧させることが「減災」となろう。

防災対策には「ハード対策」と「ソフト対策」がある[4]。ハード対策は構造物設備によって被害を防止あるいは軽減させる方法であり、ソフト対策は情報など構造物でないもので被害を軽減させる方法といえる。ハード対策は設置すれば、すぐに防災機能を発揮することができるが、その機能は上述したように設計想定外力までである。一方、ソフト対策は導入しただけでは防災・減災効果は現れず、利用者がその対策を理解し、有効に使用しなければならない（図

1.3-3)[4]。利用するソフト対策が警報などの情報である場合には、情報の発信者は利用者が理解し使いやすい情報を提供し、利用者はその情報を正確に理解してはじめて有効に機能することになる[4]。

　今後、南海トラフ巨大地震、首都直下地震や気候の変化による大規模土砂災害、大規模水害などの発生が危惧されており、これまでの防災設備の設計想定外力以上の現象が発生する可能性がある。このような災害に対して、起こりうる現象とそれによる災害、およびその災害による被害を的確に想定し、想定を超えた外力に対しても粘り強い効果をハード対策に発揮させ、防ぎきれない災害については的確なソフト対策を組み合わせて、全体としての減災機能を発揮しなければならない。

【参考文献】
1）内閣府：平成26年度版防災白書　附属資料、http://www.bousai.go.jp/kaigirep/hakusho/pdf/H26_fuzokushiryou.pdf、2014
2）内閣府：平成27年度版防災白書、http://www.bousai.go.jp/kaigirep/hakusho/pdf/H27_honbun_1-5bu.pdf、2015
3）内閣府：平成25年度版防災白書、http://www.bousai.go.jp/kaigirep/hakusho/pdf/H25_honbun_1-4bu.pdf、2013
4）牛山素行：豪雨の災害情報学　増補版、191p.、古今書院、2012

第 2 章

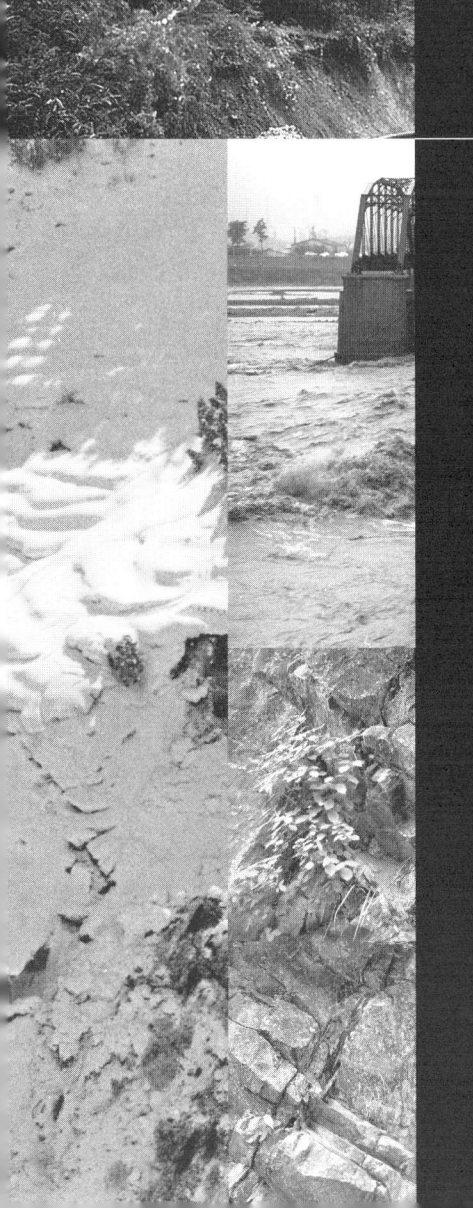

鉄道における
防災・減災の
基本

第2章　鉄道における防災・減災の基本

　前章で述べたように日本は厳しい自然条件にあるが、鉄道はその厳しい条件のもとにおいても安全で安定した輸送を確保することを最大の使命としている。そのため、鉄道ではこれまでも被災の経験に基づき様々な防災対策の努力を続け、近年では鉄道における災害発生件数は減少してきている（図2.0-1）[1]。

　鉄道における防災対策においても、第1章1.3で述べたハード対策とソフト対策を実施している[2]。鉄道におけるハード対策は、外力に対して鉄道施設を設計したり、災害発生の可能性のある箇所を抽出して防災設備などを設置することであり、災害発生の誘因となる現象を観測して、発生の危険性が高まった時に列車を徐行させたり運行を中止したりする運転規制をソフト対策としている[2]。ソフト対策としては、運転規制のほかに土砂崩壊や落石などを検知するセンサーを線路沿いに設置し、センサーが異常を検知した際に信号機を作動させ列車を抑止する方法もとり入れられている。このセンサーを用いた対策方法は、第1章1.3で述べたハード対策とソフト対策の定義に基づくと、設備を用いる点からはハード対策と同様であるが、降雨や強風、地震と同様に事象を検知して列車を抑止する観点から鉄道ではソフト対策のひとつとしている。

　本章では、鉄道で実施されているハード対策とソフト対策について簡単に紹介し、鉄道における防災・減災の基本的な考え方について述べる。

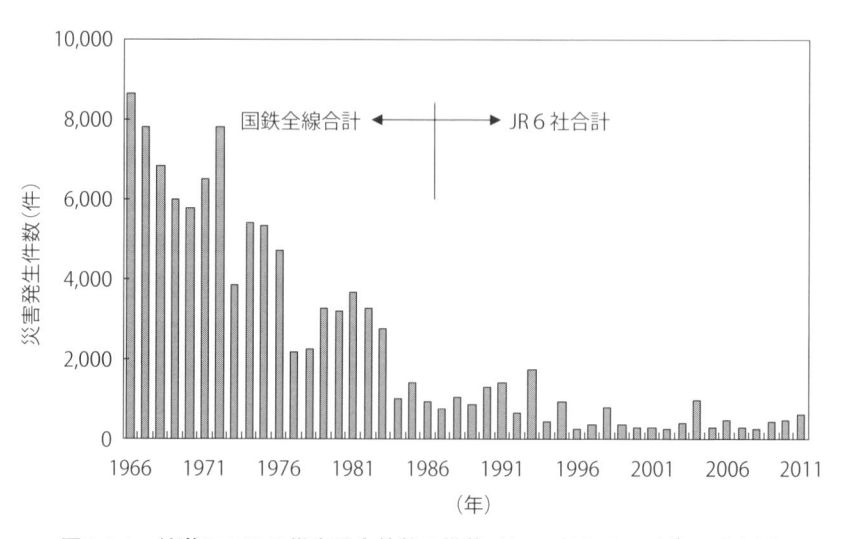

図2.0-1　鉄道における災害発生件数の推移（太田・杉山（2009）[1]に一部加筆）

【参考文献】
1) 太田直之・杉山友康：災害の推移と今後の防災、日本鉄道施設協会誌、Vol.47、No.6、pp.17-19、2009
2) 村上温・野口達雄監修：鉄道土木構造物の維持管理、736p.、社団法人日本鉄道施設協会、1998

2.1 ハード対策：予防・防護

　鉄道の自然災害に対するハード対策は、災害の発生を予防する発生源対策や抑制工と、災害事象が発生した場合に線路や列車を防護する防護工、抑止工とに分けられる[1]。発生源対策や抑制工が最も効果的であるが、これが適用できるのは降雨時の斜面崩壊や土石流、落石、地すべり、雪崩による災害である。地形的な条件や用地の問題により発生源対策や抑制工が困難な場合には、線路際などでの防護工や抑止工が設置される。また、吹きだまりや積雪などの雪崩以外の雪害、強風による災害、海岸や河岸の浸食や地震災害では、発生の予防は非常に困難であるため、一般的には線路際あるいは線路構造物自体において災害の防護や抑止の方策がとられる。耐震補強や耐震設計も防護工に含められると考えられる。

　降雨時の斜面崩壊については、崩壊の原因となる雨水あるいは崩壊要因を事前に排除して斜面の安定を図る抑制工として、排水工（図2.1-1）や各種のり面防護工などがある。一方、滑動しようとする土塊を力で抑える擁壁工、押え

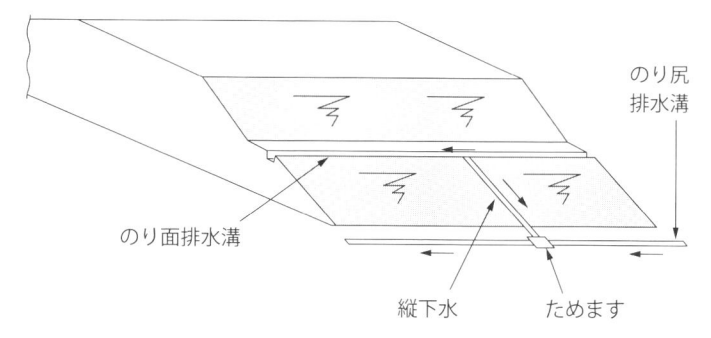

図2.1-1　排水系統の例（村上・野口、1998）[1]

第 2 章　鉄道における防災・減災の基本

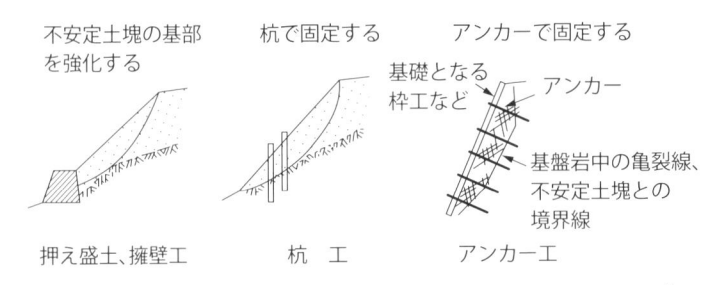

図 2.1-2　代表的な斜面崩壊に対する抑止工 (村上・野口、1998)[1]

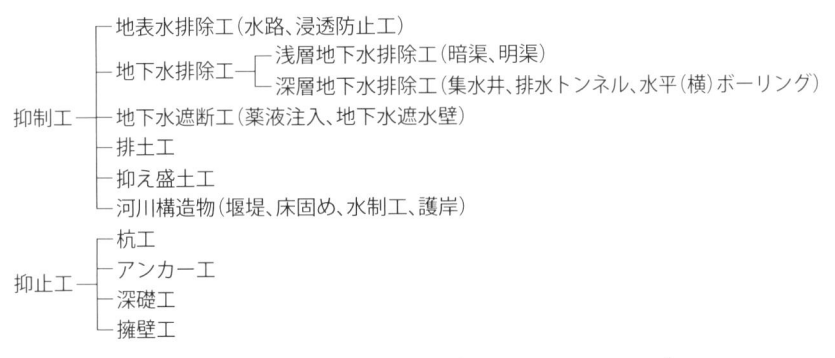

```
          ┌─ 地表水排除工 (水路、浸透防止工)
          │                ┌─ 浅層地下水排除工 (暗渠、明渠)
          │─ 地下水排除工 ─┤
    抑制工│                └─ 深層地下水排除工 (集水井、排水トンネル、水平 (横) ボーリング)
          │─ 地下水遮断工 (薬液注入、地下水遮水壁)
          │─ 排土工
          │─ 抑え盛土工
          └─ 河川構造物 (堰堤、床固め、水制工、護岸)

          ┌─ 杭工
          │─ アンカー工
    抑止工│─ 深礎工
          └─ 擁壁工
```

図 2.1-3　地すべり対策工の分類 (村上・野口、1998)[1]

盛土、杭工、アンカー工などが抑止工の代表的なものである (図 2.1-2)。崩壊した土砂が線路に到達するのを防ぐために設置される擁壁も抑止工に分類される。土石流に関しては、発生源の対策として斜面崩壊の防止、森林の保護育成や砂防ダム、床固めが施され、流送域では土砂の貯砂・調整を目的とした砂防ダム、流路工などが施工される。堆積域では流路工や導流工、橋梁の拡張などが行われる。

　地すべりは斜面崩壊に比べると、傾斜の緩い斜面で発生し、その動きは緩慢であり、発生場所や崩壊形態などは地形・地質特性に大きく依存しているのが特徴である。動きが緩慢であるために、計測管理による運動状況の把握と崩壊の予知といったソフト対策が行われることが多いが、計測で把握した動きの状況に応じて図 2.1-3 に示すようなハード対策が講じられる。同図に示すように、地すべりのハード対策も発生要因を除去したり軽減したりする抑制工とす

2.1 ハード対策：予防・防護

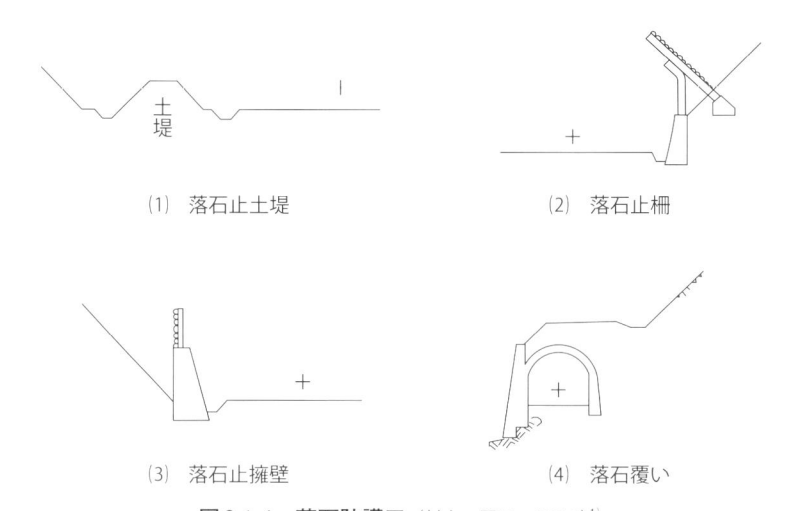

(1) 落石止土堤　　(2) 落石止柵

(3) 落石止擁壁　　(4) 落石覆い

図2.1-4　落石防護工 (村上・野口、1998)[1]

べりに対して力で対抗する抑止工に分けられる。

　落石はその発生の原因となる外力が降雨、風、地震さらには石そのものの自重のいずれかまたはこれらの複数であり、明確でないために、何らかの現象の観測、検知による運転規制が困難である。そのためその対策では発生源対策が特に重要とされる。それには発生源の除去、根固め工、アンカーやネットによる固定工、表面被覆工などがある。また、発生した場合に線路、列車を防護するものとして、落石防止林、落石止土堤、落石止柵、落石止擁壁、落石覆いなどがある（図2.1-4）。

　雪害のうち雪崩災害に対しては、その発生源での発生を予防する対策工が施工されることがあり、階段工、雪崩防止柵、雪崩防止杭などがある（図4.4-15、図4.4-16参照）。また、雪崩が発生した場合に線路や列車を防護する施設として、雪崩防護擁壁、雪崩誘導溝、スノーシェッドなどがある（図4.4-15、図4.4-16参照）。吹雪・吹きだまりに対しては、線路際などで防護設備が設置される場合が多く、防雪柵、吹雪防止林などがあり、線路上の対策としてスノーシェルターなどがある。また、線路上の積雪への対策としては、除雪車両や除雪機械による除排雪作業や水や熱を利用した消・融雪装置などがあり、特に分岐器には熱や温水を用いた融雪装置が設置されることが多い。

39

強風に対するハード対策の代表的なものは、線路際に設置される防風柵である。これは、列車の転覆を防ぐために車両に対する外力、風の力を小さくすることを目的として設置される。また、樹林による防風効果を対策として利用した防風林が設置されている箇所があり、吹雪、飛砂、塩害防止などと兼用されていることが多い。

【参考文献】
1) 村上温・野口達雄監修：鉄道土木構造物の維持管理、736p.、社団法人日本鉄道施設協会、1998

2.2　ソフト対策：検知と運転規制

　鉄道における防災・減災対策の大きな特徴のひとつとして、運転規制が挙げられる。運転規制は、災害発生の危険性がある時に沿線に設置した計器や外部情報により気象状況などを把握し、あらかじめ線区ごとに定められている基準に基づいて列車を徐行あるいは停止させて、旅客および列車の安全を確保する仕組みである[1]。この仕組みにより、大雨や強風などで通常の速度では列車の安全な走行ができないと判断した場合に運転の見合わせや速度の規制を行うことで、土砂崩壊などの不慮の事象に列車が巻き込まれないようにし、被害を少しでも軽減させている[2]。運転規制の対象となる事象には、降雨、河川水位、風、雪、地震などがある。それぞれの詳細については第4章で述べるが、以下に簡単に説明しておく。

　降雨に対する運転規制とは、降雨量に応じて列車の安全な走行ができないと判断した場合にとられる列車の徐行や停止などのことである。斜面崩壊などの降雨にともなう災害は、短時間の集中豪雨で生じる場合と長雨で発生する場合があるため、一般に短時間の雨量の指標と長時間の雨量の指標の両者を用いて規制を行っている。

　鉄道には河川を横断する橋梁や隣接する護岸が多くあるが、これらの設備は河川増水にともなう河床の地盤の洗掘や河床低下、流下物の衝突により損傷す

ることがある。したがって、河川における運転規制は河川水位によって規制の基準値が設定されている場合が多い。

　強風時の運転規制は主に列車が転覆することを避けるために行われているが、これは対象区間の風を常時監視することによって可能となる。したがって、対象区間の最強風地点への風速計の設置、適切な位置への風速計の取り付け、風速計の性能維持、風速情報の正確な伝達が確実に運転規制を行う前提となる。過去には規制の基準値として平均風速が用いられていたが、最近は瞬間最大風速が指標として用いられている。

　雪に対しては、在来線と新幹線で運転規制の方法が異なっている。在来線では、降雪状況により段階的に営業列車を削減する施策がとられる。一方、新幹線では、天候と線路上の雪の量を目安とした速度規制や、排雪深と雪密度による速度規制が行われている。

　地震時の運転規制は、鉄道沿線などに配置された地震計が検知した加速度により発令されるのが基本となっている。新幹線では、沿線に配置された地震計と海岸線に配置した地震計により監視しており、地震計が地震を感知した際には送電を停止して列車を停止させている。近年は地震初期の微動（P波）を捉えて地震の規模と震源位置をただちに推定し、被害発生が予想される範囲での列車の運行を停止させるシステムが導入されている。

　これらの運転規制を的確に行うためには、降雨、風、地震などの事象を確実に検知しなければならない。降雨に関しては、現在は一般的に沿線のおおむね10〜15km間隔で配置された雨量計のデータをもとに運転規制が行われている。この雨量計は、転倒ます型雨量計が用いられるのが一般的である。最近は局所的な強雨が発生する場合があり、このような降雨は現在の鉄道の雨量計の配置では検知できない場合がある。また、鉄道沿線（在来線）では全国平均で約20kmに1カ所の割合で風速計が設置され、運転規制に用いられている。一般的に風杯型風速計、プロペラ型風向風速計が用いられる。一方、地震については、在来線沿線では20〜40km間隔、新幹線沿線では約20km間隔で地震計が設置されている。海岸の地震計は100km以内の間隔で配置されている。

　これらの外力の検知だけではなく、鉄道では災害事象そのものを検知して、列車を抑止する方法もとられている。例えば、土砂止柵とともに設置される土

砂崩壊検知センサー、落石止柵に設置される落石検知装置、沿線に設置される雪崩警報装置などがある。このような検知センサーは災害発生後の応急復旧時に用いられるほかに、発生源対策や沿線の防護工設置が困難な場合に採用されている。

【参考文献】
1) 村上温・野口達雄監修：鉄道土木構造物の維持管理、736p.、社団法人日本鉄道施設協会、1998
2) 公益財団法人鉄道総合技術研究所鉄道技術推進センター：事故に学ぶ鉄道技術（災害編）、176p.、公益財団法人鉄道総合技術研究所鉄道技術推進センター、2012

2.3　防災強度とハード対策、ソフト対策の組み合わせ

　以上に述べた防災対策のうちハード対策を沿線で進めていくことにより、線路の防災強度を上げることができる。しかし、第1章で述べたような近年の気象状況の強大化や大規模な地震や火山噴火の発生の恐れなど、災害の原因となる自然の外力の大きさには際限がないため、ハード対策により災害をゼロにすることは限りなく不可能に近く、現実的ではない。したがって、災害から守るべき対象物の重要性により、適切なハード対策とソフト対策を組み合わせて、効率的な防災対策を行うことが望ましい。

　鉄道では線区の重要度に応じて、どれくらいの頻度で発生する自然の外力に対して安全を保つか、何年に1回くらいの災害までは覚悟するか、といった考え方で管理されている[1]。旧国鉄では、1級線や新幹線では70年、2級線では30年、3級線で10年、4級線で2年に1回の災害発生の確率を最低の目標としていた[1]。第1章で述べたように近年は外力が強大化しており、今後さらに外力が強大になっていく恐れがあることから、鉄道においてもこのようなハード対策とソフト対策の適切な組み合わせによる減災の考え方がさらに重要になるであろう。

【参考文献】
1) 村上温・野口達雄監修：鉄道土木構造物の維持管理、736p.、社団法人日本鉄道施設協会、1998

第3章
自然災害による鉄道の被災事例

第3章　自然災害による鉄道の被災事例

　第2章で述べたように、鉄道ではこれまでの被災の経験をもとに防災対策を行っている。本章では鉄道がこれまで被ってきた災害のうち、比較的近年発生した特徴的な被災事例や各種災害に対する防災対策の契機となった被災事例について紹介する。ここでとり上げる事例のほかに雷による災害もあるが、鉄道においては主に電気設備、信号設備の障害として現れるので、これについては電気や信号に関する文献を参照していただきたい。

3.1　降雨災害

　降雨災害は日本で最も頻繁に発生する災害であり、鉄道においても規模の大小はあれ、毎年のように被災している。大雨や短時間強雨などにより発生する災害には、斜面の崩壊、盛土の崩壊、土石流、地すべり、河川増水・洗掘などがある。本節では、これらの災害による鉄道の被災事例について紹介する。

3.1.1　斜面の崩壊

　第1章で述べたように、近年は大雨や局地的な短時間強雨の発生件数が増加しており、それにともなって山間部や里山地域での斜面の崩壊による災害が発生している。鉄道では古くから斜面の崩壊による被災を受けてきており、各種の災害対策が行われているが、最近は記録的な大雨により広い範囲で大規模な斜面の崩壊による災害が発生している。ここでは、その事例として2012年九州北部豪雨の際の被災事例と2014年山口・島根豪雨時の被災事例について述べる。

(1) 2012年九州北部豪雨

1) 気象状況

　対馬海峡まで南下した梅雨前線の南側では、東シナ海から流入した暖かく湿った空気によって大気の状態が非常に不安定になった。このため次々と流れ

図3.1-1　降雨の状況

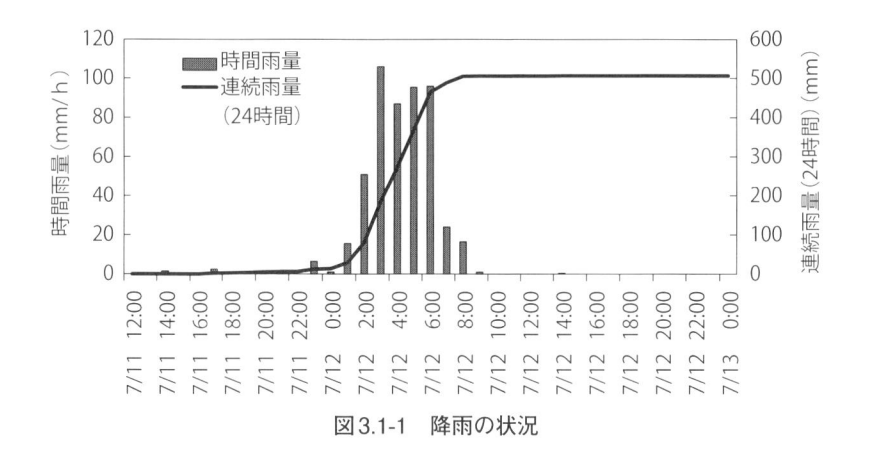

込んだ雨雲によって、熊本県熊本地方、阿蘇地方、大分県西部では、2012年7月12日未明から朝にかけて猛烈な雨が降った。図3.1-1にはアメダス（阿蘇乙姫）の時間雨量観測データとこれをもとに作成した連続雨量とを示した。12日3時に最大時間雨量105mmを記録し、その後の4時間で384.5mmを観測するなど記録的な大雨となった。

2) 被災状況

この豪雨で土石流や河川の氾濫が発生し、福岡県、熊本県、大分県では死者30名、行方不明者2名、負傷者27名の人的被害が発生した。また、18府県で住宅全壊363棟、住宅半壊1,500棟、床上浸水3,298棟、床下浸水9,308棟の被害が発生した[1]。

鉄道ではJR九州の豊肥線、久大線、肥薩線など、また肥薩おれんじ鉄道、平成筑豊鉄道など最大15の路線で築堤崩壊、道床流出、土砂流入などの災害が発生した[2]。このなかでも甚大な被害が発生して復旧までに約1年を要した豊肥線について主な被害の状況を述べる[3]。

i) 坂の上トンネルの崩落と道床流出

豊肥線宮地〜波野間にある坂の上トンネルは阿蘇外輪山を貫く全長2,283mのトンネルであり、その全延長にわたり25‰の急勾配となっている。大分方の坑口はなだらかな起伏に囲まれた谷状低地にあり、比較的広範囲の表面水が集まる集水部に位置している。トンネルの覆工構造はアーチ部がコンクリート

図3.1-2　出口側で発生したトンネル崩落

ブロック積2層、側壁部が場所打ちコンクリートとなっている。

このような条件にある坂の上トンネルでは、7月12日の雨によって大分方坑口より約60m起点方のトンネル上部が延長約50m、幅約20mにわたり崩落するという災害が発生した（図3.1-2）。また、この崩落箇所から起点方に約1.5km区間に当たるトンネル内のレールが流されて起点方坑口に排出されるという特異な形態の被災事象が発生した（図3.1-3）。

トンネル崩落の原因としては、以下のような事項が推定された。

- 大量の表面水や河川の氾濫水などがトンネル内を流下したことによって覆工側壁下端が洗掘を受け、覆工が不安定化した。
- 大量の降雨の浸透にともなう地下水の流動などによってトンネル覆工背面に大きな空洞が形成されて不安定化した。
- トンネル周辺の地山が緩んでいたため緩み土圧が覆工に作用した。

また、レールの流出については以下の原因が推定された。

- 終点方坑口は谷底低地に位置しているため、河川の氾濫水や周囲の表面水がトンネル坑口へ集中し大量の水がトンネル内に流れ込んだ。
- トンネル全区間が25‰の急勾配となっており、トンネル内を大量の水が高

図3.1-3　入口側に排出されたレール

速で流下した。このため、木まくらぎとレールが浮き上がり坑内の水とともに起点方坑口へ排出された。

ⅱ）盛土崩壊

宮地～豊後竹田間では多数の盛土崩壊が発生した。このうち宮地～波野間は阿蘇外輪山に沿って線路が敷かれているため谷渡り盛土が多く、これらの盛土が被災した。被災した多くの盛土に共通した状況として、盛土山側に斜面が迫っていることが挙げられた。このため、盛土山側の自然斜面の崩壊による崩土が盛土山側を埋め尽くして横断排水設備を閉塞させたため盛土が崩壊するという事例が多く発生した。

なお、豊肥線の同区間では1990年にも豪雨により多くの盛土が被災したが、その際に盛土補強土で復旧されていた盛土については、今回の豪雨では大規模な崩壊はなかったものの横断排水設備が閉塞したことによる大量の越流水が盛土のり面を流れて生じた浸食崩壊が各所で見られた。このような被災事例の典型であり、かつ規模が大きい崩壊箇所として59k450m付近で発生した盛土崩壊がある。この現場は1990年の災害で盛土の半分が崩壊し、盛土補強土で復旧されていた。2012年の災害では1990年に崩壊を免れた箇所が流出した（図3.1-4、3.1-5）。

第 3 章　自然災害による鉄道の被災事例

図3.1-4　59k450m 盛土崩壊（起点方は崩壊を免れている）[3]

図3.1-5　59k450m 盛土崩壊箇所

3) 復旧[3]

i) 坂の上トンネル

　トンネル崩落箇所の復旧については、①崩落部を埋戻し地盤改良を行いトンネル工法により構築する方法（山岳トンネル案）、②開削工法によりトンネルを構築する方法（開削トンネル案）、③崩壊箇所を開削しそのまま明かり区間

3.1 降雨災害

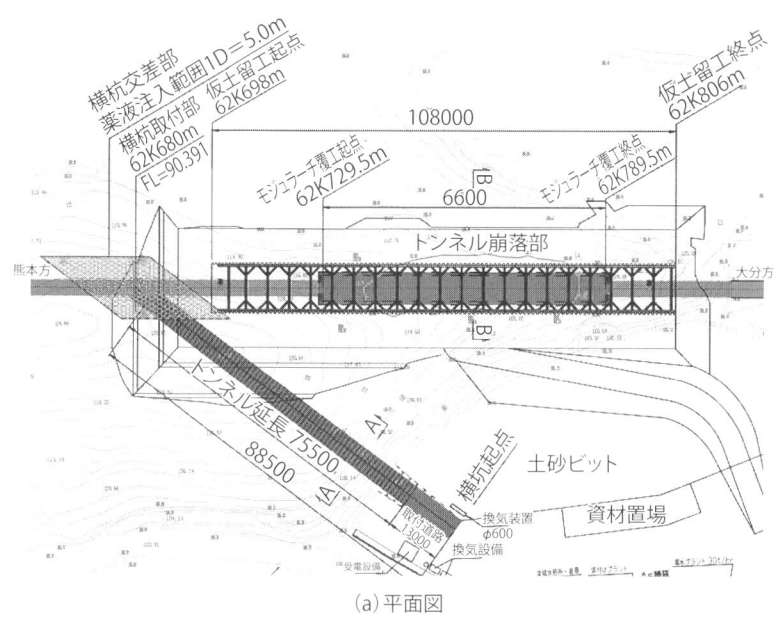

(a) 平面図

(b) プレキャスト覆工コンクリート

図3.1-6 坂の上トンネル崩落箇所復旧工事の状況[3]

とする方法（明かり案）の3工法が検討された。このうち、すでに地表が大きく陥没しており開削工事のための仮土留め施工後の掘削が短期間で済むこと、また開削が完了すれば安全・確実にトンネル本体を施工できること、開削時に崩落原因を探ることが可能であることなどの利点から、復旧方法として開削トンネル案（図3.1-6）が採用された。

また、崩落箇所以外に対しては、可塑性裏込め注入材による覆工背面の空洞充填と、地下水位上昇対策として側壁に水抜き孔を施工した。

ii）59k450m盛土崩壊箇所

災害をもたらした豪雨と同程度の雨でも被災しないことを念頭に置き、斜面から発生する土砂を逃す対策として、①桁式鋼製橋梁案、②ボックスカルバート案という2種類の橋梁による復旧案が検討された。2案とも工期に差は見られなかったが、桁式鋼製橋梁案では橋台背面に補強盛土を構築する必要があった。また、同工法案では冬季の施工となるため、凍結が盛土の施工性に及ぼす影響が懸念された。これらの工期およびメンテナンスの面からボックスカルバート案による復旧工法が採用された（図3.1-7）。

(2) 2013年山口・島根豪雨

1) 気象状況

朝鮮半島に停滞していた梅雨前線の南側で「湿舌」と呼ばれる梅雨前線帯が発生した。この梅雨前線帯によって大気下層に大量の水蒸気が流れ込んだことに加えて、その上空に寒気があったため大気が極めて不安定になり、複数の積乱雲が発生して大量の雨がもたらされた。特に、積乱雲が風上（西側）で繰り返し発生するというバックビルディング現象が生じ、これにより作り出された積乱雲群によって2013年7月28日未明から降った雨は、山口県山口市では最大1時間降水量143mm、萩市須佐では同138.5mmの大雨となった。

2) 被災状況

この豪雨により、JR西日本山口線および山陰線に多数の土砂災害が発生した。図3.1-8に主な被災箇所を、また表3.1-1に災害種別ごとの発生件数を示す。このうち甚大な被害としては、山口線第4、第5、第6阿武川橋梁の流失、白井トンネル坑口付近斜面崩壊による土石流、船平山・津和野間築堤崩壊、山

図3.1-7　59k450m 盛土復旧状況[3]

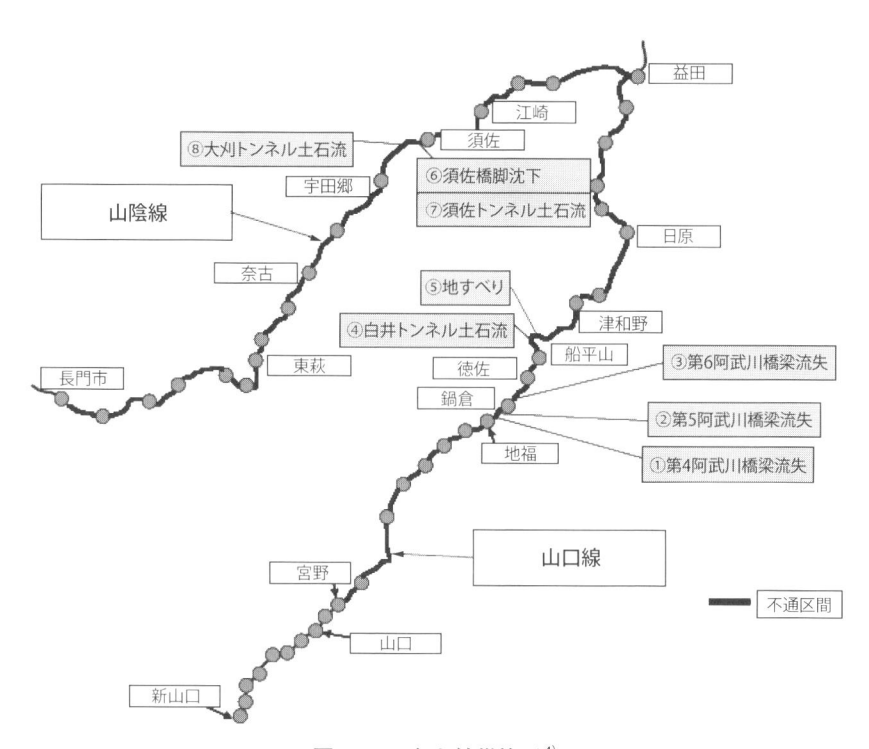

図3.1-8　主な被災箇所[4]

第3章 自然災害による鉄道の被災事例

表3.1-1 災害件数一覧[5]

災害種別	山陰線	山口線
橋梁流出	0	3
橋脚沈下	1	0
橋台洗掘	1	1
土石流	4	4
切取崩壊	3	3
土砂流入	6	18
築堤崩壊	24	18
道床流失・浸水・ケーブル損傷ほか	34	32
合計	73	79

図3.1-9 被災時の白井トンネル出口付近両切部の状況

陰線須佐橋梁の沈下、大刈トンネル坑口付近土石流などが挙げられる。ここでは、白井トンネル坑口付近で発生した斜面崩壊による土石流災害について記述する。

図3.1-9および図3.1-10に白井トンネル出口付近の被災状況を示す。また図3.1-11に崩壊箇所周辺の概況を示す。

3.1 降雨災害

図3.1-10 崩土で埋没した白井トンネル出口の状況

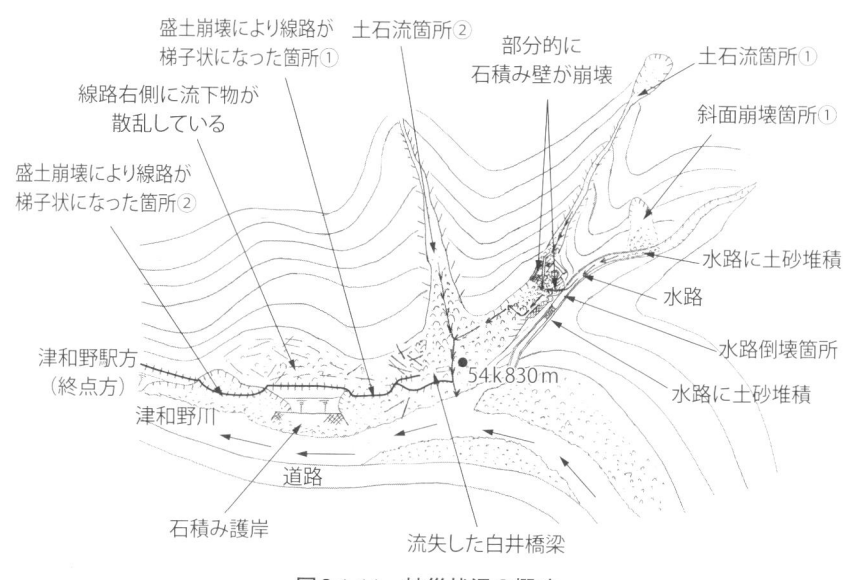

図3.1-11 被災状況の概略

図3.1-12 切土のり面の状況

　白井トンネル出口側坑口は2つの沢地形の合流箇所に位置している。トンネル坑口右側上部の沢は平均渓床勾配25°程度の急峻な1次谷である。渓流の下端には水路が設置され、沢に集められた表面水は線路側溝へと導水されていた。一方、トンネル坑口左側上部の沢状地形は平均渓床勾配6°程度の緩やかな2次谷である。沢の下流には幅2m、深さ1m程度の水路が設置されており、この水路はトンネル坑口を出た左側切土のり面の上端部を通り津和野川に至っている。これら2つの沢の上流斜面で大規模な崩壊が発生し、大量の崩土が土石流となって白井トンネル坑口付近に押し寄せ、坑口をほぼ埋め尽くす高さまで堆積した。

　上記のように左側切土のり面上部に設置されている水路はトンネル背後の沢の流末となっているが、この水路の一部で越流土砂および越流水によると推定される崩壊が生じていた（図3.1-12）。また、その箇所の下方切土のり面に施工されていた石積みにも同じ原因によると推定される剥落や倒壊などの損傷が見られた。

　また、54k830m付近の右側にある沢状地形は平均渓床勾配10°程度の2次谷であり、沢からの表面水は白井橋梁を介して津和野川に流下していた。この沢の上流斜面でも崩壊が発生して崩壊土砂が線路へ到達した。また、54k860m

3.1　降雨災害

図3.1-13　白井橋梁付近の状況

図3.1-14　白井トンネル出口の復旧状況

付近に設置されていた白井橋梁が倒壊していたが（図3.1-13）、その状況が壊滅的であったため、上述の54k830m付近右側にある沢からの土石流による倒壊か、あるいは津和野川の氾濫によるものなのかは不明である。

3) 復旧

　白井トンネル出口付近の復旧状況を図3.1-14に示す。両切区間の切土のり

面にはそれぞれ場所打ち格子枠が、また坑口上方斜面には吹付けコンクリートが施工された。また坑口上方には落石止柵が設置されている。坑口に向かって左側の斜面上方にある沢については、沢の流下方向が直接坑口部に至る経路となっており、今後の降雨で崩壊が発生した場合土砂が線路に達する可能性が高いと考えられた。そこで沢出口に土石流堰堤が設置された。一方坑口に向かって右側の沢については、直接的に大量の崩土が線路に到達する可能性は高くないと考えられ、沢の下流の水路の復旧と沢出口付近への小規模な堰堤が設置された。

なお、山陰線は2014年8月10日に、また山口線は2014年8月23日にそれぞれ全線で運転が再開した。

3.1.2 盛土の崩壊

盛土は鉄道だけでなく、道路などでもよく目にする最も一般的な構造物の一種であろう。盛土は降雨の影響を受けることが多く、各種の対策工が開発されていた。前項（3.1.1）でも、九州北部豪雨の際の盛土崩壊を紹介しているが、本項では被災事例の多い谷部に設けられた盛土（「谷渡り盛土」とよくいわれる）の被災事例を2例紹介する。

(1) 1998年土讃線災害[6]

1) 気象状況

1998年9月23日から24日にかけて前線が四国の南海上から瀬戸内付近に北上し、25日朝まで停滞した。この前線に向かって暖かく湿った気流が流れ込んだため、高知市およびその周辺で24日を中心に長時間にわたって激しい雨が降り続いた。

JR土讃線の繁藤駅に設置されていた雨量計では24日0時頃より降雨が観測され、24日23時には時間雨量107mmの猛烈な降雨が観測された。また、後免駅では24日23時に最大時間雨量98mm、連続雨量838mmを記録した。

2) 被災状況

この豪雨によって表3.1-2に示した箇所で土砂崩壊をはじめとする災害が発

表3.1-2　災害状況[6]

駅　間		災　害　状　況	工事費（千円）
土佐穴内	大杉	護岸洗掘1カ所	2,800
土佐北川	角茂谷	築堤崩壊1カ所	11,194
角茂谷	繁藤	道床流出1カ所、土砂堆積1カ所	372
繁藤	新改	切取崩壊7カ所、築堤崩壊3カ所 排水溝流出2カ所、道床流出1カ所 側溝埋没1カ所、土砂堆積1カ所	823,584
新改	構内	切取崩壊2カ所、築堤崩壊1カ所 伏び埋没2カ所、排水溝流出1カ所 道床流出1カ所、側溝埋没1カ所	13,916
新改	土佐山田	切取崩壊3カ所、築堤崩壊6カ所 橋脚洗掘1カ所、伏び埋没8カ所 排水溝流出4カ所、道床流出1カ所 側溝埋没1カ所、土砂流入1カ所 下水渠埋没1カ所	206,003
後免	土佐大津	切取崩壊2カ所、道床流出1カ所	1,637
土佐大津	土佐一宮	築堤崩壊1カ所、護岸洗掘1カ所 道床流出1カ所	26,618
朝倉	伊野	道床流出1カ所	331
土佐加茂	西佐川	伏び埋没1カ所	700
吾桑	構内	排水溝埋没1カ所	258
土佐新荘	安和	切取崩壊1カ所、道床流出2カ所	1,912
繁藤	土佐山田	その他（バラスト補充など）	10,582
合計			1,099,907

生した。ここでは、被災規模が最も大きかった繁藤～新改間102k347m盛土崩壊[6]について述べる。

　図3.1-15に被災状況を示す。現地は第1大石トンネルと第2大石トンネルの間の沢を横断する高さ約40mの谷渡り盛土であり、盛土材にはトンネルズリが用いられ構築されていた。盛土の高さ37m、延長53mにわたる部分が崩壊し、崩壊土量は約15,000m^3に及んだ。同図のように盛土のほとんどが流失して線路は梯子状に浮いた状態となった。

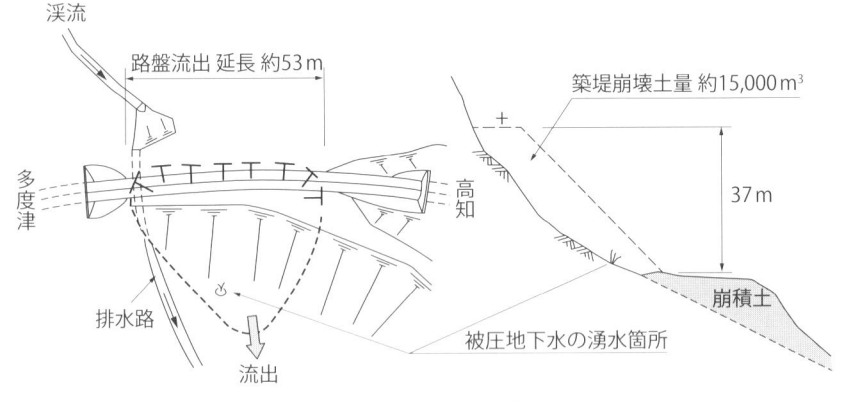

第 3 章　自然災害による鉄道の被災事例

図3.1-15　被災状況[6]

　崩壊部底面に石灰岩の基岩が露出しており、崩壊後4日の時点で基岩の節理より0.5 m³/分程度の大量の湧水が見られた。盛土に設置されていた横断排水路は盛土起点端部の天端から浅い位置に設置されており、渓流の流路と異なる位置に設置されていた。この横断排水路の入口は閉塞されておらず、盛土左側のり面（上流側）がダムアップした形跡は見られなかった。また、被災後の調査時に渓流を流れる水は確認されず、通常はいわゆる枯沢の状態となっているものの沢筋に集められた地下水は盛土の底面部付近を伏流していたと推察される。なお、盛土右側のり尻には暗渠排水と推察される規則的に並べられた人頭大の岩塊があり、盛土建設当時には湧水を処理していた可能性が考えられた。

　以上のような状況から、当該箇所に施工されていた盛土と基盤との境界部分には伏流水が存在していたが、この伏流水が豪雨によって異常に増加したため、盛土内水位が上昇して間隙水圧が増加するとともに盛土のり尻からの湧水

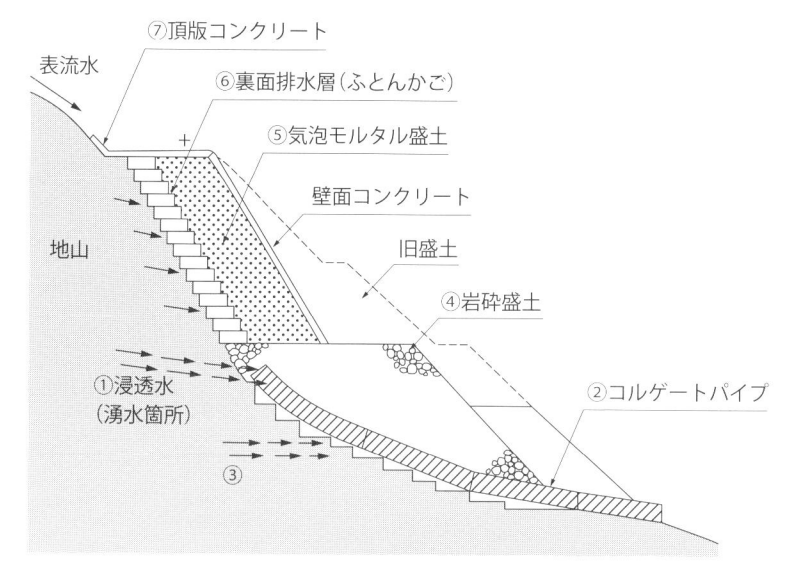

図3.1-16　運転再開時の構造（一次施工）[6]

の流出量も増加し、このためのり尻部から発生したのり面崩壊が盛土全体の崩壊へ伸展したと推定された。

3) 復旧

被災箇所は前後をトンネルに挟まれた谷間にあり、急峻かつ狭隘な地形条件にある。このため、特に資材搬入などの面で厳しい条件での施工を余儀なくされた。また、年末の輸送繁忙期前の運転再開を目標として復旧計画が検討されたが、工事用道路の設置や軌道工事などに要する期間を勘案すると、盛土本体の復旧に充てられる工期は1.5カ月程度と極短期間であった。

復旧工事の工法選定に当たっては、工事桁で仮復旧しその後盛土で本復旧する案や、橋梁で最初から本復旧を目指す案などが比較検討されたが、工期の面で優位性が高い盛土による本復旧案が採用された。

盛土の施工に当たっては、運転再開までの一次施工（図3.1-16）と、将来的に懸念される異常豪雨時や地震時の安定度維持を考慮した二次施工（図3.1-17）とに分けて施工された。

崩壊原因を考慮して一次施工では地山から盛土へ浸透する地下水の円滑な排

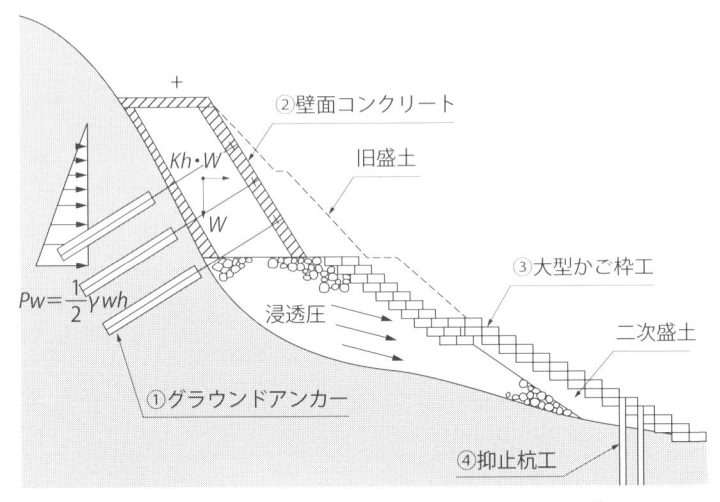

図3.1-17　開業後の補強対策の検討（二次施工）[6]

図3.1-18　復旧工事状況[6]

図3.1-19　復旧工事完了状況[6]

除に重点が置かれ、盛土底面への暗渠排水管の敷設、地山と盛土との境界部へのふとんかごによる排水層の設置、盛土材として排水性の高い岩砕材料の使用などが実施された。二次施工では、グラウンドアンカーによる盛土上部の安定性向上対策、下部盛土への押え盛土の施工およびのり先への抑止杭の打設が実施された（図3.1-17、図3.1-18）。

一次施工で設置されたコルゲートパイプの計画洪水量は200年確率雨量、計画排水能力910 m^3/minとし、被災時の豪雨に対応した十分な排水能力を有した設備とした（図3.1-19）。

(2) 1998年東北線黒田原～豊原間盛土崩壊

1998年8月末の栃木県北部・福島県南部における記録的な豪雨により、栃木県内の東北線黒田原～豊原間174k400m付近の上り線盛土が崩壊した（図3.1-20）。盛土崩壊発生後、まず現地調査を踏まえて崩壊要因を抽出した。次に、崩壊要因と考えられる条件を与えて盛土をモデル化し、有限要素法による降雨浸透流解析と安定解析を行い、盛土の崩壊メカニズムを推定し、復旧工事を行った。ここでは、被災盛土の崩壊メカニズムおよび復旧工事について紹介する。

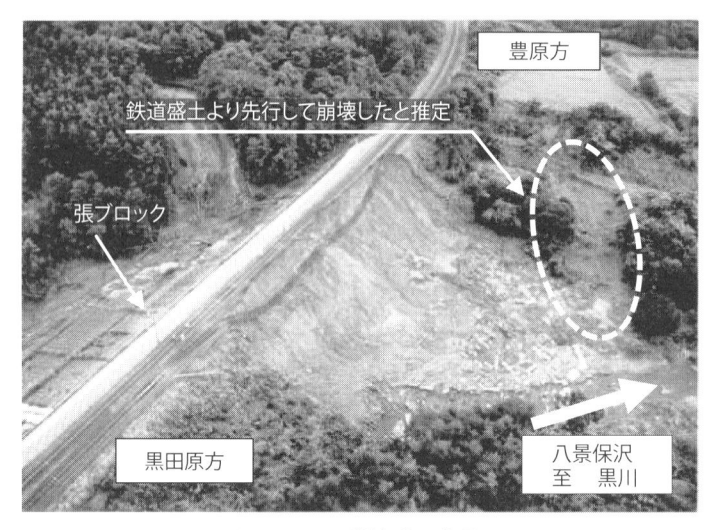

第 3 章　自然災害による鉄道の被災事例

図 3.1-20　崩壊盛土全景

1) 災害概要[7]

崩壊箇所周辺は栃木県北部から福島県南部の那須火山の活動により形成された火山砕屑物の丘陵地である。被災盛土は丘陵地形の谷部を渡るように（約200m）構築され、集水地形となっている。また、盛土の両側は切土となっている。

崩壊前の盛土のり面形状は、中腹に小段（犬走り）があり、のり勾配は下部1:1.9、上部1:1.5である。上り線側のり面上部は無筋コンクリート場所打ち格子枠工、下り線側のり面は全面に張ブロック工が施工されている（図3.1-20、3.1-21）。盛土材料は上下線とも火山灰質粘性土の関東ロームを使用している。盛土下部には水路トンネルが横断しており、下り線側から上り線側に向かって流下している。崩壊は上り線側で発生した。

2) 崩壊時所見[8]

崩壊直後の現地調査を実施したところ、以下の所見が得られた。

①すべり面は、線路中央部付近よりのり先を切るような形状であった。すべり面の深さは最大5m程度である。

②下り線（上流）側において、沢の水路トンネルが閉塞した様子はない。

3.1 降雨災害

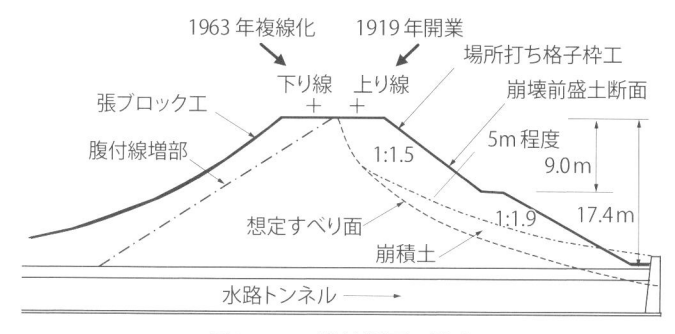

図3.1-21 崩壊断面の概略

図3.1-22 1998年崩壊箇所付近航空写真

③上り線終点方では、民地の丘陵地も崩壊していた（図3.1-22）。土砂流出方向に八景保沢が流れており、この沢は黒川に注いでいるが、被災盛土が崩壊する数時間前から、黒川に水が流れ込む音が聞こえなくなったという地元住民の証言がある。

④崩壊崩土は、盛土部で1～3m程度、のり尻で4m程度堆積していた。崩土からは多量の湧水が認められた。

⑤崩壊箇所を含む盛土区間は切取区間に挟まれ、盛土天端は縦断勾配的に凹区間である。

以上より、盛土崩壊要因となる挙動は、丘陵地斜面が鉄道盛土よりも先に崩

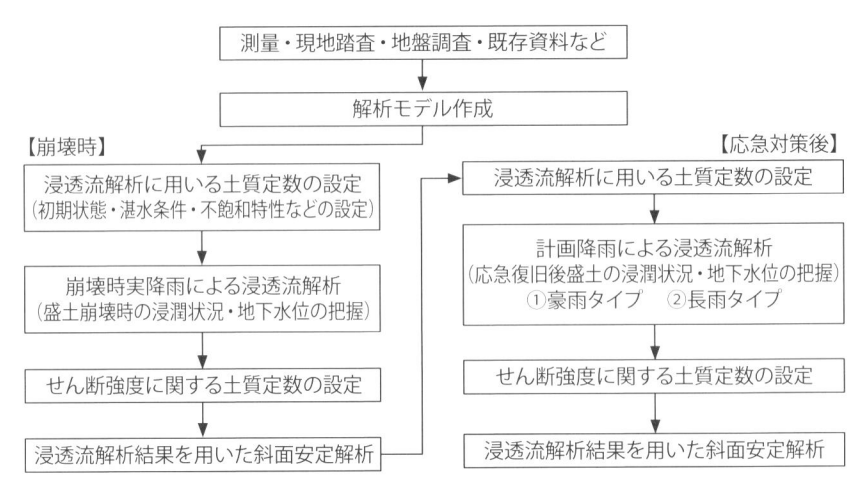

```
                    ┌─────────────────────────────────┐
                    │ 測量・現地踏査・地盤調査・既存資料など │
                    └───────────────┬─────────────────┘
                                    ↓
                    ┌─────────────────────────────────┐
                    │         解析モデル作成            │
                    └───────────────┬─────────────────┘
【崩壊時】                           │           【応急対策後】
┌─────────────────────────┐         │         ┌─────────────────────────┐
│ 浸透流解析に用いる土質定数の設定 │         │         │ 浸透流解析に用いる土質定数の設定 │
│(初期状態・湛水条件・不飽和特性などの設定)│         │
└───────────┬─────────────┘         │         └───────────┬─────────────┘
            ↓                                               ↓
┌─────────────────────────┐                   ┌─────────────────────────┐
│  崩壊時実降雨による浸透流解析   │                   │   計画降雨による浸透流解析    │
│(盛土崩壊時の浸潤状況・地下水位の把握)│                   │(応急復旧後盛土の浸潤状況・地下水位の把握)│
│                         │                   │  ①豪雨タイプ ②長雨タイプ   │
└───────────┬─────────────┘                   └───────────┬─────────────┘
            ↓                                               ↓
┌─────────────────────────┐                   ┌─────────────────────────┐
│  せん断強度に関する土質定数の設定 │                   │  せん断強度に関する土質定数の設定 │
└───────────┬─────────────┘                   └───────────┬─────────────┘
            ↓                                               ↓
┌─────────────────────────┐                   ┌─────────────────────────┐
│ 浸透流解析結果を用いた斜面安定解析 │                   │ 浸透流解析結果を用いた斜面安定解析 │
└─────────────────────────┘                   └─────────────────────────┘
```

図3.1-23　解析フロー

壊して沢を塞ぎ、上り線側のり尻に沢水が流入し、のり尻の浸食・洗掘が生じるとともに豪雨に起因して間隙水圧が上昇したことであると考えられる。

3) 解析の概要[8]

盛土崩壊事象を解析的に表現する取り組みを行った。解析のフローを、図3.1-23に示す。

解析に用いた盛土断面は、既存の設計断面図などの資料や現地踏査、測量および地盤調査結果をもとに作成した。地盤調査結果の総括を図3.1-24に示す。土質定数のうち、強度定数（C'、ϕ'）については、現地で採取した不撹乱試料の室内土質試験結果から求め、透水係数についてはボーリング孔を利用した現場透水試験から求めている。まず、浸透流解析から崩壊時の連続雨量433mm（図3.1-25）による湿潤状況（飽和度分布、圧力水頭分布など）を求め、その結果を考慮した斜面安定解析を行いすべり安全率を求めた。

この解析では、すべり線、透水係数、粘着力C'を変化させてパラメータスタディを行っている。解析の結果、すべり線を小段とのり尻とを結ぶ形と仮定し、現場透水試験より1オーダー大きい透水係数を仮定し、飽和時の粘着力C'を三軸圧縮試験結果より30％小さく評価した場合、盛土内の飽和度分布のバランスが良好となり、すべり安全率がおおむね1.0程度となった（図3.1-26、図3.1-27）。

3.1 降雨災害

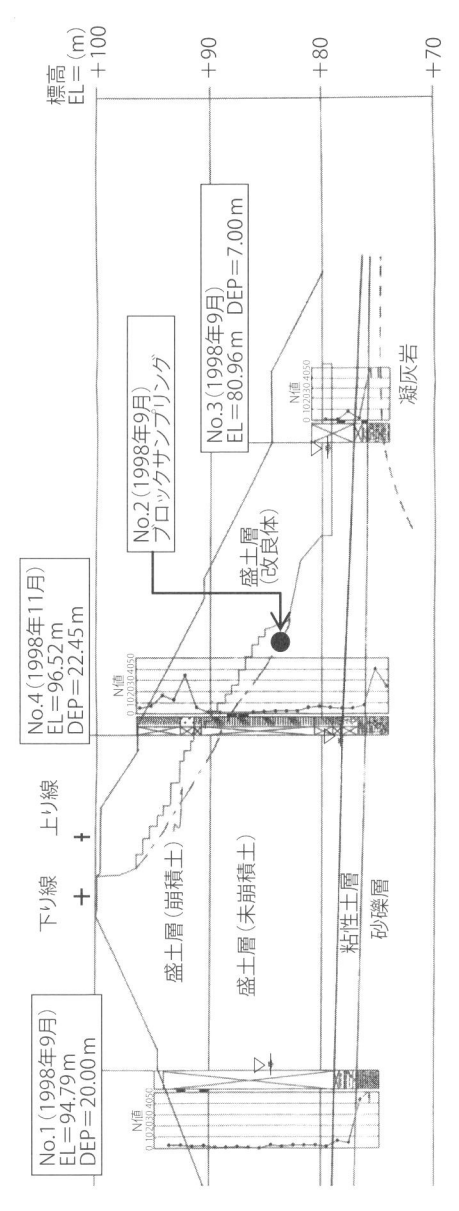

図 3.1-24 地盤調査の位置と結果（東京基点 174k400 m 付近）

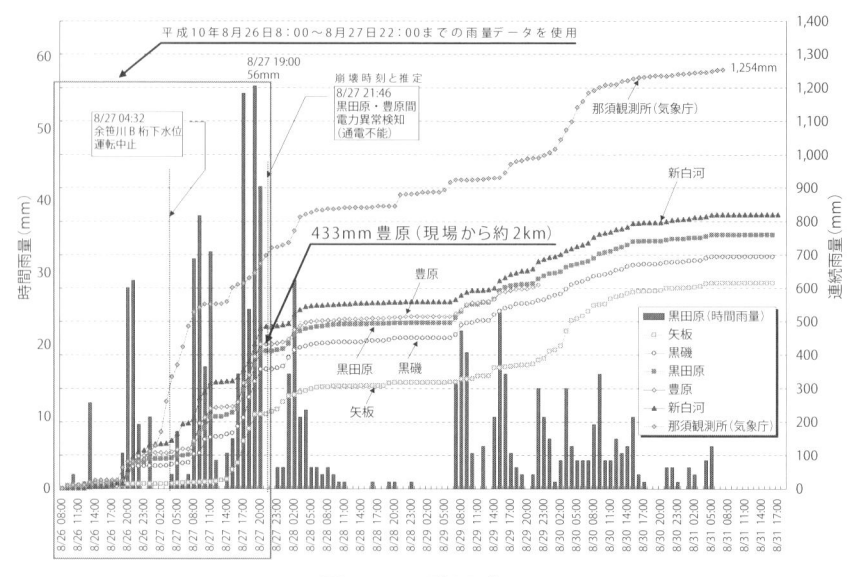

第3章　自然災害による鉄道の被災事例

図3.1-25　降雨データ

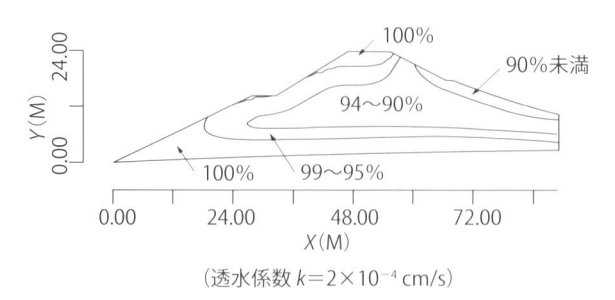

図3.1-26　飽和度（崩壊前解析）

4) 崩壊メカニズムの推定

2) の所見、3) の解析的検討より、崩壊メカニズムは次のように推定される。

盛土に潜在的なクラックなどが存在するなどにより、見かけ上の透水係数が大きい箇所が存在していた。降雨の盛土への浸透のほかに、民地の崩壊に伴う上り線側のり尻に沢水が湛水したことによって、のり尻が浸食されるとともに間隙水圧が上昇したこと、および起点方と終点方の切取からの流入水が盛土内に供給されたことが加わって、崩壊へと至った。災害発生時の状況として、ま

のり尻すべり
$F_s=1.032$

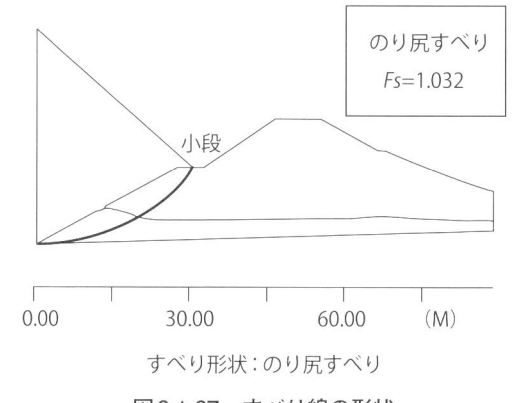

すべり形状：のり尻すべり

図3.1-27　すべり線の形状

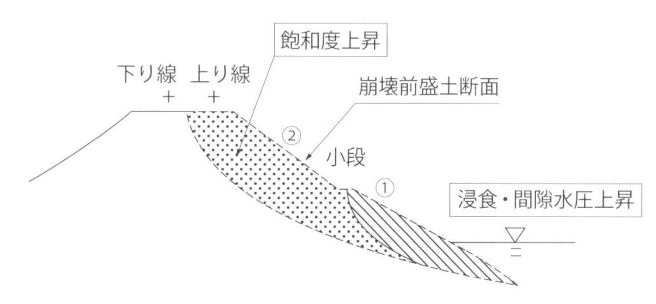

図3.1-28　想定される崩壊発生機構

ず、小段から下ののり尻部が、浸食の影響も加わって先に崩壊し（図3.1-28 ①）、不安定な状態で残存した上部がそれに続いて崩壊した（同図②）というように、2段階に分かれた崩壊が生じた可能性が考えられる。

5) 応急対策後の検討

応急対策（後述）後の検討については、図3.1-23右側に流れを示している。応急対策後も同様に浸透流解析を併用した斜面安定解析を実施し、安全率1.4以上を確認したことから、追加の抑止対策は不要と整理した。

6) 災害復旧工事について[7),9)]

1カ月以内の早期復旧を目標として、上り線側崩壊箇所近傍の地山（ローム）は生石灰による安定処理を行い、この改良土を盛土材料とする腹付け盛土工法で復旧することとした。

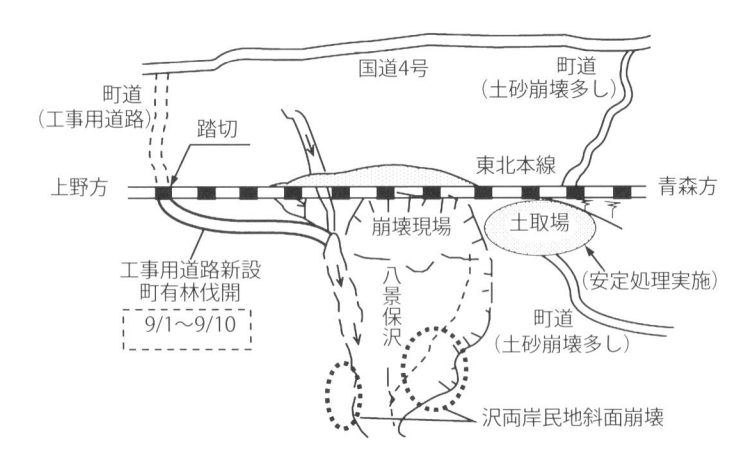

図3.1-29　復旧平面図

i）設計

生石灰の配合については、室内配合試験結果から生石灰の配合割合を1m³当たり130kgとした。路盤・路床を形成する上部盛土については、1m³当たり180kgとした。

ii）応急復旧工事の試験施工

本施工に先立ち土取場（図3.1-29）で試験盛土および平板載荷試験を実施した。その結果、締固め方法は下部盛土に対しては乾地ブルあるいはスクレープドーザで転圧回数8回（K_{30}値＝70MN/m³目標）、上部盛土に対してはスクレープドーザで10回（K_{30}値＝110MN/m³目標）とした。施工管理指標としては、空気間隙率（15%以下目標）、一軸圧縮強さ、上部盛土および路盤のK_{30}値とし、目標値を満足する結果を得た。

iii）応急復旧工事の本施工

応急復旧の工程を図3.1-30に示す。通常、高盛土を施工する場合は沈下挙動を計測しながら緩速施工を実施するが、当現場では1日も早い復旧が望まれたため、昼夜兼行の急速施工を実施した。ただし、急速施工であってもできるだけ土構造標準[10]を遵守するようにした。図3.1-31に復旧工事における施工管理位置を示す。今回の施工において留意した点を以下に示す。

・仕上がり厚さ30cmを確保した

3.1 降雨災害

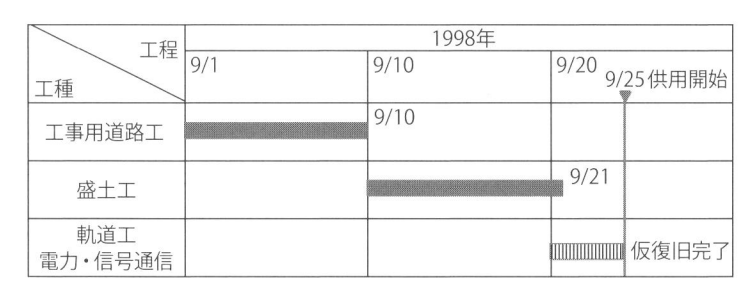

工種＼工程	1998年 9/1	9/10	9/20	9/25供用開始
工事用道路工	████████ 9/10			
盛土工		██████████	9/21	
軌道工 電力・信号通信			▒▒▒	仮復旧完了

図3.1-30 復旧の工程

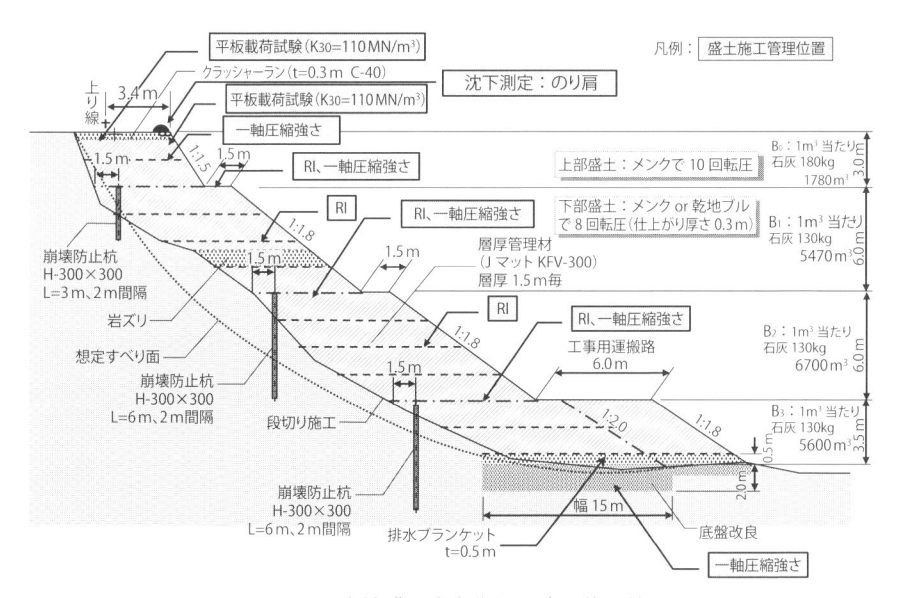

図3.1-31 崩壊盛土応急復旧工事の施工管理

- 盛土最下部に砕石による排水ブランケットを敷設した
- 盛立て1.5mごとに層厚管理材を敷設した。使用材料は高強度織布と不織物の合材（引張り強さ29.4kN/m）
- すべり面上の崩積土を徹去しないことから、二次災害防止のためH鋼杭（崩壊防止杭）を打設した
- 形状は不揃いとなりながらも、崩壊土と改良土の境界にできる限り段切りを実施した

- スタビライザーによる生石灰攪拌混合後、最低2時間の反応時間を確保した
- まき出し後、乾地ブル、スクレープドーザなどを並列に配置し一斉転圧を実施した
- 降雨時の施工への配慮として、崩壊箇所をシートで養生し、改良土に変えてあらかじめ確保した岩ずりで施工を実施した
- 盛土開始後、約11日間で盛土を構築した
- 盛土施工終了直後からのり肩でレベル測量を実施したところ、沈下量はのり肩で最大22mmであり、おおむね2カ月で沈下は収束した

iv) 復旧工事

復旧工事は、1998年10月～2000年2月にかけて実施した。栃木県那須町と協議を行いながら、下記の内容を実施した。
- プレキャストコンクリート製の排水溝の整備
- プレキャスト格子枠によるのり面補強工
- 水路トンネル断面復旧工事

応急復旧工事完成後の状況を図3.1-32に示す。また、この復旧箇所については、2011年3月11日に発生した東北地方太平洋沖地震において、軽微な軌道変位が生じたほかには、ほとんど実被害がなかったことを付記する。

図3.1-32　応急復旧完了状況（試運転）

3.1.3 土石流

(1) 1993年日豊線竜ヶ水駅構内

　土石流災害は鉄道にとっては沿線から離れた場所が発生源となるため、予測や対策を容易に行うことが難しい災害のひとつである。ここでは、1993年8月6日に発生した鹿児島県のJR日豊線竜ヶ水駅における土石流災害の事例について紹介する。この地域はたびたび土石流災害に見舞われる場所であり、1977年にも大きな土石流災害が発生している。

1) 災害の概要

　鹿児島県地方では1993年は非常に雨が多い年であり、5月下旬から断続的な降雨が観測され、5月20日以降の30日雨量、60日雨量、90日雨量は811.5mm、2,111.5mm、2,263.5mmで、それぞれの再現期間は約5年、約300年、約700年とたぐいまれな多雨であった（図3.1-33）。災害の発生した8月6日には日雨量が259.5mmに及び、竜ヶ水駅から約3.5km離れた鹿児島市吉野出張所では17時から19時の2時間に80mmを超える時間雨量が観測されている。この豪雨により鹿児島市街地の広い範囲が浸水し、斜面崩壊や土石流など

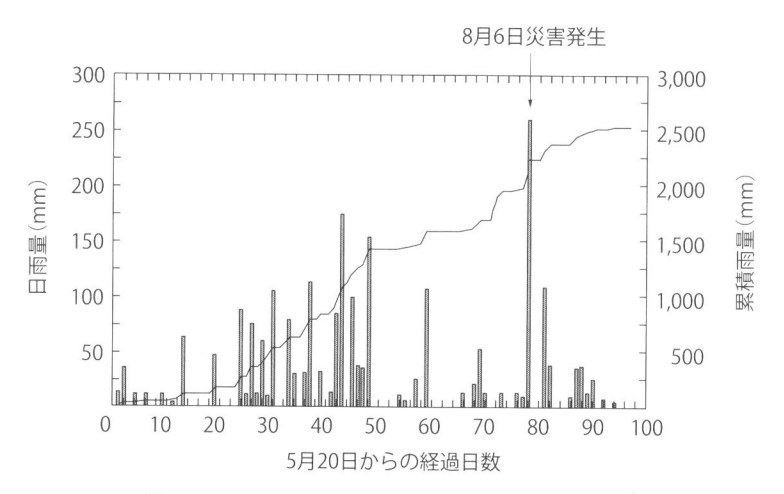

図3.1-33　5月20日以降の鹿児島地方の降水量[11]

図3.1-34 竜ヶ水駅を直撃した土石流[11]

の地盤災害が多発した。日豊線沿いでは鹿児島市磯から大崎にかけての範囲に災害が集中して発生しており、その被害箇所数は約100カ所に及ぶ。これらの災害によって、竜ヶ水駅周辺の地区では19名が亡くなり、日豊線だけでなく並走する国道10号線も分断され、多くの人と車が閉じ込められる事態となり、フェリーや漁船で救出された。日豊線の竜ヶ水駅では近接する2渓流から土石流が発生し、駅に臨時停車していた列車を直撃し、一列車は押しつぶされ海近くまで流された（図3.1-34）。しかしながら、乗務員の機転で乗客は事前に退避し、難を逃れた。

2) 地形、地質の特徴

この地域は2万9,000年前の活動でできた姶良カルデラである鹿児島湾の西岸に当たる。カルデラの内側の壁は約30°〜45°の勾配の急崖であり、カルデラの外側には標高200〜400mの平坦な台地、いわゆるシラス台地が広がっている。この台地上の河川には表流水は少なく、降雨の多くは地下に浸透していると考えられる。

また、カルデラ壁と鹿児島湾に挟まれるわずかな平坦地に日豊線、国道10号線が通り、民家が点在する。カルデラ壁を作る岩盤の地質は、下から竜ヶ水安山岩や三船流紋岩などの火山岩、花倉層（シルト岩、軽石流堆積物などか

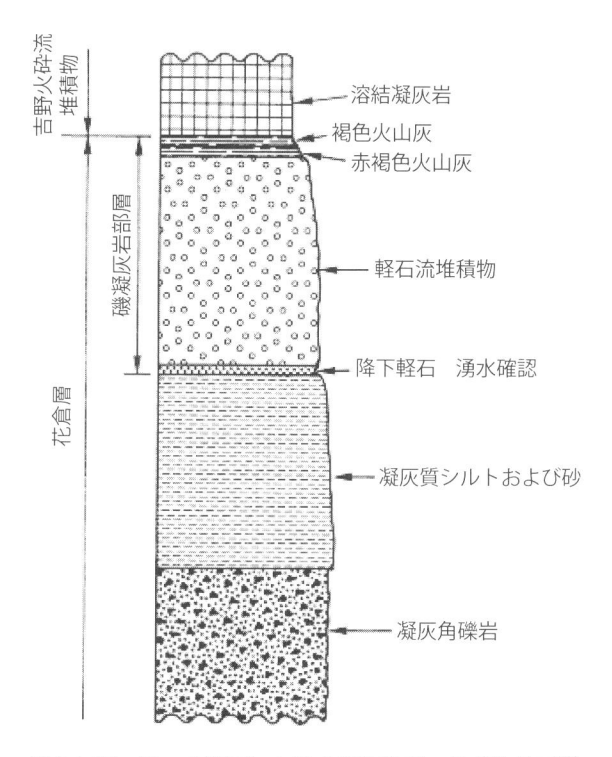

図3.1-35 竜ヶ水地区における崩壊箇所の模式柱状図[11]

らなる磯凝灰岩部層)、50万年前くらいの溶結した吉野火砕流堆積物、2万9,000年前のボラと呼ばれる降下軽石層、いわゆるシラスである非溶結の火砕流堆積物、火山灰層、ロームや表土である。竜ヶ水駅から吉野台地にかけては図3.1-35に示すような地質が観察される。カルデラ壁ではこの磯凝灰岩部層と吉野火砕流堆積物の層界で斜面の傾斜が変わっている。

3) 土石流の発生メカニズム

竜ヶ水駅に近接した渓流では、花倉層のシルト岩とその上位の軽石層の層界から湧水が認められ、その軽石層から上の火砕流堆積物、降下軽石層(火砕流堆積物とその上下の軽石層が磯凝灰岩部層に相当)、溶結した吉野火砕流堆積物が崩壊していた。しかし、竜ヶ水駅周辺で見られた土石流堆積物は主に火山灰質砂、軽石からなり、岩塊として安山岩が卓越し、吉野火砕流堆積物の溶結

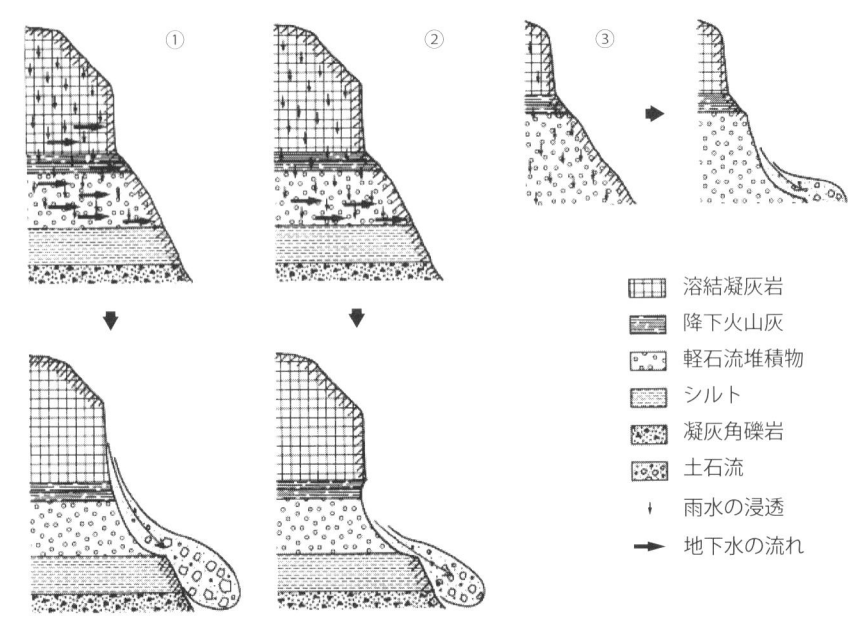

図3.1-36　竜ヶ水地区における土石流発生メカニズムの模式図[11]

凝灰岩はほとんど見られない。このことから、渓流上流部での崩壊は花倉層から上位の吉野火砕流堆積物まで達しているように見えるが、その崩壊は表層にとどまり、土石流が流下する際に下位の地層の岩塊や渓床堆積物を巻き込んで成長したと考えられている。

これらのことから、竜ヶ水駅を襲った土石流の発生メカニズムは以下のように推定されている（図3.1-36）[11]。まず、災害発生前の数日間の降雨がロームから吉野火砕流堆積物を浸透し、難透水層である花倉層シルト岩の上位の磯凝灰岩部層最下部の軽石層に帯水する。この地下水は磯凝灰岩部層堆積以前の地形に沿って流れるが、この時カルデラに向かった旧沢地形があったとすると、地下水がカルデラに向かって流れる。そして、当日の激しい降雨により地下水の流速が速くなり、磯凝灰岩部層および吉野火砕流堆積物の表層が崩壊し、地下水、表流水とともに土石流となって沢を流下した。この時、渓床堆積物などを巻き込んで土石流が成長した。

4) 対策方針

　この災害に対して、検査（危険な箇所を見つける）、対策（防災強度を高める）、運転規制（災害派生前に列車を止める）といった鉄道防災の3つの柱に基づいた対策方針を立て、検査体制の強化とともに以下の取り組みを積極的に行うこととした[12]。

i) 治山・治水を念頭においた広域的な防災対策の要請

　この事例のような土石流災害は渓流で発生するため、多くの場合は発生源や流下域は鉄道用地外である。そのため、鉄道だけでは防災強度を高めるための対策を施すことは困難である。一方で、渓流における災害に対しては砂防ダムなどの治山・治水事業による対策が有効であり、この事例でも土石流の一部が既設の砂防ダムにより捕捉されていることが確認されている。したがって、鉄道側から関係機関に対して防災対策の推進を働きかけるなど積極的に部外との協議を進めることとした。

ii) 落石検知装置の設置

　土石流が発生した渓流および斜面には、浮き石や崩積土など不安定物質がまだ多く分布していたため、大雨や地震などの際にこれらの不安定物質の崩落や土石流の発生により、列車の安全運行が脅かされることが懸念された。そこで、自動的にこれらの災害の発生を検知して列車防護を行うことを目的に、落石検知装置を新設した。

iii) 長雨や集中豪雨における運転規制判断の見直し

　降雨時の運転規制は、基本的に「時雨量」と「連続雨量」のそれぞれの基準値の組み合わせで行っているが、この事例では過去に例を見ない断続した長雨や短時間の集中豪雨が原因となった。そこでこれらの降雨に対する運転規制を強化するために、「実行雨量」や「3時間雨量」の考え方を導入し、早めの警戒体制がとれるようにした。

3.1.4　地すべり

　地すべり災害は日本では古くから降雨時や融雪時に発生する大災害として多くの被災事象が発生したが、各種の対策工が開発され、近年では比較的大きな

第3章 自然災害による鉄道の被災事例

地すべりの災害は減少している。鉄道も地すべりによる災害を被っているが、ここでは地すべりの崩壊時刻を的確に予測し、それ以降の日本における地すべり観測と解析の礎となった事例として、やや古いが飯山線の高場山地すべりの事例を紹介する。

(1) 1970年飯山線高場山

飯山線高場山トンネルは、1970年1月22日午前1時24分に地すべりによりその延長の約半分が崩壊した（図3.1-37）[13]。同トンネルは古くから地すべり性の変状が見られていたことから、多くの調査や対策工が実施されてきており、地すべりの観測体制も充実していた。このため、地すべり崩壊時期の予知が的確に行われた事例として知られている。

高場山トンネルは飯山線越後岩沢〜内ヶ巻間91k800m付近にあるトンネルで、大正末期から昭和初期にかけて建設されたトンネルである。高場山トンネルから内ヶ巻トンネルの入口付近にかけては、信濃川が激しく湾曲する箇所に位置しており、河川による攻撃を恒常的に受けている箇所と捉えることができる。このため当該トンネル周辺斜面の地質は他の箇所よりも脆弱であると推定され、本項で述べる地すべり災害よりも以前に発生した大崩壊の跡が斜面に見られるほか、2004年に発生した新潟県中越地震の際にも高場山トンネル入口付近の斜面で大規模崩壊が発生している。また、高場山トンネル付近一帯の鉄

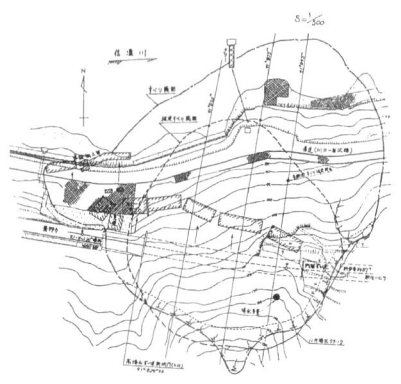

図3.1-37　高場山トンネルの崩壊状況[13]

道建設工事では、トンネル崩壊や切土箇所の崩壊などが発生したために計画路線の一部が変更されたといわれており、建設当初から土砂災害の影響を強く受けている箇所であったことが伺える。

1) 被災までの経緯

　地すべりが原因と考えられるトンネルおよびその周辺の変状は、1937年以降断続的に発生していたことが記録に残されている。たびたび発生した周辺斜面の崩壊やトンネルの変状に対して、その都度改良工事や計測が実施されていた。そのようななか、1969年4月の融雪期に生じた坑門付近の変状は急速に進行し、その後一旦動きは終息傾向を示したが、8月初旬の記録的な大雨により運転が休止されるに至った。坑口周辺斜面に対する対策工が施工された後に9月13日には運転再開となったが、その一方でトンネル中央部の変状は9月以降急速に進行し、11月中旬にはトンネル上部山腹に亀裂が発生した。

　水平ボーリングによる地下水排除工を中心とする対策や、ボーリング調査をはじめとする調査・観測が実施されていたが、例年より早い大雪などにより地すべりはさらに急激に進行し、これにともないトンネルの変状も拡大したため12月28日に運転を休止した。復旧に向けた抜本的対策として、トンネル上部の大規模な排土工、排水工のさらなる充実が計画され実施に移された（図3.1-

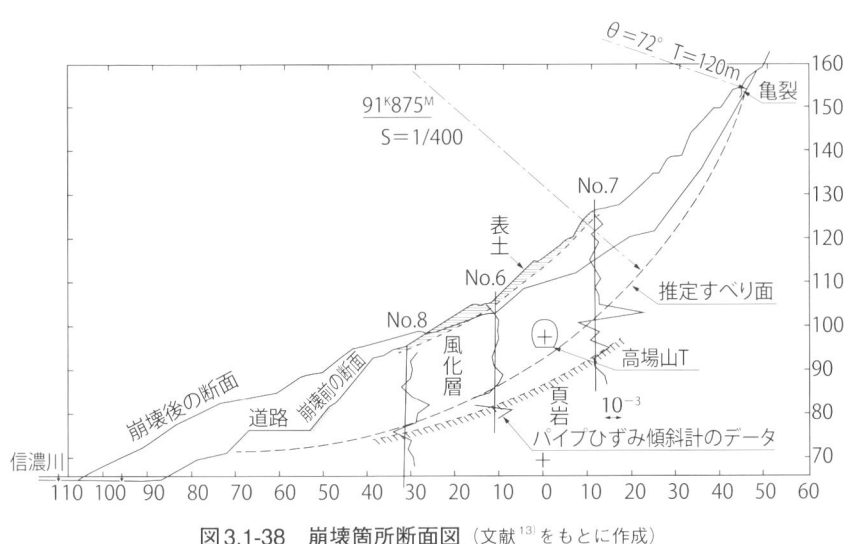

図3.1-38　崩壊箇所断面図（文献[13]をもとに作成）

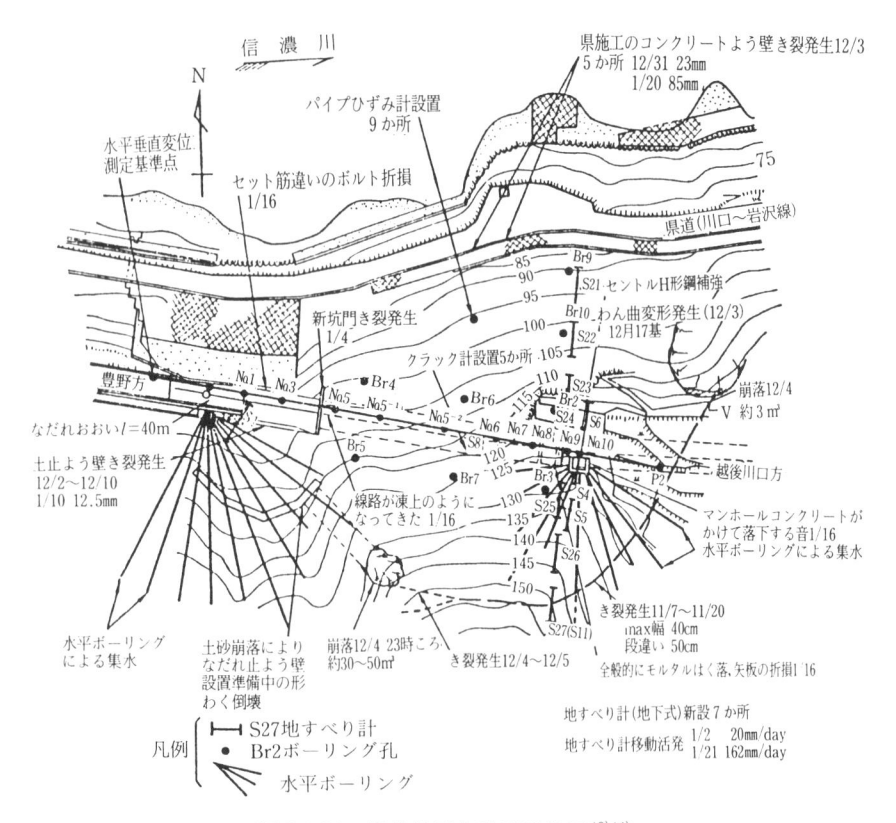

第 3 章　自然災害による鉄道の被災事例

図 3.1-39　変状箇所と計測器位置[13)14)]

38)。しかし、1月14日頃より地すべりはさらに進行し、22日午前1時24分にトンネルは崩壊した。

全延長167mのトンネルのうち、入口から約80mの部分とこれに続く覆工20mがともに崩落して斜面中腹まで滑落した。また、道路側に施工されていた土留め擁壁は全延長51mのすべてが川側へ約20m移動するとともに傾斜または転倒した。また、地すべりの末端は信濃川に達していたと推定されたが、河川護岸（井筒工）には変状が生じていなかった。

滑落面には褐色の風化頁岩(けつがん)が見られ平滑面が確認されている。この滑落面下部の一部からかなりの量の湧水が確認された。

2) 地すべり崩壊時刻の予知

　この事例の地すべりは、毎年の融雪期に地すべり性の変状が繰り返し生じていることから、地すべり観測が断続的に実施されており、崩壊前には図3.1-39のような観測体制が敷かれていた。また、地すべり計のデータを用いた齋藤[15]による崩壊予知手法が適用され、崩壊時刻を精度よく予知することができた。

　地すべり土塊の規模がほぼ明らかにされた時点で、地すべり土塊のほぼ中央部の縦断方向に地すべり計が7台設置された。このうち、崩壊予測に有効な情報をもたらした計器は伸長方向の変位を示した2つの地すべり計であり、これらは設置当初から顕著な変位を測定していた。土塊内部に設置された地すべり計は、崩壊に近づくまでの間は顕著な変位を示すことがなく、このことから崩壊予測のためには、地すべり地内に生じたテンションクラックを早期に発見し、その位置に地すべり計を設置する必要があるという知見が示された。また、擁壁や雪崩覆いなどの構造物に生じる変状は地すべり進行状態を概略的に把握することに大いに役立つが、構造物がない地表面では崩壊寸前まで変状が認められず、崩壊前兆の把握には構造物に生じた変状の発見と観察が有効であることが示された。

　地すべり崩壊予測として、地表面ひずみの観測値を用いた2次クリープ速度から崩壊余裕時間を推定する方法と3次クリープから崩壊時間を予知する方法の2つが並行して用いられた。

　図3.1-40は観測データが2次クリープの範囲にあると仮定して算定した崩壊余裕時間の経時変化を示している。図中の実線は定常ひずみ速度 ε（10^{-4}/分）とクリープ破壊時間 t_r（分）との関係を示しており、以下の式で表わされる。

$$\log_{10} t_r = 2.33 - 0.916 \times \log_{10} \varepsilon \qquad (式3.1\text{-}1)$$

　また、破線は測定値の95%を含む偏差を示している。同図には1月10日以降の計測値が示されているが、日を追うごとに崩壊までの時間が短くなっていることがわかる。実際にはひずみ速度が徐々に増加しているため、測定データを定常ひずみとして適用することは必ずしも妥当といえないが、崩壊までの時

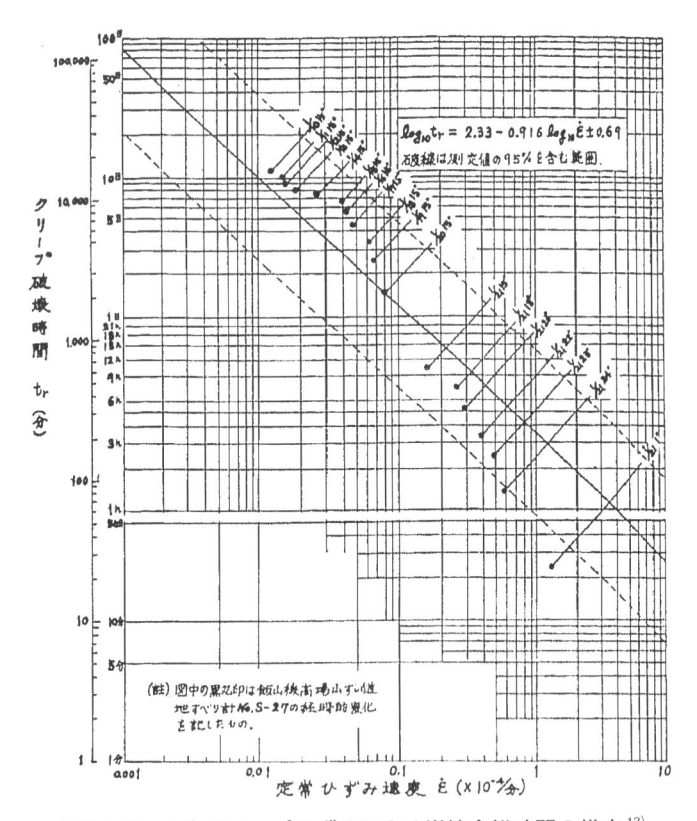

図3.1-40 2次クリープひずみによる崩壊余裕時間の推定[13]

間を概略的に判断するための指標としては有効な手法であるといえる。

図3.1-41は、3次クリープに入ってからの観測データによって崩壊時間を予測した結果を示している。この方法では、ひずみ速度と破壊までの時間との間に逆比例の関係が成り立つとして、クリープ曲線上の3点 (t_1、t_2、t_3) から破壊までの時間を求める。曲線上の3点をとる時、ひずみ間隔を等しくすると、

$$t_r - t_1 = \frac{\frac{1}{2}(t_2-t_1)^2}{(t_2-t_1) - \frac{1}{2}(t_3-t_1)} \quad \text{(式3.1-2)}$$

の関係からt_rを求めることができる。

この方法によって、21日23時の時点で崩壊を翌日の午前3時頃と推定し、

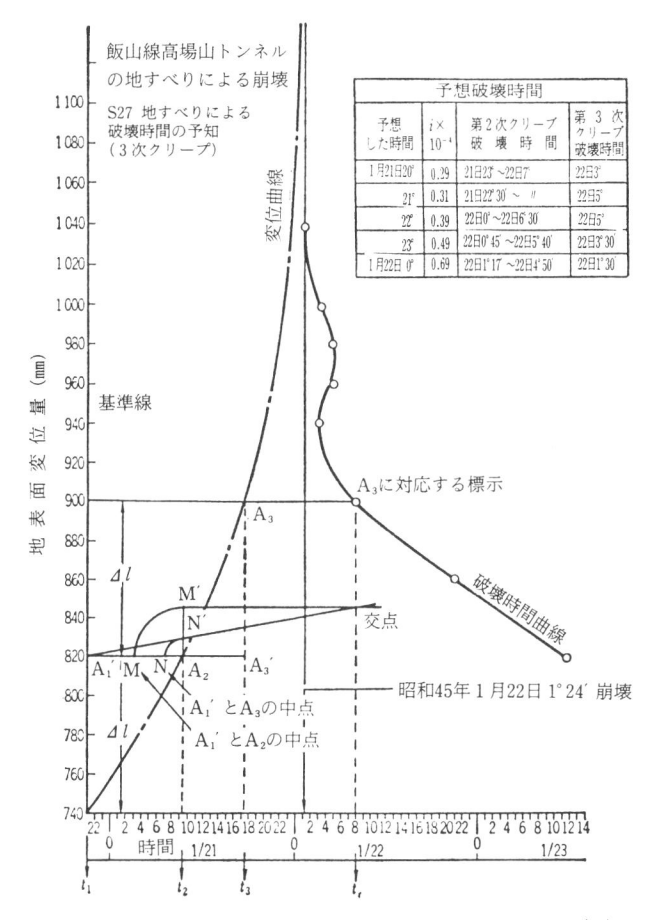

図3.1-41 3次クリープひずみによる崩壊時間の推定[13)14)]

その1時間後の午前0時の時点では午前1時30分と推定しており、崩壊の約1時間半前の時点で実際の崩壊時間午前1時24分をほぼ的中させた。

3) 復旧

崩壊したトンネルは放棄され、崩壊した線路より70mほど山側に入った現在の位置に新たな高場山トンネルが施工された。2004年に発生した中越地震では、トンネル内覆工コンクリートの亀裂など、運転に支障を及ぼす程度の変状が発生したが、新たな地すべり滑動の兆候は見られなかった。

3.1.5 河川増水・洗掘

　大雨が降ると河川が増水し、越水や堤防の決壊により洪水が発生することがある。洪水による災害は鉄道だけでは防ぐことはできないので、ここでは事例の紹介は控えることとする。しかし、河川が増水した場合には、その河川水の圧力や橋脚の基礎部の洗掘などにより、橋脚の倒壊、流出、橋桁の流出といった災害を被ることがある。本項では、特徴的な事例として1982年に発生した東海道線の富士川橋梁の被災事例について紹介する。

(1) 1982年東海道線富士川橋梁流出

　富士川橋梁は、東海道線富士～富士川間148k450mに位置し、橋梁上には上流方より上り線、下り線、廃線の3線が並列して敷設されていた。このうち下り線および廃線のそれぞれ第4号橋脚が、1982年の台風10号による河川の増水によって流失した（図3.1-42）。

1) 気象状況

　1982（昭和57）年7月に南鳥島南方に発生した台風10号は発達しながら北上し、8月2日に愛知県渥美半島に上陸した後に中部地方を縦断した。このた

図3.1-42　被災した富士川橋梁

め中部地方は大雨となり、富士川支流の早川流域では累積雨量が500mmを超える雨量が観測されるなど、富士川流域の全域で記録的豪雨となった。

2) 被災状況 (図 3.1-43)

台風10号がもたらした降雨によって富士川が増水し、8月2日午前5時10分

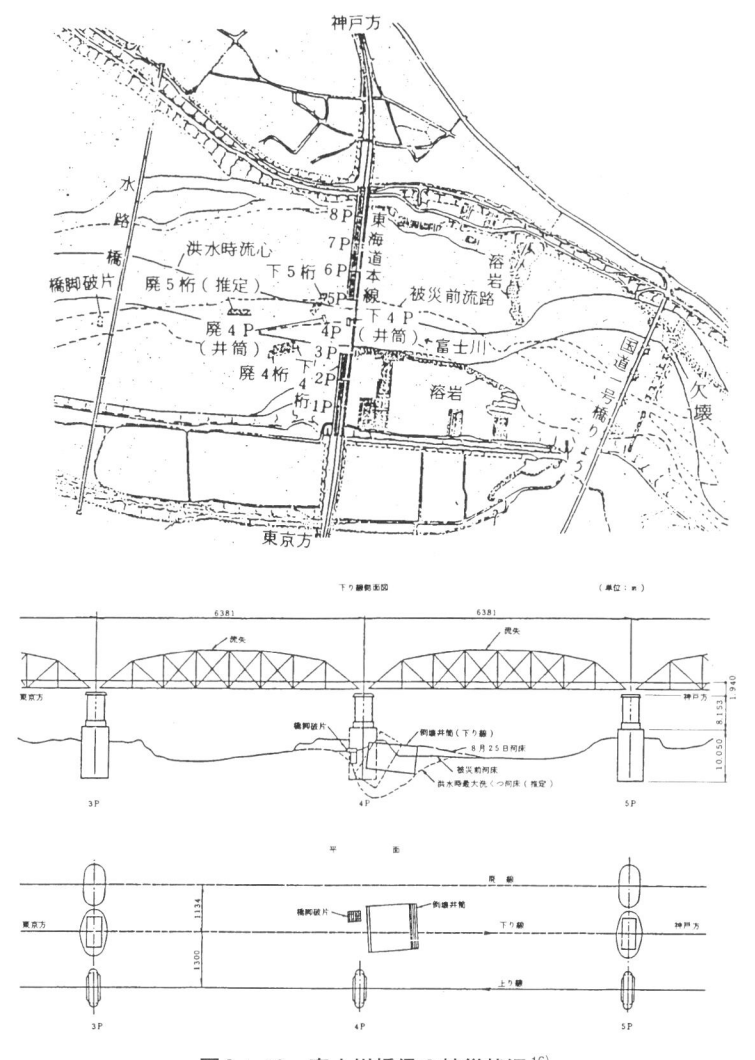

図 3.1-43 富士川橋梁の被災状況[16]

に東海道線富士川橋梁下り線の第4号橋脚が転倒し、これにともない下り線のトラス桁2連が流失した。また、これに次いで廃線の第4号橋脚およびトラス橋2連が流失した。被災後の調査で、下り線第4号橋脚は井筒基礎（コンクリート製の箱型の基礎）が大阪方に転倒した状態で確認された。この際、く体の一部はもとの位置にあったが、ほかの部分は小破片に分離し下流へ流された。廃線の第4号橋脚は下流に約50m押し流されていた。下り線の桁4連、5連と廃線の桁4連目は下流側の河床で発見されたが、廃線の5連目は行方不明となった。

富士川橋梁の被災過程については、以下のように想定された[16]。

① 富士川橋梁の第3号橋脚から第5号橋脚付近は低水敷（水が常時流れている部分）となっていた。これに加えて堰堤が決壊したことにより、右方に傾いた水流が右岸の制水工（河川の強い流れが堤防に直接衝撃することを防ぐために堤防から河川中央方向に向かって設置されたコンクリート製の構造物）にぶつかり反転して低水敷の河床を削りつつ第3号～第5号橋脚間に集中した。

② 増水中の第4号橋脚付近の川面の状態から、平均流速は8m/s程度に達していたと推定された。

③ 増水のピークでは流水が左岸側より約10°の角度で第4号橋脚にぶつかっていた。このため第4号橋脚基礎付近は激しい洗掘を受けて、支持地盤の相当部分が流失し、流水圧を受けて転倒した。

なお、東海道線富士川橋梁より下流方約1kmに東海道新幹線富士川橋梁があるが、同橋梁については、第19号橋脚付近の河床が約3.9mの深さで局部洗掘されていることが明らかにされた。

3) 復旧[17]

早期復旧を念頭に置き、①仮橋脚を設置したうえで応急桁を架設し仮復旧する案、②第4橋脚流失位置への橋脚の設置を行わずに第3橋脚および第5橋脚を補強したうえで延長126mのトラスを架設する案、③廃線に残るトラスを補修・転用して桁製作に要する時間を短縮する案、④応急および本復旧の二度手間を避けてもとの第4橋脚位置に橋脚を新設してトラス2連を架設する本復旧を施工する案が検討されたが、検討の結果、設計および施工で可能な限り工期

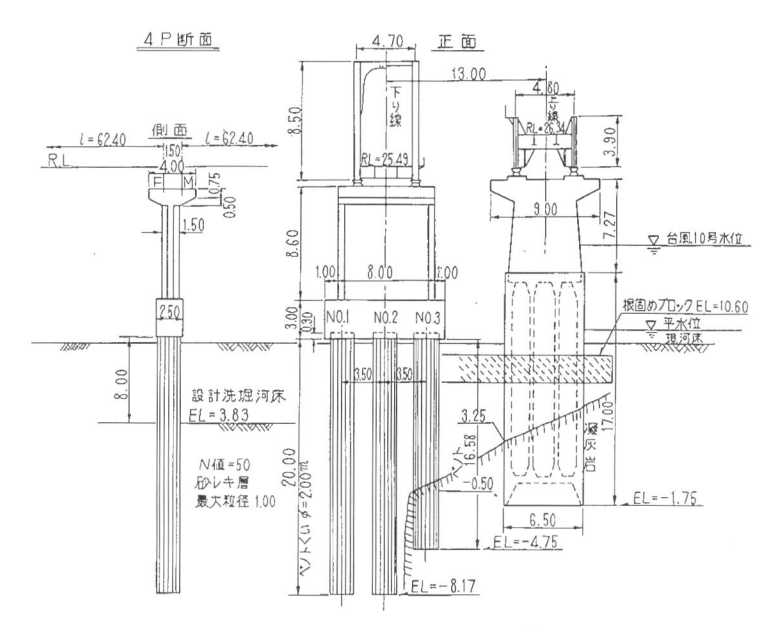

図3.1-44 橋脚の復旧計画図[17]

短縮を図ることとしたうえで④案が採用された。

　基礎構造の設計に当たっては、施工速度の優位性から従来のケーソンタイプに代えて杭基礎形式が採用された。また河床砂礫への対応を考慮して場所打杭工法で施工された。また、巨礫の処理のための人力掘削、潜水掘削、水中発破などの必要性を予想して、杭径を大きくかつ本数を少なくし、直径2mの杭を3本並列に設置する基礎構造となった。また、被災時の洗掘状況を考慮して、杭の長さは上り線よりも約6m長い20mとしたほか、工期短縮とともに耐震性への寄与を期待してケーシングを残置することなどの工夫がなされた。図3.1-44に橋脚の復旧計画図を示す。

　図3.1-45は施工中の新第4号橋脚である。く体内に建て込まれているH鋼は橋脚の施工が遅れた場合を想定した桁の仮受け用部材である。

　上部工の製作に当たっても工期短縮のための検討がなされた。上部工の製作は通常3カ月は要すると考えられていたが、部材は製作完了次第1本ずつ現場へ搬入し、工場での仮組工程を省略した。また、塗装は1回のみとし、そのほ

図3.1-45　橋梁の復旧工事状況[18]

かは現場での塗装とするなど大幅な工期短縮が図られた。

図3.1-46に復旧工事の工程を示す。上述した以外にも工期短縮のための様々な工夫が実施され、災害発生から75日で列車の運転が再開された。

4) 本災害が明らかにした橋梁の警備に関する課題

当時、富士川橋梁の規制水位は国鉄の内部規定「降雨に対する運転規制基準作成要領」に基づいた計算のうえ、余裕をもって停止水位は5.0m、徐行水位は6.0mと設定されていた。しかし、橋脚の倒壊前に警戒水位には達していたものの徐行水位には達していなかった。また、当時は台風接近に伴う異常時の警備体制が敷かれており、災害発生前の午前4時頃に第2種警備（5時間に1往復程度の巡回警備を実施する）のために巡回警備に当たった担当者が警戒水位に達したことを確認したため固定警備を要請した。この要請を受けて固定警備に向かった担当者が5時頃に現場に到着し、水位の状況から危険と判断して停止手配をとろうとした5時10分頃に橋梁が倒壊した。

このように、河川水位が警戒水位に達してから危険水位を超えて橋脚が倒壊に至るまで非常に短時間のうちに推移しており、このような事象に適切に対処する手法を検討する必要性が明らかになった。この後、橋梁の災害に対する警

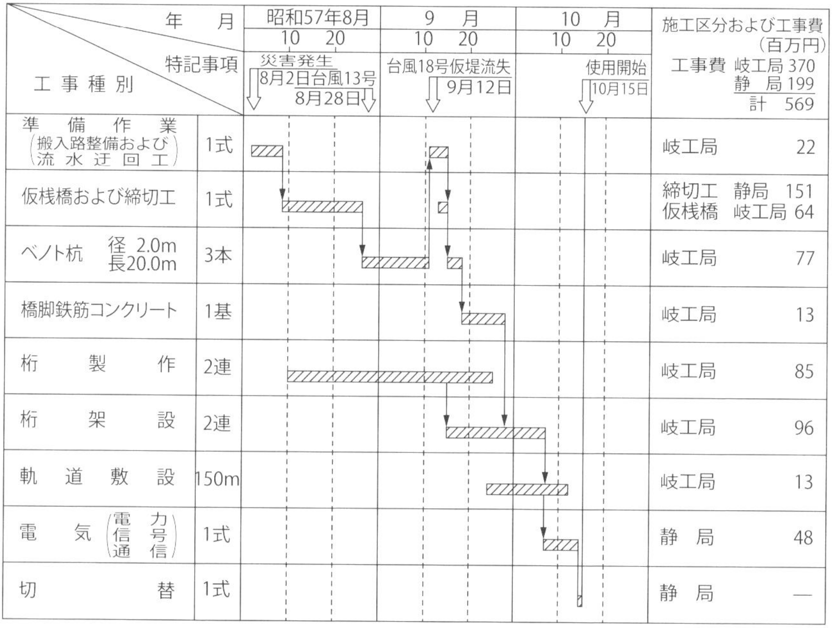

3.1　降雨災害

年　月 工事種別	特記事項	昭和57年8月 10　20 災害発生 8月2日台風13号 8月28日	9　月 10　20 台風18号仮堤流失 9月12日	10　月 10　20 使用開始 10月15日	施工区分および工事費 （百万円） 工事費　岐工局 370 　　　　静　局 199 　　　　計　　569
準備作業 （搬入路整備および 流水迂回工）	1式	▨	▨		岐工局　22
仮桟橋および締切工	1式	▨▨▨			締切工　静局 151 仮桟橋　岐工局 64
ベノト杭　径 2.0m 　　　　長20.0m	3本	▨	▨		岐工局　77
橋脚鉄筋コンクリート	1基		▨		岐工局　13
桁　　製　　作	2連	▨▨▨▨▨			岐工局　85
桁　　架　　設	2連		▨▨		岐工局　96
軌　道　敷　設	150m			▨	岐工局　13
電気（電力 　　　信号 　　　通信）	1式			▨	静局　48
切　　　替	1式				静局　―

図3.1-46　復旧工事の工程[17]

戒警備および保守管理の両面での適切な体制づくりが着手された。

【参考文献】

1) 内閣府：平成25年版防災白書、2013
2) 九州運輸局：平成24年7月九州北部豪雨の被害状況等について、http://wwwtb.mlit.go.jp/kyushu/bousai-q2/201207271400saigai.pdf
3) 大澤章吾：九州北部豪雨災害における豊肥線の早期復旧に向けた取り組み－トンネル崩落、大規模築堤崩壊－、日本鉄道施設協会誌、Vol.52、No.1、2014
4) 西日本旅客鉄道株式会社：ニュースリリース、山口県北部・島根県西部の豪雨による被災状況などについて、http://www.westjr.co.jp/press/article/items/130802_01_yamaguchi_shimane.pdf
5) 加納浩二・岡義晃・鎌田和孝・中島卓哉：山口県・島根県豪雨災害の概要と復旧計画、鉄道施設協会誌、Vol.52、No.6、pp.27-30、2014
6) 四国旅客鉄道株式会社：平成10年度土讃線豪雨災害復旧記録誌
7) JR東日本東京支社：東北線（矢板～白河間）集中豪雨に伴う線路災害記録誌、1999
8) 中村ほか：浸透流解析を併用した崩壊盛土および復旧盛土の安定解析、豪雨時の斜面崩壊のメカニズムおよび危険度予測に関するシンポジウム、2003
9) 中村ほか：東北線174K400m付近高盛土災害復旧に伴う設計・施工、SED（STRUCTURAL ENGINEERING DATA）No.12、JR東日本、1999

10) 財団法人鉄道総合技術研究所：鉄道構造物等設計標準・同解説-土構造物、丸善、1992
11) 太田岳洋・大島洋志・大保正夫：1993年8月の鹿児島市竜ヶ水地区における土石流および斜面崩壊について、応用地質、Vol.34、No.5、pp.37-44、1993
12) 村上温・野口達雄監修：鉄道土木構造物の維持管理、736p、日本鉄道施設協会、1998
13) 山田剛二・小橋澄治・草野国重・久保村主助：飯山線高場山トンネルの地すべりによる崩壊、鉄道技術研究資料、No.706、1970
14) 建部恒彦：鉄道防災施工法（上）、山海堂、1977
15) 齋藤迪孝：斜面崩壊発生時期の予知に関する研究、鉄道技術研究報告、No.626、1968
16) 村上温：鉄道橋の洪水時被災機構と安全管理に関する研究、鉄道技術研究報告、No.1307、1986
17) 村上温：東海道線富士川橋梁の被災と復旧工事、土木学会誌、Vol.68、No.11、pp.63-69、1983
18) 社団法人日本鉄道施設協会：富士川橋橋りょう災害復旧、構造物設計資料、No.73、社団法人日本鉄道施設協会、1983

3.2 風化による災害

　第1章でも述べたように、斜面を構成する岩盤は、地表部で長年、風雨にさらされ、風化作用を受けて強度が低下し、災害が発生しやすい状態になる。
　鉄道沿線の斜面では、大きな降雨や地震などの外力が特にはっきりしない岩盤の崩壊や落石といった災害事象が発生することがあり、これらは主に長年の斜面の風化による強度の低下が原因と考えられている。本節では、このような外力のはっきりしない岩盤崩壊・土砂崩壊、落石の災害事例について述べる。

3.2.1 岩盤崩壊・土砂崩壊

　近年発生した最も印象的な岩盤崩壊の事例は、1995年に北海道の豊浜トンネルで発生した災害であろう。このような岩盤崩壊の発生頻度は低いが、発生した場合はその規模が大きくなることが多く、また発生時の外力がはっきりしないために、あらかじめ対策工などのハード的な対策も観測による運転規制などのソフト対策も行うことが難しい。鉄道においてもいくつかの岩盤崩壊・土砂崩壊の被災事例があり、ここでは2006年に発生した羽越線の事例を紹介する。

3.2 風化による災害

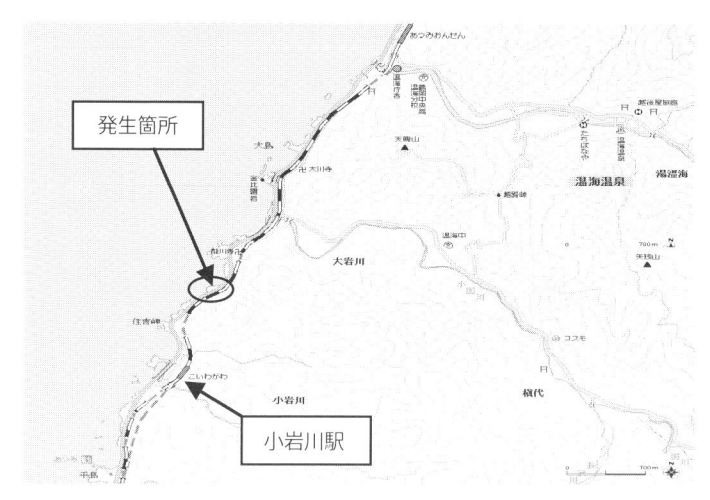

図3.2-1 発生箇所

(1) 2006年羽越線小岩川～あつみ温泉間

2006年7月13日、羽越線小岩川～あつみ温泉間106k360m付近右側斜面において斜面崩壊が発生した（図3.2-1）。被災箇所は、災害発生前の2006年6月5日にのり面工に新たな変状があることが発見され、崩壊前に調査・応急対策を行っていた箇所であった。本項では、当該箇所の災害概要、崩壊原因調査、応急復旧工事および恒久対策工事について紹介する。

1) 災害概要

i) 災害発生前の状況

被災箇所は羽越線が日本海に面した国道7号線と並走する区間である。山側の切取区間には起点方から、吹付枠工215m^2（経年10年）、場所打ち格子枠工34m^2（経年20年）、張コンクリート工1,358m^2（経年76年）の各種のり面工が総延長96m施工されていた（経年は2006年時点における経年である）。崩壊前の斜面を撮影した航空写真を図3.2-2に示す。主な地質は中新生中期から後期にかけて貫入した玄武岩質岩石であり、現地の海岸付近の露岩では玄武岩の割れ目部が風化しブロック化している様子が見られる。なお、ブロック化した岩盤に見られる主たる節理の方向は線路に対して流れ盤構造となっている。

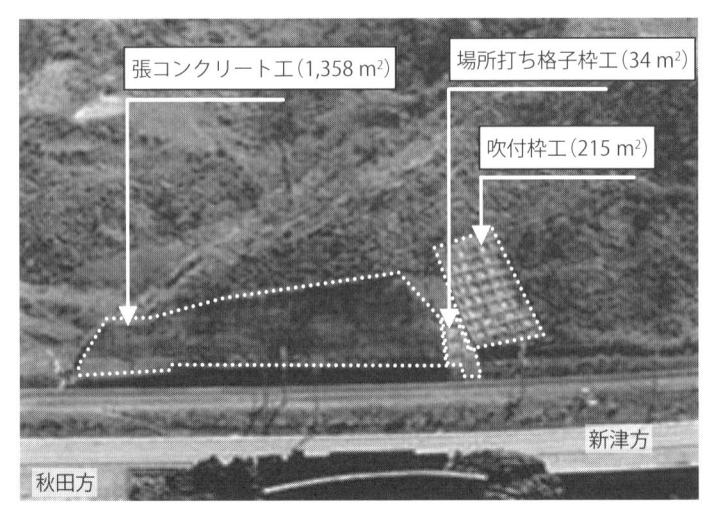

図3.2-2 崩壊前状況

ⅱ) 土砂崩壊の状況

　土砂崩壊は、線路に向かって斜交する方向に延びる痩せ尾根の側面で発生した。崩壊推定時刻は軌道短絡やき電トリップの時刻から7月13日20時06分頃と推定された。尾根に近い箇所に崩壊の頂部があり、崩壊の長さは約25m、幅は約30mに達し、張コンクリート工のうち起点方からおよそ2/3程度が崩壊した。また、崩土の先端は線路左側の国道7号線にまで達した。崩壊直後の状況を図3.2-3に示す。崩壊のうち起点よりの部分には、基岩が著しく風化して円礫状になった岩塊が見られた。崩壊面のうち、終点方に残った張コンクリート工に近い部分の岩塊は比較的新鮮であり、著しい風化は見られなかった。

　また、これらに挟まれた崩壊面中央部分は、風化により細粒分を多く含む土砂となっており、崩壊面には地山の岩塊がほとんど確認できない状況であった。崩壊面の土砂の状況を図3.2-4に示す。

ⅲ) 崩壊箇所周囲の地質

　土砂崩壊発生後の7月25日、崩壊箇所周囲の地質踏査を実施した。調査結果によると、線路側下位より①粗粒玄武岩、②やや凝灰質な砂層、③凝灰岩層、④黄褐色中粒砂層が分布していた。

3.2 風化による災害

図3.2-3 崩壊直後の斜面（2006年7月撮影）

図3.2-4 崩壊面の土砂の状況

2) 崩壊原因

　この斜面では、風化により土砂化した基岩が張コンクリート工に土圧を作用させたため、張コンクリート工の一部が押し出され新たな亀裂が発生した。これにより微小な変形が発生したため、切土部上部の斜面内の潜在的なすべり面ですべりが生じて上部土砂斜面にも下方へすべろうとする力が働いたと推定される。また、ボーリング調査結果から、張コンクリート工背面の地山の表層から約1mの深さには強風化層、深さ1～3mの範囲は風化層が分布していると

図3.2-5　連続雨量の時刻歴（あつみ温泉駅）

推定された。また、崩土および崩壊面の調査から、張コンクリート工背面の基岩は風化により著しく土砂化が進んでいたと考えられた。このように斜面が不安定化していたところに、7月11日から降り始めた連続雨量88mm（沿線雨量計：あつみ温泉駅、図3.2-5）の降雨が上部斜面に浸透して、張コンクリート工背面の風化した基岩部および上部土砂斜面が急激に不安定化して崩壊に至ったと推定される（図3.2-6）。

3) 応急復旧工事

応急復旧工事では、不安定な状態にあるのり面の当面の安定化を図ることを目的とした対策を施工した。

ⅰ）崩土・不安定土などの撤去

崩壊面上部に残る不安定土塊は、降雨などにより崩落する可能性が高いので、崩壊土砂、張コンクリート工と合わせ除去することとした。また、張コンクリート工起点方下部に施工されている場所打ち格子枠工および吹付格子枠工は崩壊せずに残っていたが、背後および上方斜面が土砂化して不安定な状態であったため、場所打ち格子枠工のすべてと吹付枠工の一部を撤去し、背後の不安定土砂を除去した。

図3.2-6 崩壊経緯略図

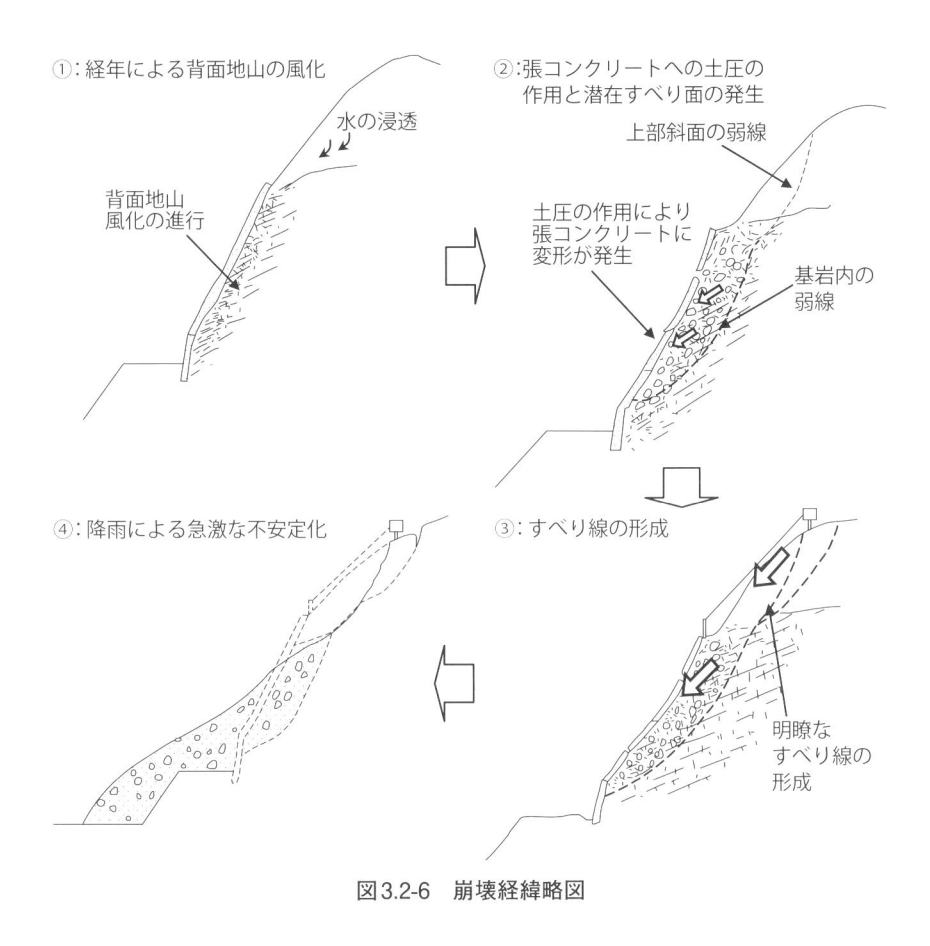

ⅱ）モルタル吹付工

　下部斜面は勾配が急であること、雨水や表面水がのり面を流下することで表面が剥離して、小崩壊を起こすことが懸念されたのでモルタル吹付工を施工した。

ⅲ）土砂止柵

　斜面の表層崩壊などに対する措置として斜面と線路の間に土砂止柵を施工した。土砂止柵は、柵高まで土砂がたまったとしても安定が保たれる設計とした。

	工事種別	概　要	数　量
①	崩壊土砂撤去	土砂撤去	約 1,100 m^3
②	切取土工	上部斜面土砂撤去	約 1,300 m^3
③	のり面工	モルタル吹付工	約 1,040 m^2
④	土砂止柵	柵高 約 3 m、杭 300H	64 m

図3.2-7　応急復旧工事完了時全景および概略数量

ⅳ）土砂崩壊検知装置など

　排土したことで新たに整形されたのり面の安定を確認するため、および応急工事の効果により吹付枠工の変位が停止していることを確認するために伸縮計4基を新たに設置した。また、土砂崩壊検知装置（検知センサー長＝140m）を設置し、現地に設置された12基の特殊信号発光機と連動して運転規制を行うこととした。

　応急復旧工事完了後の航空写真を図3.2-7に示す。これらの応急工事を無事故で完了させ、お盆輸送前の8月9日に運転を再開した。

4）恒久対策工事

　恒久対策としては、将来にわたり斜面の安定度を十分に確保できることを目的とした対策工を施工した。

図3.2-8 土砂崩壊箇所 復旧工事完了状況

i) 崩壊箇所および張コンクリート部の対策

　崩壊箇所ののり面において風化土砂を撤去し岩を露頭させたところ、粗粒玄武岩が円礫状に風化し、表層部には一部亀裂も入っていた。対策工は、岩盤斜面の強化および表層岩盤の風化抑制を目的に、ロックボルトと吹付枠工を選定した。ロックボルトは、径28.5mm、長さ4.0～6.9mであり、間隔1.5mで新鮮な岩に2.0m以上貫入させた。施工完了状況を図3.2-8に示す。

ii) 既設の吹付枠工箇所の対策

　既設の吹付枠工は崩壊部起点方において健全な状態ではあり、斜面崩壊による背面地山斜面が緩んだ範囲を抑えているものの、健全度の定量的評価は困難であった。したがって、ここでの対策工は既設の吹付枠工も含めた土砂斜面をグラウンドアンカーによる緊張力ですべりを抑制する方法を採用した。施工は、既設吹付枠工の枠内をモルタル吹付けして残置し、その上から新たに吹付枠工を施工し枠の交点にグラウンドアンカー（アンカー体長3.0～3.5m、アンカー自由長4.5～9.0m）を計40本施工した。設計概略断面図を図3.2-9に、施工完了状況を図3.2-10に示す。

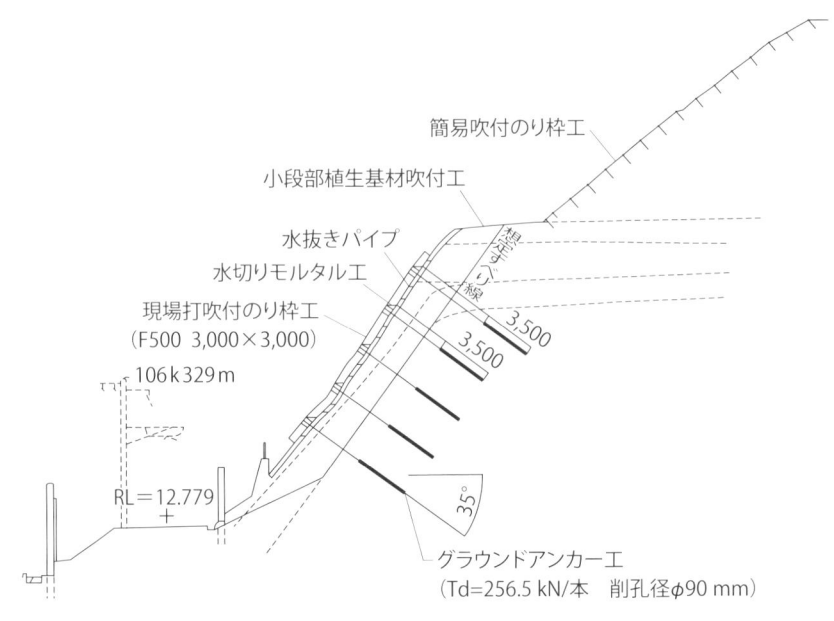

図3.2-9　フリーフレーム部復旧概略横断

3.2.2　落　石

　落石災害は第2章でも述べたように、その発生の原因となる外力が降雨、風、地震さらには石そのものの自重のいずれかまたはこれらの複数であり、明確でないために、何らかの現象の観測、検知による運転規制が困難な災害である。したがって、降雨時の斜面崩壊や地すべりなどの災害が観測技術や運転規制手法の高度化により、近年は災害発生数が減少しているのに対して、落石災害は観測による予測や運転規制が難しいため、最近でも比較的頻繁に発生する災害のひとつである。

　落石災害には、第4章4.2でも述べるように斜面中の表層に埋まっていた岩塊がその周囲の表層の浸食などにより不安定となって落下する転落型落石と、岩盤斜面に割れ目ができたり、その割れ目が伸展して開口したりして岩塊が斜面から剥離して落ちる剥落型落石がある。ここでは、転落型、剥落型それぞれの災害の事例をひとつずつ紹介する。

3.2 風化による災害

No.	対　策　工	数　量
①	吹付枠工（F300, 1,500×1,500）＋ロックボルト工（φ28.5）	695 m²
②	吹付枠工（F500, 3,000×3,000）＋グラウンドアンカー工	158 m²
③	簡易吹付枠工（M150, 1,500×1,500）＋枠内植生工	578 m²
④	吹付枠工（F500 or F400, 3,000×3,000）＋グラウンドアンカー工	343 m²

図3.2-10　恒久対策工事完了後の斜面（2006年12月撮影）

(1) 1996年高山線落石災害[1]

1) 災害の概要

1996年6月25日午後9時頃、高山線焼石〜少ヶ野間で名古屋発高山行きの特急「ひだ」が線路脇の斜面から落下した岩塊に接触して先頭の2両が脱線するという災害が発生した。現地は線路の斜面上方に県道があり、さらにその上方の斜面は傾斜が35°〜45°であった（図3.2-11）。落下した岩塊は、大きさが約2.5m×2.5m×3.5mで、推定重量は約60tであった（図3.2-12）。またこの岩塊は、線路から標高差で約50m上方の斜面中腹から落下したと推定された。

この斜面では過去50年程度の間に落石による被災事例はなかった。また、発生時までの連続雨量は150mm程度、時間雨量は20mm程度で、この地区で

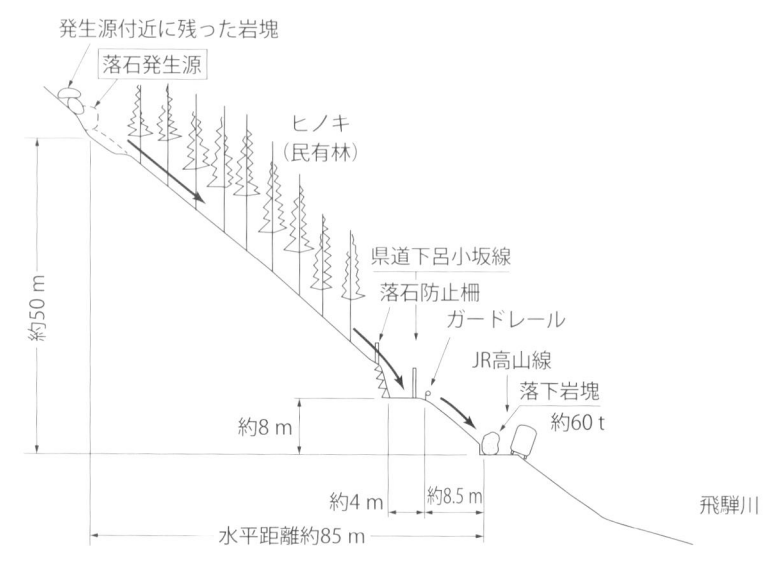

第 3 章　自然災害による鉄道の被災事例

図3.2-11　高山線における落石災害発生箇所概略図[1]

図3.2-12　落下岩塊

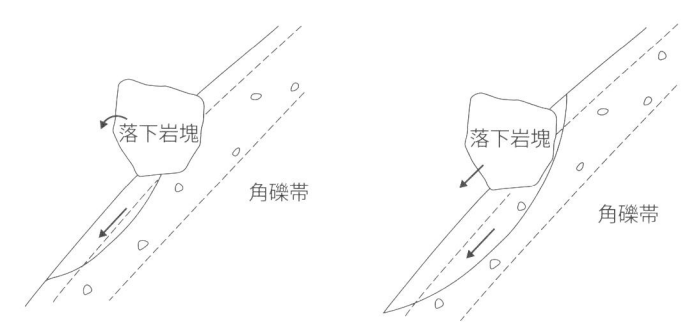

図3.2-13　落石の発生メカニズム[1]
（左図：考え方1、右図：考え方2）

は年に2回程度発生する降雨であり、異常な降雨ではなかった。

2) 斜面の状況

　災害が発生した斜面に分布する岩塊は濃飛流紋岩と呼ばれる非常に硬質な岩石であり、節理面が発達するものの風化には強く、大きな岩塊として斜面上に残留している。これらの岩塊の周辺には厚さ1m程度の表層土が分布し、その下位には厚さ7m程度の角礫帯があり、その下位に基盤岩が分布している。また、表層土は飽和状態で強度が急激に低下する特性を有している。

　斜面の微地形的な特徴から、落石の発生源は過去の表層崩壊による浅い沢の側部であり、浸食前線に当たると考えられる。また、岩塊の落下形跡から、主な岩塊の挙動は滑動的な運動であったと推定されている。

3) 落石発生のメカニズム

　落下した岩塊は浸食前線に位置したために不安定な状態にあったと考えられる。この岩塊が、表層崩壊をともなって、あるいは表層崩壊が引き金となって滑動を始めた。滑動した岩塊と土砂が降雨により水分を含んだ表層土を削剥して溝を作りながら斜面を滑落して最終的に線路に至ったと推定されている。表層崩壊と岩塊の滑動開始の因果関係は明確ではなく、次の2つの考え方が提案されている（図3.2-13）。

　①岩塊前面の表層土の小崩壊、流出、浸食により、岩塊を含めた土塊が安定を失って活動を始めた。

　②表層土と下位の角礫帯との境界部または角礫帯内部にすべり面が生じ、岩

第 3 章　自然災害による鉄道の被災事例

塊が滑動を始めた。

4) 対策

　この事例と同様な条件の箇所について落石などの斜面の緊急点検を行い、緊急に対策を必要とする箇所がないことが確認された。また、落石検知装置や落石止柵、落石止擁壁などの設置が計画され実施された。さらに列車無線設備や衛星を利用した通信設備の設置計画などの実施といった連絡情報体制の充実も図られた。

(2) 2006年津山線落石災害

1) 災害の概要[2]

　津山線の玉柏～牧山間において、線路脇の斜面から落下した岩塊がレールに

図3.2-14　確認された岩塊[3]

衝突しレールが破損していたため、2006年11月19日5時31分頃にそこを通過しようとした列車が脱線した。脱線箇所から終点方30mの箇所に大きさが約5.0m×4.8m×1.8m、重量約110tの岩塊（図3.2-14上）が確認され、線路と平行する道路脇にも大きさ約5.0m×4.9m×0.5m、重量約50tの岩塊（同図下）が確認された。

発生前日の15時から23時の間に連続雨量9mm、最大時雨量2mmの降雨が観測されていたが、当日の降雨量は0mmであった。また、11月17日から当日まで地震は観測されていない。

2）当該箇所周辺の地形・地質[2]

現地周辺は岡山平野北端と山地部との境界付近に当たる。災害が発生した斜面は標高337mの辻ノ山の東に位置し、山頂から南東に伸びる尾根の先端付近の北東側斜面である。この斜面の周辺は花崗閃緑岩からなり、冷却節理が発達し、その節理に沿って風化が進んでいる場合がある。

3）落石の発生原因[2],[3]

落石の発生源は線路から約200m離れた位置で、線路からの高さが約100mの位置にある岩盤斜面で（図3.2-15）、その表面に高さ約15.0m、幅約8.0mの岩が剥離したと考えられる痕跡が認められた。線路から発生源までの斜面は、線路から斜距離で約120mは約20°の勾配で、そこから発生源までは34°の勾配

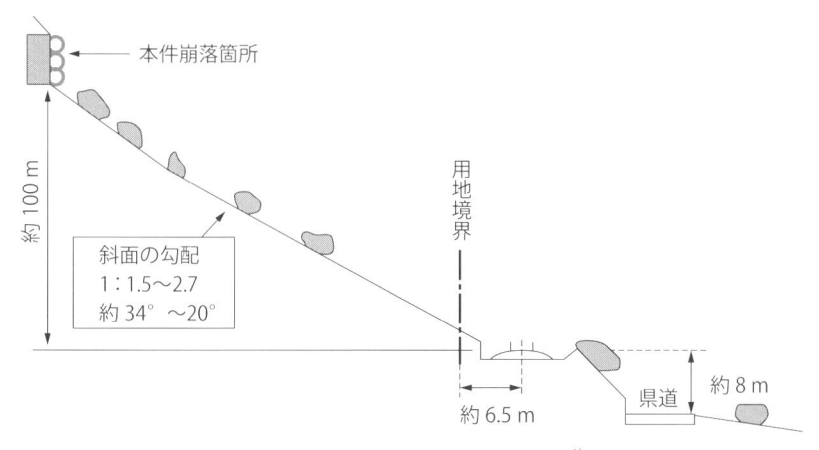

図3.2-15　落石発生斜面の縦断図[3]

図3.2-16　発生源斜面に見られる岩の剥落跡

である。

　発生源の岩盤斜面には、鉛直方向に最小約70cm、最大3～4m程度、水平方向に最小約50cm、最大2～3m程度の間隔で節理が発達しており、落下岩塊もこの節理間隔程度の大きさに分離して落下したと考えられる。発生源の剥離跡の部分（図3.2-16）や落下岩塊の剥離した面と推定される箇所には、新鮮な花崗閃緑岩が認められる部分と茶褐色に変色あるいは茶褐色の細粒の土が付着している部分がある。この茶褐色の部分は、節理に沿った雨水などの浸透により節理面が風化して変色し、風化が進行して節理が開口した状態になると上方から土砂が入り込むことにより生成されたと考えられる。発生源の岩盤斜面の下部には著しく風化が進行したために、粘土化、空洞化したと想像される節理が見られる。

　この落石の発生メカニズムは、以下のように推定されている。

　①長年の節理への雨水などの浸透により、節理に沿った岩盤が風化して脆弱になり、節理の付着強度が経年的に低下した。

　②風化した節理部の上に載る岩盤の重量により作用する応力が節理部の付着強度以上になり、岩盤を支えきれなくなって崩落した。

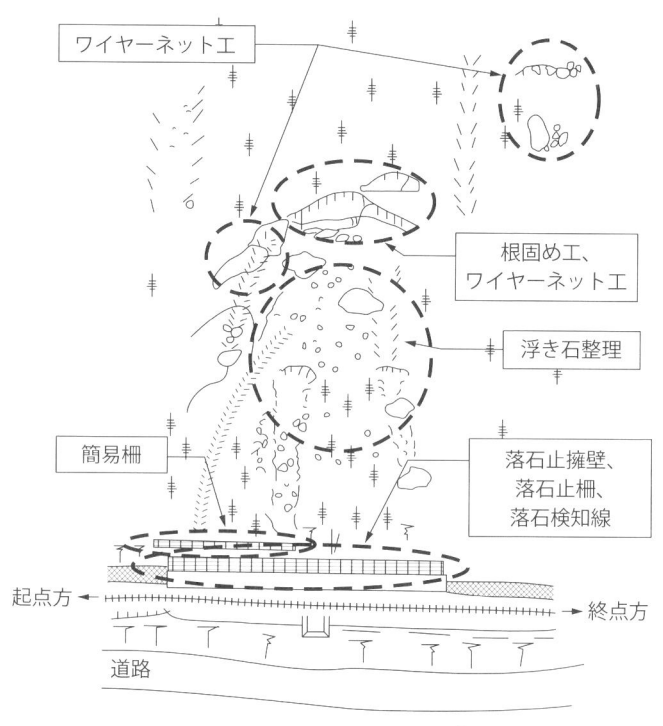

図3.2-17 対策工の概略図[2]

3) 対策[2]

落石災害の発生した斜面に対して、発生源、斜面途中、線路際のそれぞれで以下のような対策工が施された（図3.2-17）。

i) 発生源対策

- 岩盤斜面へのワイヤーネット工：露岩からの岩塊の崩落防止、潜在する節理に沿って風化してブロック化した岩塊を抑えることや露岩の安定化を目的とする。
- 上部斜面に点在する露岩へのワイヤーネット工
- コンクリート根固め工（図3.2-18）：崩落部下部の低角度の節理に対して、その強度の低下防止や風化防止を目的とする。

ii) 斜面途中対策

- 浮き石整理

- ワイヤーネット工：斜面に点在する転石や浮き石の移動防止を目的とする。

iii）線路際対策
- 落石止擁壁（延長125m、高さ約3m）と落石止柵（高さ2m）（図3.2-19）：線路際で落石を捕捉することを目的とする。
- 落石検知装置の設置：落石事象の発生を把握するために落石止柵上端部に設置する。

図3.2-18 発生源対策[2]

図3.2-19 線路際対策[2]

【参考文献】
1) 村上温・野口達雄監修：鉄道土木構造物の維持管理、736p.、日本鉄道施設協会、1998
2) 長谷川智・細岡生也・二宮正樹・小林徹：津山線落石災害の原因と対策工、土木学会第63回年次学術講演会論文集、pp.157-158、2008
3) 航空・鉄道事故調査委員会：鉄道事故調査報告書、西日本旅客鉄道株式会社津山線牧山駅～玉柏駅間列車脱線事故RA2007-7、19p.、航空・鉄道事故調査委員会、2007

3.3 強風災害

　鉄道における強風災害は、表3.3-1に示すように非常に多種多様である。これらの災害は、①列車の転覆と、②線路設備自体の機能阻害の2つに大別される。また、風そのものによる直接的な被害ではないが、風が起因した気象災害としては高潮害、波浪による被害、フェーン現象時の風による山火事、塩害な

表3.3-1　鉄道における主な強風災害[1]

災害の種類	直接的な被害の対象	メカニズム
電車の集電阻害	電車や電気機関車のパンタグラフ（架線の切断をともなうこともある）	強風による架線の風下変位と振動
飛来物	架線への垂れ下がり、線路支障	構造物の耐風強度不足
倒木	先頭車両への衝撃、脱線	強風による樹幹の折損、あるいは根むくれ
飛砂	線路支障、軌道回路支障	強風による砂粒子の浮遊、転動
吹雪	吹きだまりによる線路支障 視程障害	強風による雪粒子の浮遊
越波	道床の流出、車両の電気系統故障、架線（電圧）の短絡	強風による高波
施設や構造物の破壊	電車線柱の損壊、防風柵、防音壁の損壊、駅舎あるいは上屋の損壊	耐用限界を超える暴風あるいは飛来物による施設および構造物の破壊
列車の脱線転覆	車両の脱線、横転、転落	強風による車両の横転

3.3.1 列車の脱線転覆

日本国内において、強風を原因とする列車の脱線転覆事故は、1889（明治22）年に東海道線の沼津〜片浜間（現在）と磐田〜天竜川間（現在）の天竜川橋梁上で、それぞれ新橋発下り列車と神戸発上り列車が暴風により相次いで転覆したのをはじめとして、現在まで50件を上回る記録が残されている[2]。表3.3-2に、強風を原因とする代表的な列車の脱線転覆事故[3]を示す。

以下に、1986年の山陰線余部(あまるべ)橋梁での事故と2006年日豊線の事故について紹介する。

(1) 1986年山陰線余部橋梁

この事故は、その後の運転規制方法に多大な影響を与えた強風時の列車脱線転覆事故といえる。この事故については、余部事故技術調査委員会[4]により詳細な原因究明と強風対策への提言がなされている。ここでは委員会による報告

表3.3-2 強風を原因とする代表的な列車の脱線転覆事故事例
(村上・野口[3]からの一部引用に加筆)

発生年月	線区	線路構造	気象概況
1934年9月	東海道線	橋梁	台風の暴風域（室戸台風）
1934年9月	東海道線	平地（駅構内）	台風の暴風域（室戸台風）
1978年2月	地下鉄東西線	橋梁	竜巻
1979年10月	湖西線	高架橋	台風の暴風域
1986年12月	山陰線	橋梁	寒帯気団低気圧
1994年2月	三陸鉄道南リアス線	築堤	発達した低気圧
1994年2月	根室線	築堤	発達した低気圧
1997年6月	湖西線	高架橋（駅構内）	台風の暴風域
2005年12月	羽越線	築堤	寒冷前線の前面（突風）
2006年9月	日豊線	平地	竜巻

3.3 強風災害

をもとに、事故の概要を紹介する。

1) 災害の概要

1986年12月28日13時25分頃、香住駅発浜坂駅行きの臨時回送列車が山陰線鎧～餘部駅間の余部橋梁を走行中、機関車を除く1号車から7号車までの客車が橋梁の山側に転落した。橋梁下の水産加工場に転落したため、工場の従業員5名と車掌1名が亡くなり、そのほか6名が負傷した事故となった。

2) 事故当日の気象状況と事故当時の風の推定

事故当日の9時には、関東の東海上に前線をともなった低気圧と日本海南部に低気圧が分布した（図3.3-1）。この日本海南部にあった低気圧が東に移動した当日の午前から午後にかけて、中国地方の日本海側で突風を伴う強風（ガストフロント）が観測された。このガストフロントは西から東へ約45km/hの速さで移動したと推定されている（図3.3-2）。

事故当日には余部周辺では、河口付近に架設されていた鉄製の人道橋が吹き飛ばされたのをはじめ、松の木の折損、屋根瓦の飛散、ガレージ屋根の破損などの風による被災が発生していた。そのほかにも兵庫県北部では40カ所以上で学校の窓ガラスや屋根の破損、住宅の破損、倒木などの被害が発生していた。

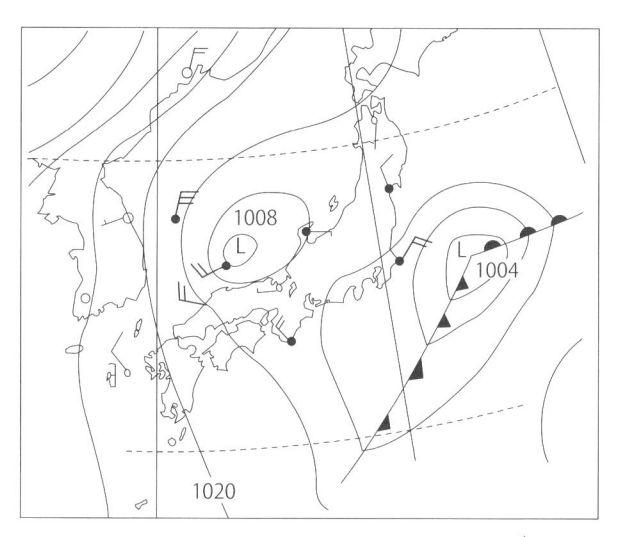

図3.3-1　1986年12月28日9時の気圧配置[4]

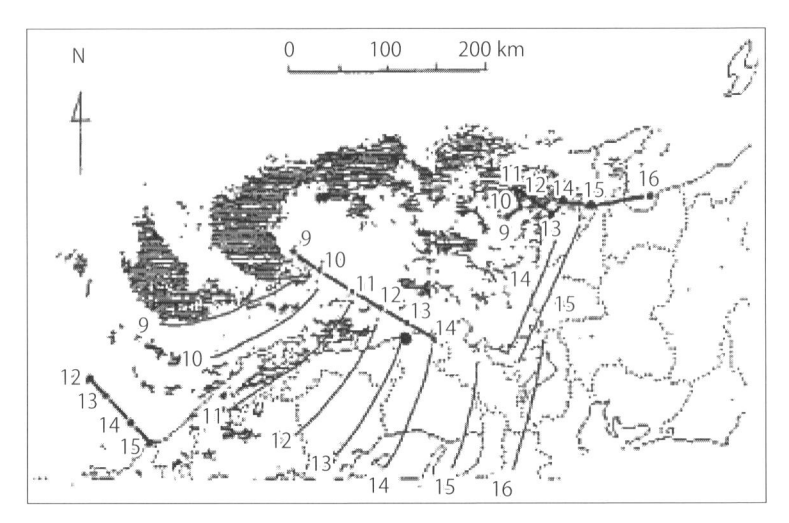

第 3 章　自然災害による鉄道の被災事例

（注）1. ━━━…渦状エコーの中心経路を示す。
2. ━━━…ガストフロントの位置を示す。
3. ▬▬…レーダーエコーを示す。
4. 数字は時刻（時）を示す。
5. 渦状エコーおよびガストフロントの海上での位置および時刻は推定したものである。
6. ●は余部橋梁の位置を示す。

図3.3-2　兵庫県日本海側のレーダー観測による渦状エコーと
　　　　ガストフロントの移動経路[4]

　事故後に行われた現地の風観測結果や風洞試験結果から、事故当時に余部橋梁で吹き得た風の風向と瞬間風速が推定されている。事故当日の13時頃にはガストフロントの通過にともない南寄りの風から北寄りの風に急激に風向が変化したと推定される。鳥取県、兵庫県の日本海側の観測結果で強風が吹いたのは西北西〜北北西へ風向が急変した後と記録されていることから、事故当時は余部橋梁付近では西北西〜北北西の風向であった可能性が高い。風洞試験の結果から、余部橋梁付近の地形の影響により付近の海上の風向が西北西〜北北西の時には余部橋梁では北北西〜北の風向となる可能性が高いと推定された。これらのことから、事故当時に余部橋梁で吹き得た風の風向は、橋梁に対して直角に近い北北西〜北向きであったと推定されている。

事故当時に吹き得た風の瞬間風速が、①事故当時の余部橋梁での風速記録を用いた方法、②余部橋梁と近隣の観測点の風速の比較による方法、により推定された。その結果、①の方法では約40m/s、②の方法では35～40m/s程度の瞬間風速が推定された。

3) 車両の転覆限界風速の推定

車両が横風による空気力を受ける場合、風速がある値に達すると風上側の車輪からレール面に作用している上下方向の力が0となり、これよりも風速が大きくなると風上側の車輪がレール面を離れ始める。この時の風速を転覆限界風速と呼んでいる。

車両模型を用いた風洞試験を行い、事故車両が余部橋梁上にある場合に車両に作用する横風による空気力を調べた。この結果をもとに、事故車両の転覆限界風速を求めると、約32m/sが得られた。

4) 車両転覆の原因推定

これまでに述べたように、余部橋梁付近では日本海南部にあった低気圧の東への移動に伴うガストフロントの通過により突風を伴う強風が観測された。この強風は周辺での被害状況からも、まれな強風であったと推定される。そして、事故当時の余部橋梁には橋梁とほぼ直角方向の北北西～北向きの風が、瞬間風速35～40m/sで吹いたと推定される。一方で、事故車両の転覆限界風速の計算値は32m/sであり、転覆した客車はすべて橋梁の山側に転落していた。これらのことから、車両転覆の原因は橋梁上の車両の転覆限界風速を超える横風であると推定されている。

5) 強風対策に関する提言

余部事故技術調査委員会[4]は、強風対策に関する提言のなかで、列車停止方法の改善策を次のようにとりまとめた。

(a) 最適な位置に風速計を設置すること
(b) 速やかに列車の停止ができること
(c) 風速検知装置を常に最善の状態に整備しておくこと
(d) 風速情報の表示は人間工学的な配慮をすること
(e) 運転再開時期の判断について配慮をすること

これらは現在の運転規制やこれにかかわるシステムの基礎となる考え方を示

したものといえる。また、上記したように、車両の転覆に大きな影響を及ぼすのは瞬間風速であることが明らかになり、瞬間風速で強風時の運転規制を行うことの妥当性が示された点でもその後の運転規制に用いる風速評価方法に影響を及ぼしたといえる。加えて、この事故が契機となり、それまで一般的であった30m/sという運転中止の基準（規制発令風速）を25m/sに引き下げる区間が増加したことも着目に値する。

(2) 2006年日豊線竜巻災害[5]

1) 災害の概要

2006年9月17日14時04分頃、定刻より約46分遅れて延岡駅を出発した特急「にちりん9号」が速度25km/hで南延岡駅を走行していると、運転士が前方にトタン板などの飛来物が架線に引っかかっているのが見えたので非常ブレーキをかけたが、停止する直前に1両目、2両目が脱線横転し、3両目も脱線した。乗客乗員36名のうち7名が軽傷を負う事故となった。

2) 当日の気象状況

災害当日の12時から15時にかけて、強い台風13号が九州の西を時速約35kmで北北東に進んでいた。静止気象衛星の画像では台風の中心を巻き込むように帯状の雲域が認められ、この雲域が災害発生当時には災害箇所含む宮崎県延岡・日向地区に分布していた。災害現場から北西約2.3kmに位置する気象庁の延岡特別地域気象観測所での当日13時から15時の気象状況は表3.3-3に示すとおりであった。

災害発生当日の鉄道の風速計の記録では、災害発生前の13時32分36秒に瞬間風速20.6m/sを観測してから、しばしば20m/sを超える瞬間風速が観測され、14時06分10秒に初めて30m/sを超え、14時06分13秒に38.4m/sの瞬間風速が記録された。気象レーダーの観測によると、台風の周りを巻くような帯状のレーダーエコーが九州南部に複数認められ、そのうちのひとつが延岡・日向地区に分布していた。このエコーのなかに降水強度が80mm/hを超える部分があり、その部分が14時から14時10分にかけて災害現場を通過していた。

3) 災害現場周辺の強風被害の状況

災害現場周辺では14時過ぎに強風によると見られる被害が細長い帯状に発

表3.3-3　延岡特別地域気象観測所における観測記録[5)]

時刻	天気	前1時間降水量(mm)	海面更正気圧(hPa)	気温(℃)	10分間平均 風速(m/s)	10分間平均 風向	前1時間最大瞬間 風速(m/s)	前1時間最大瞬間 風向
13時	雨	0.0	998.3	27.5	8.5	東	19.8	東
14時	雨	10.5	996.5	25.7	12.0	東	25.0	東南東
15時	雨	24.5	996.1	24.9	10.9	南	26.7	南南東

生した（図3.3-3）。被害域は幅150～300mの細長い帯状を呈し、北北西方向に約7.5km連続しており、災害発生箇所もこの帯に含まれていた。被害の内容は、倒木、プレハブ建物の倒壊、屋根・壁・ガラス窓の損傷、屋根や屋根瓦の飛散、自動車の横転、墓石の転倒など多岐にわたった。

　このような被害状況や近隣住民の目撃情報から、気象庁は藤田スケールでF2（風速50～69m/s）に相当する竜巻が発生したと推定している。墓石の転倒などから推定した風速は56～66m/sであり、藤田スケールから推定される風速とほぼ一致している。この竜巻は、14時03分頃に発生し、北北西に移動して14時08分頃に消滅したと推定されている。

4）車両転覆の原因推定

　この災害で脱線した1～3両目の車両について、転覆限界風速を簡易に見積もったところ、51～53m/sと求められた。前述したように、災害発生時には発生箇所周辺で藤田スケールF2相当の竜巻が発生しており、この時の強風の被害域での推定風速は50～69m/と推定される。これらのことから、特急「にちりん9号」は南延岡駅を低速で走行していた時に、転覆限界風速を超えるような竜巻による突風を受けたために、1～3両目が脱線し、そのうち1、2両目が横転したと推定された。

第 3 章　自然災害による鉄道の被災事例

図3.3-3　災害発生箇所周辺の被害状況分布[5]

3.3.2 線路設備の機能阻害

(1) 飛　砂[3]

飛砂は線路を埋没させ直接的に運転を支障することはもちろんのこと、除砂作業や潮風とともに飛来した砂がレールなどに付着して腐食が進行することによる保守作業の増大などをもたらす。羽越線の羽後亀田～新屋間は1920（大正9）年2月に開通したが、開通直後から1923（大正12）年にかけて表3.3-4に示すように、線路が飛砂で埋没し列車が脱線したり、列車の運行が不能となるなどの運転支障が頻発した。そこで、開業直後から飛砂防止林の造林が開始され、現在ではこの区間の9.6kmにわたり、約126haの飛砂防止林が設置されている。

(2) 倒　木[3]

倒木災害は毎年数件発生する災害のひとつであり、運転支障あるいは人命に影響を与えている。倒木災害の誘因は強風以外にも降雨による根元部の崩壊、冠雪などがある。ここでは、大規模な風倒木災害の事例として、1991年9月に九州で発生した災害について紹介する。

1991年9月に発生した台風19号は27日午後4時過ぎに長崎県佐世保市の南に上陸し、佐賀県、福岡県北岸から北九州、山口県を通過して午後9時には日本海に達した。この台風19号は風が強く、福岡管区気象台の29の観測所のうち11観測所で最大瞬間風速の記録を更新し、大分県日田市では44.4m/s、阿蘇

表3.3-4　羽越線における飛砂による災害記録[3]

発生年月日	災害種別	被害状況
1920.12	運転不能	レール上30cmまで堆砂
1921.10.20	列車脱線	レール上に30cmの堆砂
1922.11.20	列車脱線	レール上30cmまで堆砂
1923.3	運転不能	レール上に30cmの堆砂
1923.4	運転不能	レール上に30cmの堆砂

山では60.9m/sを記録した。この台風による倒木の発生は大分県日田市、竹田市および福岡県宝珠山村を中心とする三隈川沿いの久大線、大肥川沿いの日田彦山線で特に多く、豊肥線、日豊線でも発生した。倒木被害は久大線の夜明〜湯布院間で、特に規模が大きかった。

倒木被害の発生後、列車運行に支障する倒木を伐採したうえで、二次災害防止対策として、①倒木処理、②ヘリコプターからの沿線環境変化の調査、③自然斜面の崩壊、落石、荒廃渓流などの危険箇所に対する土留擁壁、落石止柵、流木止柵などの恒久対策が行われた。さらに運転保安上の対策として、新たに倒木や倒竹が予想される箇所について、巡回などによりその都度処理を行い、当面の強風対策として風速15m/s以上での徐行措置が行われた。

【参考文献】
1) 荒木啓司：鉄道における強風災害とその対応、JSSC、No.18、pp.24-25、2014
2) 今井俊昭・荒木啓司・福原隆彰：規制区間で列車が強風に遭遇する確率の評価方法、鉄道総研報告、Vol.23、No.3、pp.5-10、2009
3) 村上温・野口達雄監修：鉄道土木構造物の維持管理、736p.、日本鉄道施設協会、1998
4) 余部事故技術調査委員会：余部事故技術調査委員会報告書、財団法人鉄道総合技術研究所、75p.、1988
5) 航空・鉄道事故調査委員会：鉄道事故調査報告書、九州旅客鉄道株式会社、日豊線南延岡駅構内列車脱線事故RA2008-6、43p.、航空・鉄道事故調査委員会、2008

3.4 雪氷災害

近年では、雪崩防止林や雪崩予防柵などのハード対策や巡回・警備といったソフト対策の充実により大きな災害は発生していないが、平成18年豪雪のように多雪の年には新聞などで報道されているだけでも鉄道沿線で30件以上の雪崩が発生し運行障害がもたらされている。本節では、近年鉄道で発生した雪崩、吹きだまり、および樹木への冠害による障害事例を紹介する。

3.4.1　鉄道の雪崩災害

　鉄道の雪崩災害の歴史は古く、1900（明治33）年12月には岩越線（現磐越西線）の中山宿駅付近で発生し、機関車および除雪人員56名が埋没した記録が残されている[1]。その後、雪崩発生件数の統計的な記録が残されている1916年以降では多い時には一冬で400件に及ぶ雪崩が発生していた。鉄道沿線での雪崩による重大事故（死亡者が発生した事故）は1917年から1945年の間に発生した15件であり、そのなかでも、北陸線親不知～青海間（1922年2月3日）や米坂線小国～玉川口間（1940年3月5日）で発生した雪崩は、多数の死傷者を出した重大事故として知られている[2]。ここでは、最近発生した雪崩による線路構造物の損傷の事例と雪崩による輸送障害の事例を紹介する。

(1) 雪崩による橋梁の損傷事例

1) 雪崩の発生状況および災害の概要

　2005年3月12日に米坂線手ノ子～羽前沼沢間の近傍斜面で雪崩が発生し、下小畑橋梁が被災した[3), 4)]。雪崩は橋梁の南方の2カ所の斜面で発生し（図3.4-1）、そのうち東側斜面で発生した雪崩が橋梁に達していた。この斜面には起点方に延長11mの雪崩防護柵が設置されていたが、雪崩の一部は防護柵の横を流下して橋梁まで達した。

　雪崩は、全層雪崩（地表面がすべり面となる雪崩）であり、標高約380m付近で発生し、橋脚がある標高約300mまで比高80mを流下した。その間の斜面の平均傾斜は35°であり雪崩の流走距離はおよそ120mであった。デブリ（雪崩によって堆積した雪（雪塊））の密度は、約$5.0kN/m^2$であり、発生区の積雪深を約2mとするとこの雪崩で流下した雪の量は約$3,500m^3$であったと推定された。

　被災した橋梁は3径間上路桁の鉄道橋（図3.4-2）であり、下部工は無筋コンクリート橋脚の直接基礎であった。雪崩は主に3径間の中央を流下しており、両側の橋脚に対して施工継ぎ目を起点に開口亀裂をもたらし、橋脚を傾斜させた。また、3径間のうち桁を支える沓座（橋桁を載せるために取り付けた

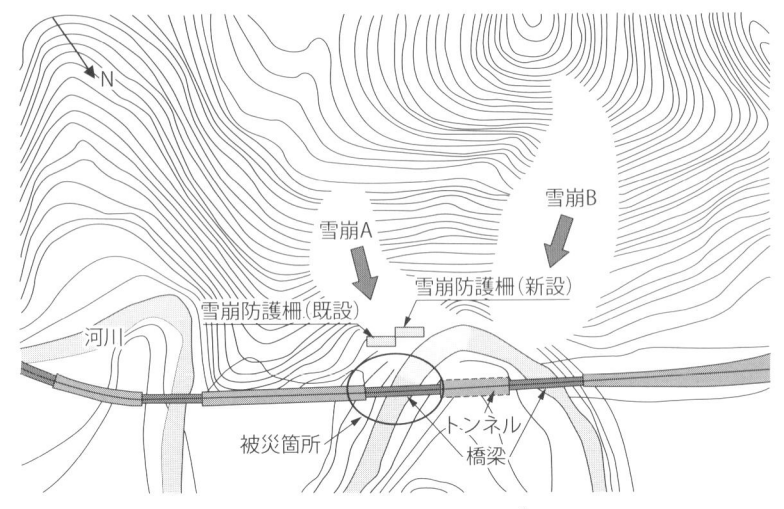

第3章 自然災害による鉄道の被災事例

図3.4-1 雪崩の発生状況[4]

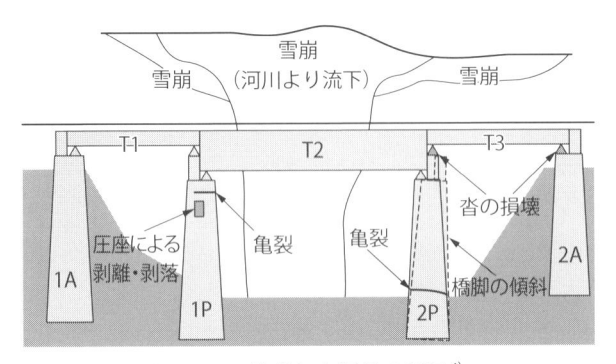

図3.4-2 被災した橋梁の状況[4]

台状の部材）にも破損が生じた。ただし、橋脚の傾斜や沓座の破損によって桁が移動して軌道狂いは生じたものの桁の損傷には至らなかった。

2) 災害発生時の気象状況

発生現場近傍のアメダス小国の記録（図3.4-3）では、雪崩の発生時の積雪深は1.63mであった。過去（1979年～2000年）の同月の積雪深と比較すると2005年3月は平均的な冬期の約1.8倍の積雪深であった。日平均気温は5日前から0℃を上回っており、発生日前日は3.4℃であり、最高気温は11.4℃であっ

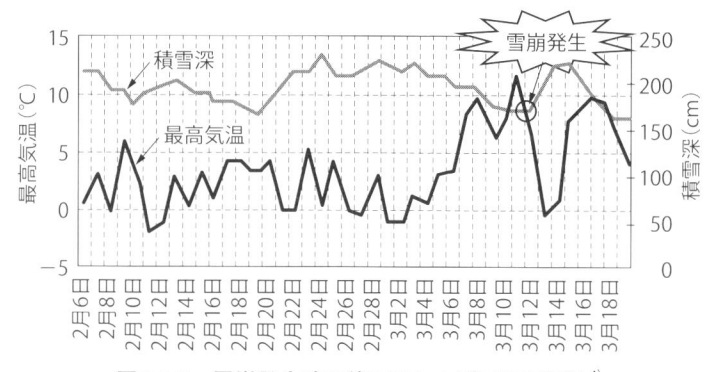

図 3.4-3　雪崩発生時の積雪深および日最高気温[4]

た。また、降水時の気温データから発生日の4日前からは断続的に降雨が生じていたと考えられた。積雪期間の気温上昇や降雨は積雪表面の融雪を促進させる。積雪表面で発生した融雪水が積雪層内を浸透して地表面に達すると、積雪全体がすべりやすくなる。特に勾配が急で、かつ植生が疎らな斜面は積雪の滑動を妨げる力が小さいため全層雪崩に至りやすい。

3) 対策

開口亀裂が生じた橋脚に対しては、鉄筋で補強するとともに開口亀裂部分には注入剤を充填した。また、沓座を交換するとともに桁を被災前の状態に据え直した。雪崩対策として、既設の雪崩防護柵の終点方に延長6mの雪崩防護柵を増設した。翌年2005年度の冬期（平成18年豪雪）にも同箇所で全層雪崩が発生したが、流下した雪のほとんどは既設および増設した雪崩防護柵で阻止することができ、橋梁が被災することはなかった。

(2) 雪崩による列車の輸送障害事例

1) 雪崩の発生状況および災害の概要

2006年2月10日に田沢湖線志度内信号場～田沢湖間の線路右側の斜面で雪崩が発生し、雪が軌道内に堆積したため（発生箇所全景（図3.4-4））秋田行き「こまち3号」が立ち往生し、翌日まで全面運休した[5),6)]。

2) 災害発生時の気象状況

雪崩発生時の近傍測定点での積雪深は178cm、12時間降雪量は22cmであ

図3.4-4　雪崩発生箇所の全景[5]

り、比較的近傍のアメダスでは積雪深が151cm、降水が8時間連続し、この間の降水量は20mmであった。過去30年間のアメダスの記録から気温0℃以下の降水（気温0℃以下の降水を降雪とする）について、階級別の日降水量の出現度数を見ると、事象が発生した日の日降水量は冬期としてはまれな気象状況であったといえる（図3.4-5）。

　勾配が急な斜面に短時間にまとまった量の降雪が生じると、積雪が不安定になりやすい。新雪の雪粒子同士の結合力が弱いため積雪が斜面をすべりやすくなる。特に低温下では雪粒子の結合力は弱く、斜面に樹木があっても、その間をすり抜ける雪崩が発生することがあるので注意が必要である。

3) 対策

　線路除雪により復旧後、雪崩発生箇所の近傍の沿線斜面を調査し、除雪などを実施した。運転再開時には列車前頭巡回を日々1回以上実施するとともに、適時にのり面除雪などを行う体制を整えた。さらに「12時間降雪深が10cm以上、また、積雪深が50cm以上かつ日平均気温が5℃以上」を基準に前頭巡回を3往復に増やす措置をとった[6]。

　恒久的な対策として、延長約140mに雪崩覆工（図3.4-6）、垂直型雪崩防護柵（図3.4-7）、吊り柵型雪崩予防策（図3.4-8）などを施工し雪崩に対する安

3.4 雪氷災害

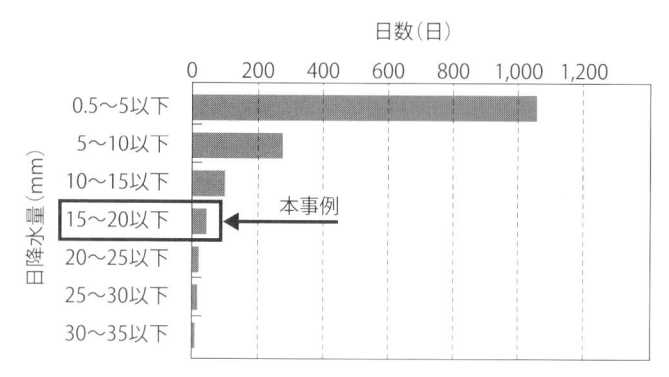

図3.4-5 この地域の日平均気温が0℃以下の時の日降水量の階級別の出現度数[5]

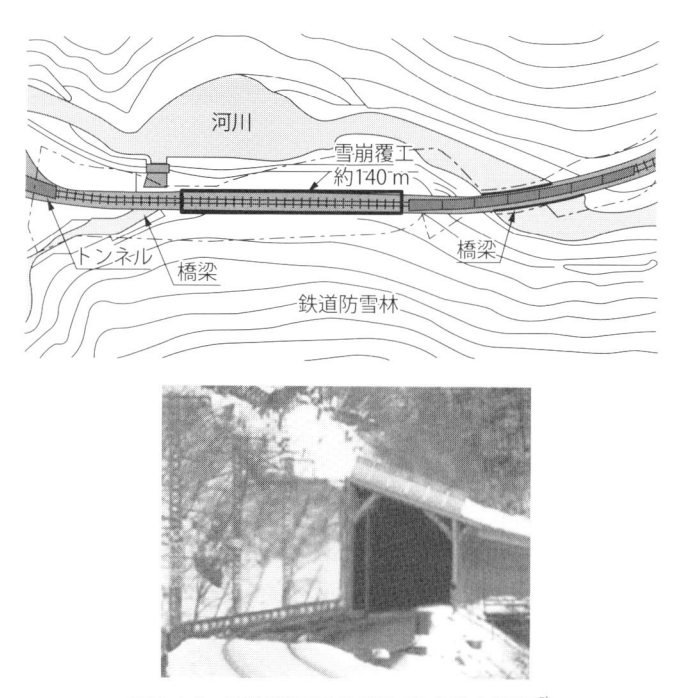

図3.4-6 雪崩覆工の位置と完成後の状況[5]

図3.4-7　垂直雪崩防護柵[5]　　　図3.4-8　吊り柵型雪崩予防工[5]

全性を向上させた。また、これらのハード対策が完成するまでの間は、積雪深150cm以上の時は降雪量に関係なく前頭巡回を実施することとし、降雪量は1日20cm以上を基準にして積雪深の増加に合わせて3段階に分けて行うこととした[6]。

3.4.2　吹雪・吹きだまりによる災害

(1) 2013年奥羽線

1) 事象の発生状況および災害の概要

2013年3月2日東京発・秋田行E3系列車は、奥羽線神宮寺～刈和野間を速度20km/hで走行中の運転士が異音を感知し停止させた[7]。鉄道事故調査報告書（運輸安全委員会）[8]によると、運転士が列車停止後に車両点検を行ったところ1両目の前台車第1軸が進行方向左側に脱線していたとのことである（図3.4-9）。また、停車した車両の左側は、降雪や除雪で形成された側雪から軌道にかけて吹きだまった雪に接触しており、さらに車両の床下および台車の周辺には大量の雪が詰まっていた。また、本区間は3線軌条区間であり、狭軌用レールと標準軌用レールの間に雪が詰まっていた。

脱線の原因は、先述したように車両の車体左側は吹きだまった軌道上の積雪に接触しており、さらに床下および台車の周辺に大量の雪が詰まっていたことなどの状況から、車両走行中に床下および台車周辺に多量の雪を抱き込んで、

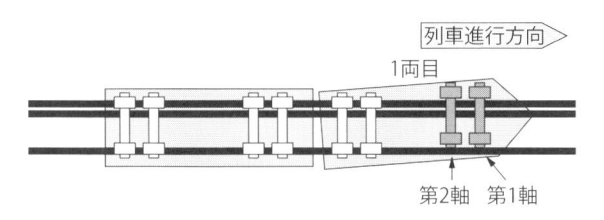

図3.4-9　脱線の状況[8]

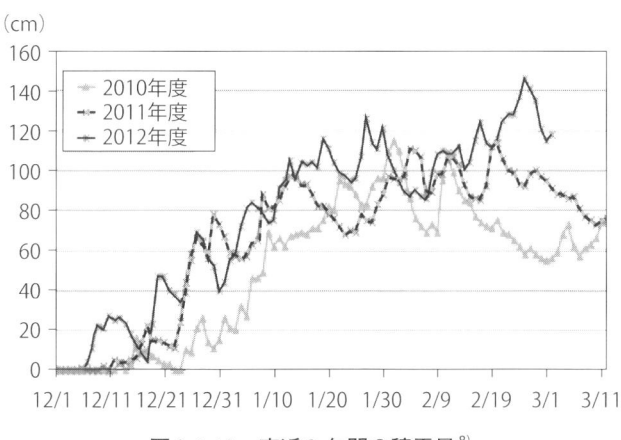

図3.4-10　直近3年間の積雪量[8]

輪重が減少したことによって脱線したものと考えられると結論されている。

2) 災害発生時の気象状況

　積雪深は過去3年間のなかで多い方であり、脱線した場所では風上側の側雪が1～1.2mとなっていた（図3.4-10）。事象発生前2月27日～3月1日の間は降雪がなく、最高気温0℃を超えていたものの、災害発生時は現場から比較的近い羽後境駅構内において午前4時頃から発生時刻までに16cmの降雪が記録されていた（図3.4-11）。また、前日の夜から発生時刻にかけての平均風速は5～10m/sの強い風が吹いていた（図3.4-12）。
　事故調査報告書[8]では、例年よりも積雪深が大きく、発生日当日の降雪ならびに強風により、短時間で軌道内に吹きだまりが成長し、吹きだまりによって軌道上に堆積した雪を走行列車が抱き込み車体が押し上げられた状態となった

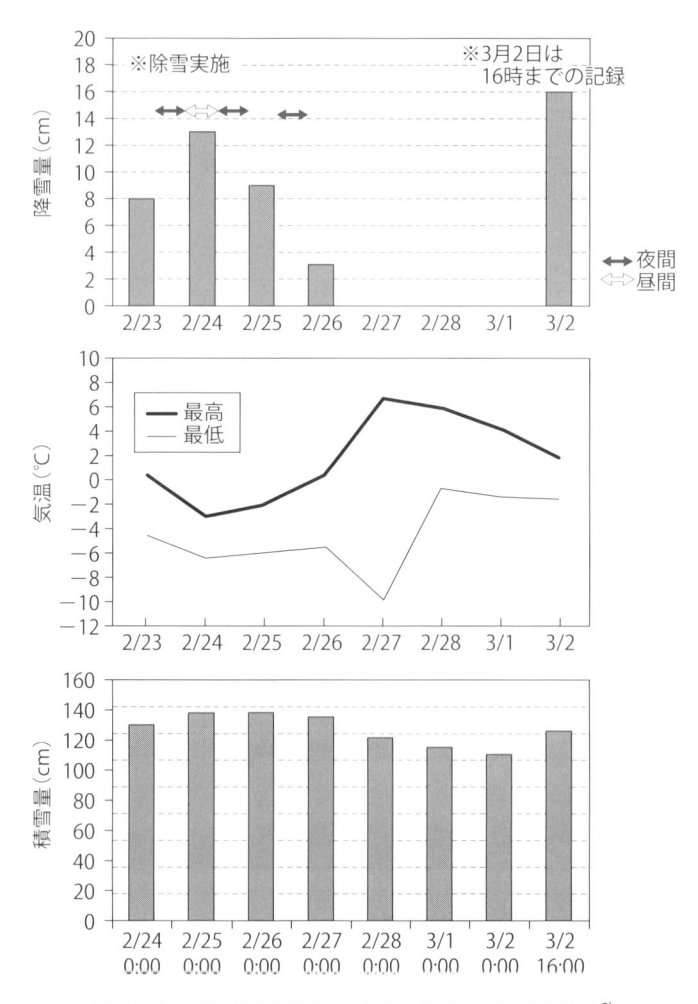

図3.4-11 羽後境駅で観測された気温および降雪量[8]

ため、1両目の前台車の輪重が減少し脱線に至ったものと考えられる、と結論づけている。

3) 対策

ハード対策として、神宮寺～刈和野間に約2km、刈和野～峰吉川間約0.4kmに防雪柵を設置した（図3.4-13、図3.4-14）[9]。神宮寺～刈和野間で観測した冬期間の平均風速が10m/s以上の卓越風向が西北西であること、現地近傍の

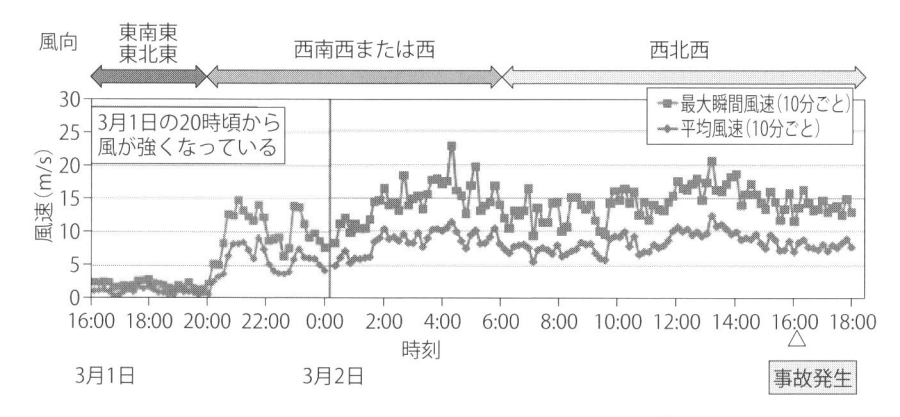

図3.4-12　アメダス大曲で観測された風速[8]

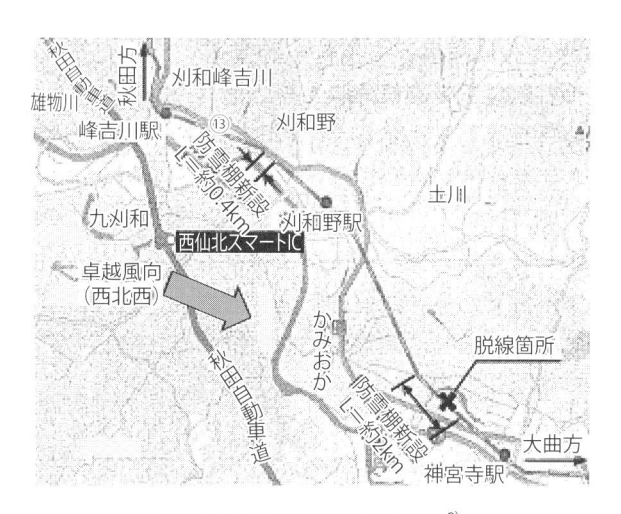

図3.4-13　対策工施工位置図[9]

国道の防雪柵の設置位置を考慮して、線路左側に防雪柵が設置されている。防雪柵は、鉄道用地幅を考慮して、柵の風上側に多く雪を貯める方式の吹き止め柵とした。また、風洞試験などによる検討結果から、防雪柵の柵高は4mとしている。このほか3線軌条区間の除雪範囲を拡大し、列車による排雪スペースを確保できるようにするとともに、列車の運行時間帯における除雪作業の判断目安を新たに設けるなどソフト対策も実施している[8]。

図3.4-14　設置された防雪柵[9]

3.4.3　冠雪による倒木

(1) 2014年久大線

1) 事象の発生状況および災害の概要

　2014年2月13日日田駅発・豊後森駅行きの1両編成の列車は、久大線天ヶ瀬～杉河内間において倒木を認め、非常ブレーキを使用したものの列車が倒木と衝突して約60m走行して停止した[10],[11]。運転士が列車を確認したところ、列車は全軸が脱線し、右に傾いていた。この事例は、線路を横断する状態で杉の木が倒れていたために、走行していた列車が乗り上げて、脱線したものと考えられる（図3.4-15）[11]。

2) 災害発生時の気象状況および倒木の要因

　2月13～14日にかけて九州南部を南岸低気圧（日本列島南岸を発達しながら東に進んでいく低気圧であり、冬から春にかけてよく発生する）が通過し、熊本県や大分県では近年にない大雪に見舞われた。事象発生現場に比較的近いアメダス玖珠の記録では、発生日の午後から気温が0℃前後で14.5mmの降水が観測されている。

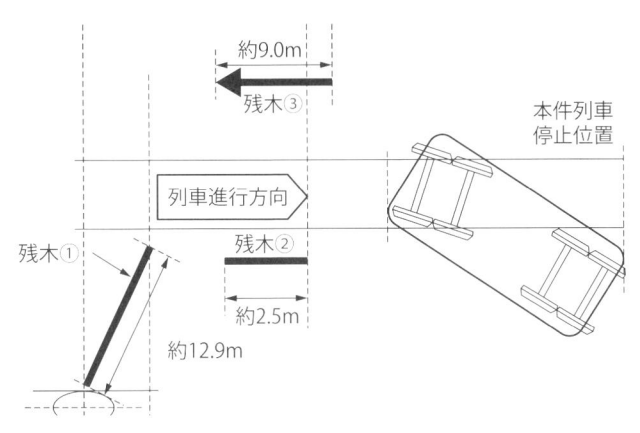

図3.4-15　脱線の状況[11]

鉄道事故報告書[11]によると、事故当日に降った湿り気の多い付着力の大きな雪による樹冠への積雪により、杉の木の重心位置が通常より高くなっており、さらに倒れた杉が壮齢木で、樹高に対して幹も十分な太さであり幹の強度は比較的大きかったが、それに比べて支持力が小さかったと考えられる。これらのことから、倒木の発生は冠雪による根返りと考えられると結論づけている。

なお、倒木が発生した斜面が谷状で付近の雨水などを集めやすい地形であり斜面の上部にある温泉施設の排水設備が破損して漏れた水が斜面に流れ出していたこともあったため、立木の根元の斜面が水分を多く含んだ状態であった可能性がある。

3) 対策

倒木のあった斜面において、線路への影響の恐れがある木を伐採し、この斜面の上にある温泉施設の排水設備について修繕工事を行ったうえで、その年の冬季終了までは事故現場付近で25km/hの徐行運転を実施した[11]。また、同報告書[11]では、過去の倒木による被害記録をまとめて伐採措置などが行われてきており、さらに記録がない箇所においても沿線で倒木があった場合には、影響する範囲を整理して地権者に対して注意喚起を行いつつ伐採を依頼するなどの対策が提言されている。

【参考文献】

1) 鉄道時報、1900年12月25日記事、1900
2) 日本国有鉄道運転局：国有鉄道重大運転事故記録．日本国有鉄道、293p.、1971
3) 吉川正治・森島啓行：米坂線の雪崩災害と復旧、日本鉄道施設協会誌、Vol.44、No.6、pp.19-21)、2006
4) 公益財団法人鉄道総合技術研究所鉄道技術推進センター：事故に学ぶ鉄道技術（災害編）、pp.121-122、公益財団法人鉄道総合技術研究所鉄道技術推進センター、2012
5) 公益財団法人鉄道総合技術研究所鉄道技術推進センター：事故に学ぶ鉄道技術（災害編）、pp.119-120、公益財団法人鉄道総合技術研究所鉄道技術推進センター、2012
6) 安藤元・川辺直樹：JR東日本秋田支社における秋田新幹線の雪害対策、日本鉄道施設協会誌、Vol.46、No.12、pp.43-45、2008
7) 北村栄治：防災特集平成24年度災害の概要JR東日本、日本鉄道施設協会誌、Vol.51、No.6、19p.、2013
8) 運輸安全委員会：鉄道事故調査報告書、東日本旅客鉄道株式会社奥羽線神宮寺駅〜刈和野駅間列車脱線事故RA2014-4、29p.、運輸安全委員会、2014
9) 阿部伸吾、島田雄輔、原田　健：秋田新幹線防雪柵の新設、新線路、Vol.68、No.6、pp.6-7、2014
10) 福田幸治：秋田新幹線防雪柵の新設、新線路、Vol.68、No.6、pp.18-19、2014
11) 運輸安全委員会：鉄道事故調査報告書、九州旅客鉄道株式会社久大線天ヶ瀬駅〜杉河内駅間列車脱線事故RA2014-8、24p.、運輸安全委員会、2014

3.5　地震災害

　第4章で述べるように、地震による被害を受けるたびに日本の地震対策は見直され、鉄道構造物の耐震設計も改められてきた。1995年の兵庫県南部地震以降は既存構造物の耐震補強が進められている。また、この地震以降、日本列島は地震の活動期に入ったといわれることがあり、被害を生じる地震が発生している。鉄道でも、兵庫県南部地震、2004年新潟県中越地震、2011年東北地方太平洋沖地震で甚大な被害を受けた。本章では、これらの地震における被災事例を紹介する。

3.5.1 兵庫県南部地震

(1) 地震の概要[1),2)]

1995年1月17日5時46分に明石海峡付近を震源とするM7.2（Mw6.8）の地震が発生し、神戸市を中心とする阪神地方および淡路島を激しい震動が襲った。これが兵庫県南部地震である。この震動により鉄道や道路などの土木構造物が倒壊するなどの大きな被害を受けた。また、住宅・ビルなどの建造物も多数倒壊し、死者・行方不明者は5,500人にのぼった。

大都市直下を震源とする日本で初めての大地震であり、気象庁震度階級に震度7が導入されて以来初めて（1996年9月30日まで運用されていた旧震度階級では最初で最後の）震度7が記録された地震である。

兵庫県南部地震による鉄道施設の被害は、西宮から神戸の阪神地区において大きな被害が集中するとともに、かつてない甚大な被害を受けた。地震の揺れを示す加速度は神戸海洋気象台で記録された818 galが最高であり、JR西日本が主要駅に配置している地震計の記録では新神戸駅で561 gal、鷹取駅で611 gal、宝塚駅で601 galが計測されている。図3.5-1に鉄道主要駅の地震計の最大加速度と震度7の地域を示す。この地域にはJR西日本のほかにも阪急電鉄、阪神電鉄、神戸高速鉄道、山陽電鉄、神戸電鉄、神戸市営地下鉄、神戸市新交通などの鉄軌道施設があり、高架橋の崩壊、地下函体の中柱の座屈・崩壊など土木構造物に大きな損傷が生じた。また、軌道の変状や盛土の沈下、土留壁などの倒壊、損壊も阪神地区の各箇所で発生した。以下、鉄道施設の被害の詳細について、JR西日本における事例をもとに紹介する。

(2) 山陽新幹線の被害[3)]

地震発生時刻が運転開始前であり、幸いなことに山陽新幹線の脱線被害はなかった。しかし、高架橋などコンクリート構造物については、特に新大阪～西明石間で甚大な被害を生じた。具体的には、合計8カ所で橋梁の桁の落下や高架橋柱の損傷による床版の低下など、いわゆる落橋が発生した。図3.5-1に山陽新幹線の高架橋で甚大な被害である落橋が生じた位置を「×」印で示してい

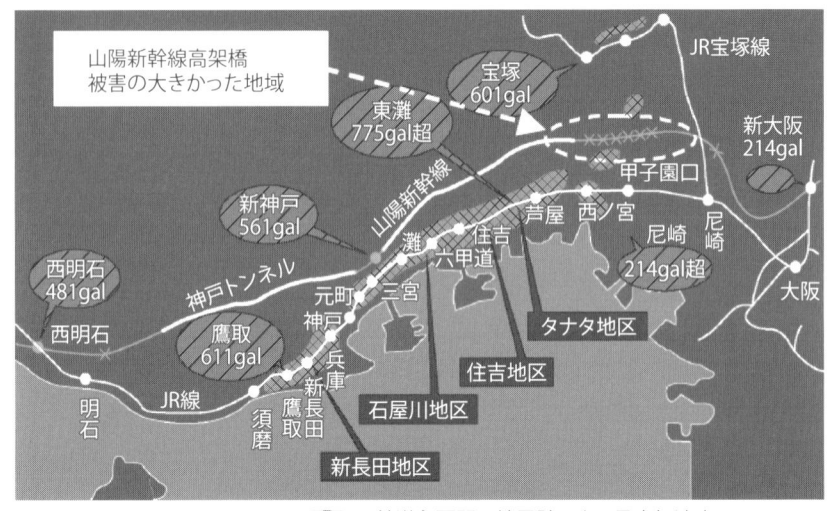

図3.5-1 鉄道主要駅の加速度と震度7の地域

る。また、これら新幹線高架橋の被害状況を図3.5-2に示す。

これらの高架橋被害に共通している構造物の破壊形態は、高架橋の柱のせん断破壊である。被災した新幹線高架橋は、その当時建設されたほかの多くの土木構造物と同様に設計水平震度は0.2であった。しかし、柱のせん断に対する安全度が曲げに対する安全度よりも小さく、せん断破壊先行の破壊形態となったため、脆性的な壊れ方となり甚大な被害に至った。図3.5-3にせん断破壊先行と曲げ破壊先行の構造物の被災形態の違いを示す。

(3) 在来線の被害 [3),4)]

在来線においては、阪神間のJR神戸線およびJR宝塚線に被害が集中した。JR神戸線では、住吉～灘間の六甲道付近の高架橋で新幹線と同様の柱のせん断破壊による落橋や柱の損壊、損傷などが発生した。一方、三ノ宮駅から元町駅にかけての大正から昭和初期（1926年～1938年）にかけて建設された高架橋では、かぶりコンクリートの剥落などの損傷が多数発生したが、落橋に至る大きな被害とはならなかった。

3.5 地震災害

野間高架橋

時友高架橋

阪水高架橋

図3.5-2 山陽新幹線高架橋の甚大な被害（落橋）の状況

せん断破壊先行

曲げ破壊先行

図3.5-3 山陽新幹線高架橋の甚大な被害（落橋）の状況

第 3 章　自然災害による鉄道の被災事例

図3.5-4　盛土のり面工の倒壊[4]
（摂津本山～住吉間）

図3.5-5　土留壁の倒壊[2]
（摂津本山～住吉間）

図3.5-6　盛土の引張りクラック[4]
（芦屋駅付近）

図3.5-7　盛土崩壊によるホームの変状[2]
（新長田駅付近）

　土構造物については、摂津本山～住吉間でのり面工や土留壁が連続的に倒壊し（図3.5-4、図3.5-5）、盛土は各箇所で引張りクラックが発生した（図3.5-6）。特に、新長田駅付近では延長500mにわたってL型擁壁の傾斜や盛土の崩壊、路盤沈下が発生し、盛土上に設置されていたホームが全長にわたって変状するなど、駅設備に大きな被害を受けた（図3.5-7）。これら土構造物の大きな被害の一方で、芦屋～摂津本山間での架道橋ならびに新駅（甲南山手駅）建設のために施工中であった補強土擁壁（現在は盛土補強土壁と呼ぶ）については、前壁の残留水平変位が5cmと比較的小さく、また施工継ぎ目間前後のブロックに若干の食い違いが生じた程度（図3.5-8）であり、構造物の被害としては比較的軽微なものであった[4),5)]。この構造は、ジオテキスタイルという繊

図3.5-8　補強土擁壁の施工継ぎ目の食い違い[4]

維シートを盛土のまき出し30cmごとに敷設し、盛土前面に設けた剛なコンクリート壁面工と一体とした補強土構造であるが、本構造の耐震性の高さが証明されたといえる。

(4) 復旧方法[2),6)]

　鉄道施設の復旧は、震災翌日に学識経験者や鉄道事業者などで構成された「鉄道施設耐震構造検討委員会（委員長：松本嘉司東京理科大学教授、以下「検討委員会」という）」を中心として、被災構造物ならびに原因の調査分析、復旧の考え方、既存施設への対応方針、さらには今後の耐震構造のあり方などの検討が進められた。鉄道施設は地域の社会・経済に極めて重要な役割を果たしているとの認識のもと、安全性に万全を期すとともに一刻も早い復旧を目指した。地震発生から約3週間後の2月6日には、検討委員会の審議を経た「兵庫県南部地震に伴う被災施設の復旧について」が運輸省より通達され、復旧についての基本的な考え方として、「被害の状況に応じて、損傷部を補強し、または新たに部材を構築する場合、帯鉄筋による強化、鋼板の設置等、建設時より耐震性の高い構造物となるような措置を講ずる必要がある」と示された。

　高架橋の復旧は被災の程度に応じて、破壊、損壊、損傷に分類した。落橋など高架橋柱が破壊している場合には、余震に備えてベント（桁を支持する構

図3.5-9 高架橋鋼板巻き立て補強による復旧

台）で仮受けしてスラブ床版の健全性を確認した後、スラブ床版を所定位置まででジャッキアップ、その後、柱の帯鉄筋を建設時よりも密となるよう帯鉄筋を100mm間隔で配筋してコンクリートを打設する。さらに、柱全体を6mm鋼板で被覆補強することを基本とした。破壊に至っていない損傷あるいは損傷したものについては、無収縮モルタルやエポキシ樹脂を注入後、鋼板補強することとした（図3.5-9）。

在来線の盛土や土留擁壁の被災箇所については、ほぼ全区間に鉄道に並行した側道があったため、これを一時占用して施工ヤードとし、アースアンカー式の仮土留を施工後、原形に復旧した。ただし、復旧後の土留構造物などは、高さと施工幅に応じて補強盛土、ラディッシュアンカーという棒状補強材の併用などの工法を選定し、設計水平震度も0.3～0.4として耐震性能の向上を図った。図3.5-10に復旧時に用いた土留擁壁復旧工法の選定フローを示す。

盛土の復旧は耐震性を向上させるため、兵庫県南部地震で被害の少なかった補強盛土工法を多用することとした。ジオテキスタイルを用いた補強盛土は、耐震性が高いことに加えて、材料の入手も比較的容易であり、人力または小型

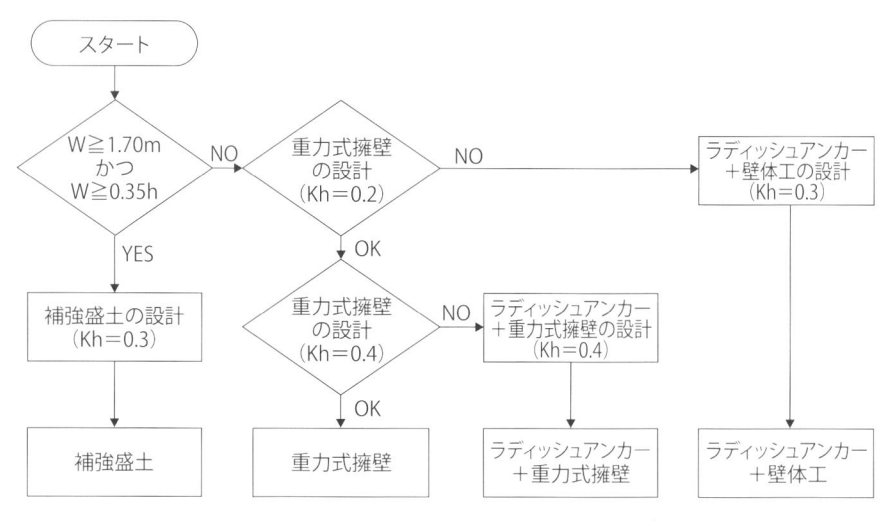

図3.5-10　土留擁壁の復旧工法選定フロー[2]

重機を使用するため狭隘な箇所での施工が可能である。この後、地震被害での土構造物の復旧においても同様に補強盛土が適用されている。

新長田駅付近の高盛土の復旧は、崩壊した擁壁、格子枠コンクリート工および張ブロック工を撤去した後、段切りを行って盛土のせん断強度を高めるために、まき出し厚さ30cmごとにジオテキスタイルを敷設、締固めを行って盛土を再構築した。また、早期の復旧を目指すために、盛土ののり面保護には雨水の浸透防止を図るため、周辺との環境調和を考慮して人工芝、遮水シート、防草シートの3層からなる防護シートを採用した（図3.5-11、図3.5-12）。

鉄道の復旧に当たっては、工事用道路となる側道があったことや工事用ヤードが占用できたことなどが幸いした。さらに鉄道施設の変更認可（運輸局）、建築確認（各自治体建築主事）、道路の占用許可（道路管理者）、道路使用許可（警察）などの手続きが、関係各署のご協力により迅速かつ弾力的に運用されたことも早期復旧に大きく寄与している。

このように鉄道復旧に向けて関係者の理解、協力も得て、工事関係者の努力の結果、JR神戸線の全線開通は地震発生から74日後の4月1日、そして山陽新幹線は同じく81日後の4月8日に開通することができた。

図3.5-11　新長田駅付近の盛土復旧工事[7]

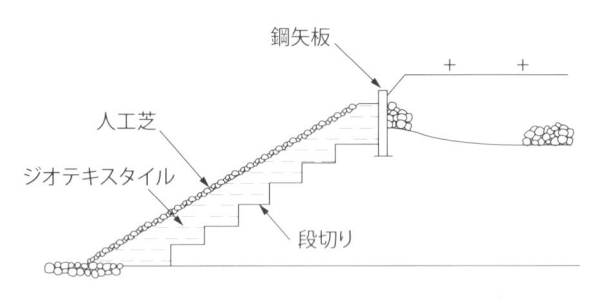

図3.5-12　新長田駅付近の盛土復旧断面[7]

3.5.2　新潟県中越地震

(1) 地震の概要

　2004年10月23日17時56分頃、新潟県中越地方を震源とするM6.8の地震が発生した。気象庁からこの地震は「平成16年（2004年）新潟県中越地震」と命名されている。図3.5-13に本震と主な余震の震央位置を示す。この地震のメカニズムは西北西―東南東方向に圧力軸を持つ逆断層型である。深さ約

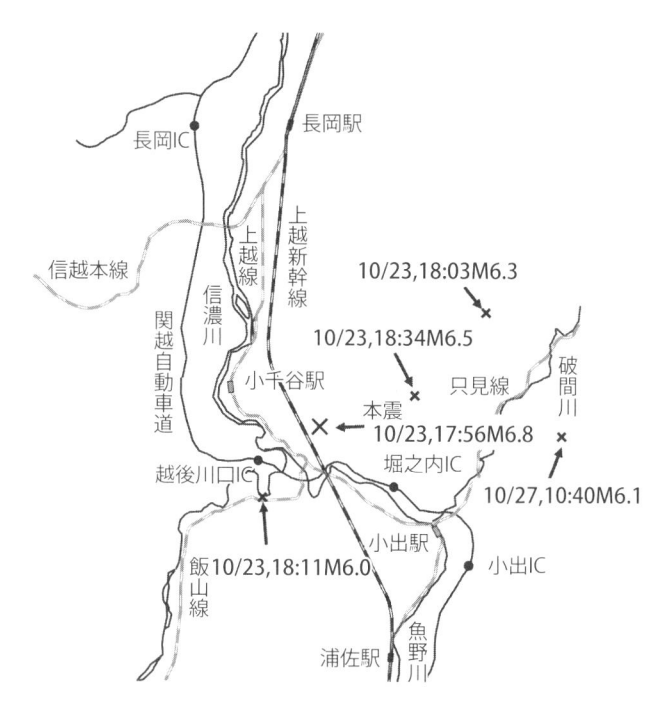

figure内のテキスト:
長岡IC、長岡駅、上越新幹線、上越線、信越本線、信濃川、関越自動車道、小千谷駅、越後川口IC、只見線、破間川、本震 10/23,17:56M6.8、10/23,18:03M6.3、10/23,18:34M6.5、10/27,10:40M6.1、堀之内IC、飯山線 10/23,18:11M6.0、小出駅、小出IC、浦佐駅、魚野川

図3.5-13　本震と余震の震央

10kmの浅部で強い地震動がたて続けに発生した。図3.5-14にJR新川口変電所で観測された時刻歴波形と加速度応答スペクトル（減衰5%）を示す。なお、JRの地震計は高周波および低周波部分に感度を鈍くするためのフィルターをかけている。強い揺れは10秒程度と短いものの、周期が0.1〜1秒の範囲で強い振動が発生していたことがわかる。

地震発生時、JR東日本の新潟支社・長野支社管内で新幹線、在来線旅客列車・貨物列車・北越急行線列車を含め79本が地震の影響を受けた。特に上越新幹線上毛高原〜新潟間では8本の列車が運行しており、6本の列車にお客様が乗車されていた。駅間で停車し、すぐに運転再開できなかった4本の列車ではお客様に降車いただき、脱線した「とき325号」では長岡駅まで、ほかの3本は最寄りの斜路、階段まで歩行の上、避難いただいた。

この時在来線では脱線はなかった。

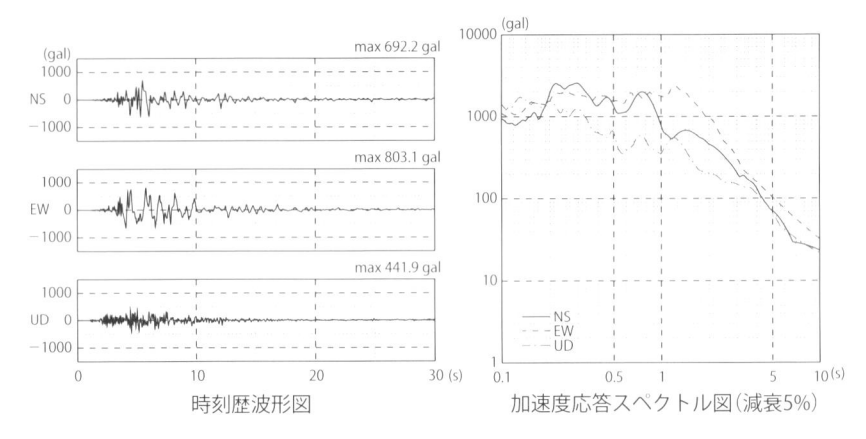

図3.5-14　時刻歴波形と加速度応答スペクトル（JR新川口SS）

(2) 新幹線の脱線

　上越新幹線下り325C列車「とき325号」が浦佐駅を定刻（17時49分）に通過後、滝谷トンネル出口（205k701m）から出て、直線区間（3‰下り勾配）を速度200km/hで走行中、非常ブレーキが作動して207k828m（先頭車両10号車の停止位置、最後部車両1号車207k578m）に停止した。10両編成のうち8両が脱線していた。推定発生時刻は17時56分頃、推定脱線発生場所は206k207m付近であり、進行方向右側レールに乗り上がり痕跡があった。脱線した車両は200系電車10両編成で、お客様・乗務員は154名であったが、死傷者はなかった。

　図3.5-15に325C列車脱線停車時の状況を示す。中間の6,7号車を除く8両、全40軸中22軸が脱線した。図3.5-16は脱線した最後尾車両で、約30°上り線側に傾斜していた。図3.5-17は先頭車両の車輪付近の状況である。脱線後、台車の部品と車輪がレールを挟み込む状況で走行したことがわかる。図3.5-18は脱線した325C列車が走行した後の下り線スラブ軌道の状況である。脱線車輪の衝撃により直結8形締結装置の板ばねとTボルトが損傷し、約900mにわたってレールが外れていた。

　現場付近の構造物は、RC杭あるいは直接基礎の桁式およびラーメン高架橋

3.5 地震災害

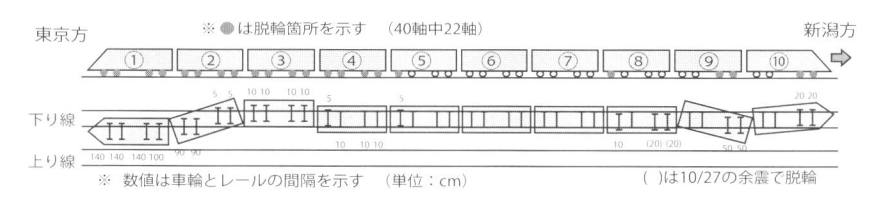

図3.5-15　325C 脱線停車時の状況

図3.5-16　最後尾車両脱線状況

図3.5-17　先頭車両車輪状況

図3.5-18　軌道損傷状況

が連続している。せん断破壊先行と診断したRC高架橋に対しては、柱を鋼板巻き補強していた。直接基礎の浄土川橋梁で約60mm、十日町高架橋で約30mmの沈下があったが構造物そのものの損傷は軽微であった。図3.5-19に325C列車の最終停止位置を、図3.5-20に滝谷トンネルから最終停止位置付近の縦断平面線形を示す。

137

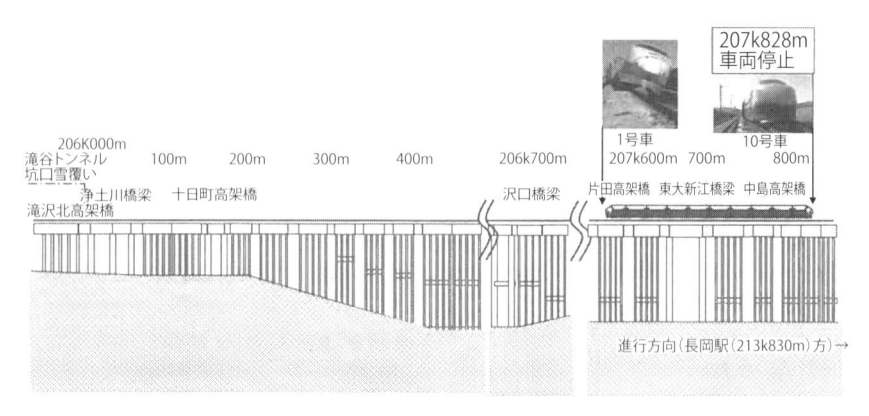

第 3 章　自然災害による鉄道の被災事例

図3.5-19　「とき325号」の最終停止位置

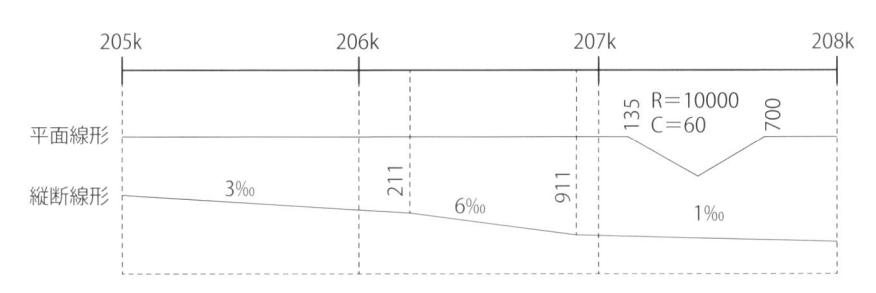

図3.5-20　滝谷トンネルから最終停止位置付近の縦断平面線形

　構造物・軌道・車両などの損傷状況や脱線挙動のシミュレーション結果から、「構造物の損傷や沈下」はいずれも軽微であり、脱線を誘発した原因であるとは考えられず、脱線は地震動により発生したと推定された。また脱線の形態については、車両が大きな地震波を受けて、車体の回転中心がレール面よりも下部にあり、左右の車輪が交互に上下する下心ロールに近い形で振動し、脱線したことがシミュレートされた。

(3) 新幹線構造物の被害

　土木構造物は、震源に近い浦佐～長岡間を中心に大きな被害を受けた。特徴的な被害を以下に示す。

3.5 地震災害

| R2高架橋起点方右端部柱 | R2高架橋終点方左側端部柱 |

図3.5-21　第3和南津高架橋損傷状況

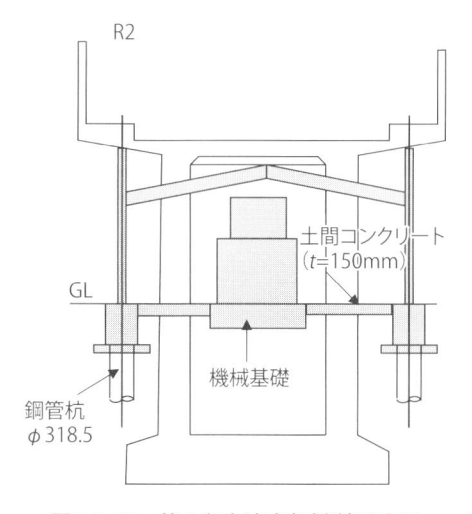

図3.5-22　第3和南津高架橋断面略図

1) 第1〜第3和南津高架橋（191k920m〜192k337m）

　特に被害の大きかった第3和南津高架橋は3径間の一層RCラーメン高架橋であり、各高架橋の間にはスパン10m程度の単純RC桁が配置されている。図3.5-21に第3和南津高架橋の柱の損傷状況を示す。特にR2高架橋では両端部の柱4本すべてがせん断破壊を生じ、起点方では110mm程度、終点方では270mm程度の沈下が生じた。図3.5-22にこのR2高架橋の断面略図を示す。

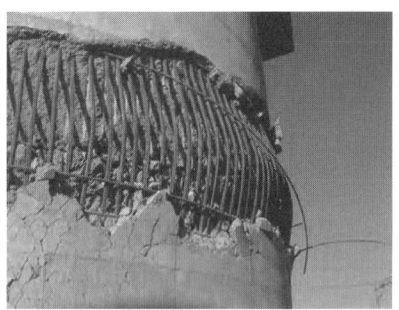

図3.5-23 魚野川橋梁被災状況（全景と3P接写）

この高架下には機械室があり、高架橋の柱もこの機械室の厚さ150mmの土間コンクリートで囲まれていた。建屋に杭基礎があり、機械の下部のベースコンクリートも厚く、土間コンクリートが柱を拘束する力が強く、柱のせん断スパンを短くしていたことが推定された。

2) 魚野川橋梁（191k846m）

上越新幹線魚野川橋梁は、魚野川を交差角60°で横断する橋長228mの3径間連続PC箱桁1連と起点・終点方にそれぞれ1連ずつのRC単線並列2主T形単純桁よりなる。主な被害は、2P、3P橋脚の段落とし部における損傷（図3.5-23）および支承部の損傷であった。

2P、3P橋脚は、中央の最大径間90mの桁を支える直径6.5mの円形RC単柱であり、2Pは河川部、3Pは陸上部に位置する。両橋脚ともにD32の軸方向鉄筋が3段配筋されており、く体基部から11.85mの位置の主鉄筋段落とし部においてかぶりコンクリートが剥落し、軸方向鉄筋が約100mmはらみ出して帯鉄筋は外れて落下した。軸方向鉄筋内部のコアコンクリートにもひび割れが発生した。支承部は、ローラー沓のローラーの逸脱、センターブロックの溶接破断が発生し、ダンパーストッパーの充填剤が飛散および流出した。

3) 魚沼トンネル（192k682m～201k306m）

魚沼トンネルは全長8,625mで、地質は新第三紀に堆積した軟岩である。在来工法で施工され、特に被災区間はサイロット工法により構築された。

最も被害の大きかった入口から約2.4kmの195k080m付近の状況を図3.5-24に示す。アーチコンクリートの一部が延長約5m、厚さ500mmで崩落し、

図3.5-24　魚沼トンネル被災状況

側壁部の剥離や押し出しのほか、軌道の隆起（軌道隆起最大約250mm、路盤隆起最大約80mm、延長約100m）、中央通路の傾斜や破壊、路盤コンクリートの破壊と浮き上がり、インバート内部のひび割れなどが発生した。

(4) 在来線構造物の被害

被害は上越線、信越線、飯山線、越後線、只見線の5線区に被害が発生したが、特に上越線（越後堀之内～宮内間）、信越線（越後広田～宮内間）、飯山線（十日町～越後川口間）については連続的かつ大規模な災害が発生した。

1) 飯山線魚野川橋梁

本橋梁は魚野川を跨ぐ1920年代に完成した橋梁であり、橋台2基と橋脚19基からなるプレートガーター橋（20連）である。橋台は無筋コンクリート構造、橋脚は河川部9基は内部にコンクリートが充填された石積み構造でケーソン基礎、陸上部は無筋構造で直接基礎である。橋脚は3基で桁座コンクリートが損傷し、13基でく体目地切れと水平移動および損傷が発生した。図3.5-25に水平移動量が約400mmあった14P、15Pの被災状況を示す。無筋橋脚の打継ぎ目部において、水平にずれていた。

上部工の損傷は支承部に集中し、桁の固定端側のソールプレートに関しては8カ所で浮き上がり、変形、亀裂が発見された。

2) 盛土崩壊

特に被害の大きかった上越線221k000m付近の崩壊状況を図3.5-26に示

第3章 自然災害による鉄道の被災事例

14P　　　　　　　　　　　　15P

図3.5-25　飯山線魚野川橋梁

長岡方
高崎方

図3.5-26　上越線の盛土崩壊状況（221k000m付近）

す。上下線の盛土が延長約68m、高さ最大12m、土量約9,000m³崩壊した。ここでは、上越線に並行して走る国道17号線の盛土および土留擁壁も同様に崩壊した。被災前は、川側斜面中腹の用地境界に重力式擁壁（$H=2.0$ m）があったが、崩壊土砂に巻き込まれ転倒・崩壊した。被災箇所は信濃川右岸に位置する崖状の攻撃斜面であり、信濃川に注ぐ石田川のたまり池をのり尻とした比高約40mの谷渡り盛土区間であった。基盤は堆積軟岩で基部は中粒砂岩、その上部に割れ目の多いシルト岩が存在し、その上部の盛土（礫混じり砂質土）が崩壊した。基盤は信濃川に向かう流れ盤となっている。

3.5.3 東北地方太平洋沖地震

(1) 地震の概要

　2011年3月11日14時46分頃、三陸沖深さ約24kmを震源とするMw9.0の地震が発生した。気象庁からこの地震は「平成23年（2011年）東北地方太平洋沖地震」と命名された。図3.5-27に本震と主な余震の震央位置を示す。本地震は西北西―東南東方向に圧力軸を持つ低角逆断層型であり、太平洋プレートと北米プレートのプレート境界で発生した海溝型大地震である。本震の規模が大きいこと、M7.0以上の余震が5回発生したこと、本震後に高さ10mを超え

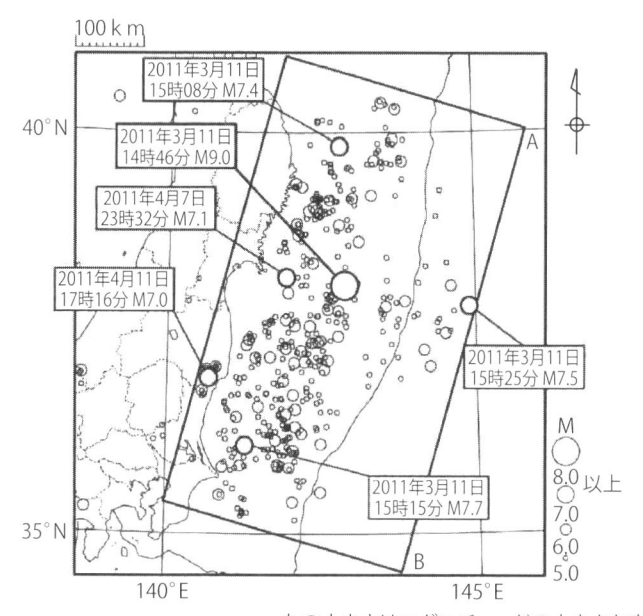

図3.5-27　本震と余震の震央

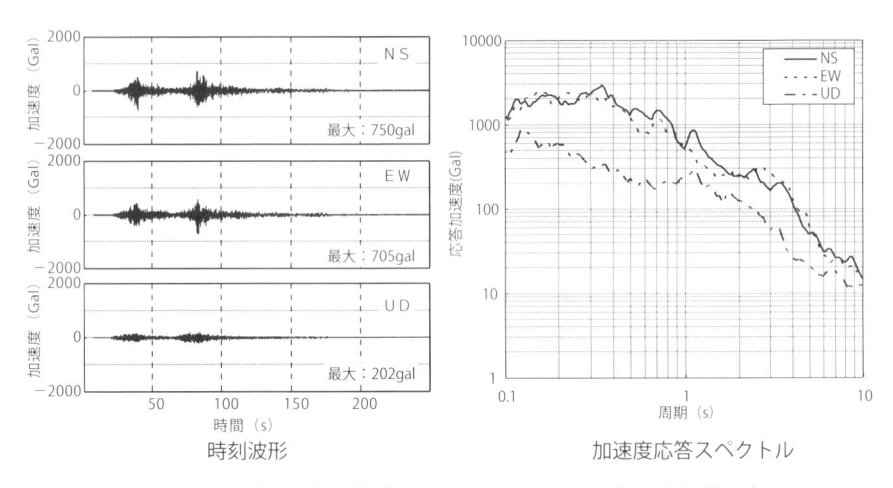

図3.5-28　時刻歴波形と加速度応答スペクトル（JR新古川SS）

る津波が広範囲に到達したことが特徴であった。図3.5-28にJR新古川変電所で観測された本震の時刻歴波形と加速度応答スペクトル（減衰5％）を示す。強い揺れが200秒近く続いたこと、2回大きな揺れがあったこと、短周期側が強い振れだったことなどがわかる。ほかの地震観測点では大きな揺れが3回観測された場所もあった。

(2) 列車運行状況と脱線

1) 東北新幹線

新幹線車両に関しては、試7932Bが仙台駅構内（駅北側の第三小田原高架橋）でE2系10両編成の4号車において2軸脱線した。図3.5-29に脱線後の状況を示す。14km/h程度で走行していたが、新潟県中越地震後に取り付けたL型車両ガイドが奏功し、逸脱せずに脱線後3.5m走行して停車した。地震後の検討から、周波数1.5〜1.7Hzの主成分を持つ鋼製橋脚と合成桁を有する桁式高架橋上の強い揺れを受けて、車体の回転中心が車体よりも上にある上心ロール振動を起こし、左右車輪フランジが交互にレールに衝突しながら最終的にレール頭頂面に上がって脱線したと推定された。

東京〜新青森間では営業列車は27本あり、走行中の19本は駅間に停車した。

3.5 地震災害

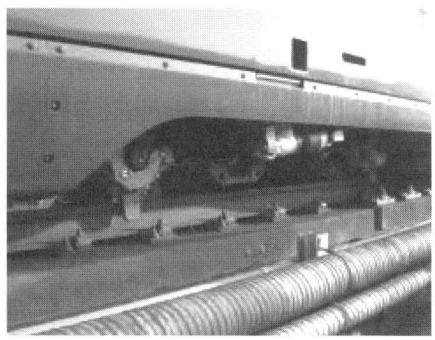

図3.5-29　東北新幹線回送列車脱線状況

2) 在来線

地震動による旅客列車の車両脱線は発生しなかったが、線上において、貨物3025列車が長町駅構内において21両編成のうち前から13両目の貨車（コキ100）が1軸脱線した。

津波では表3.5-1に示す10編成の車両が脱線した。図3.5-30に常磐線新地駅、仙石線野蒜駅での津波による列車脱線状況を示す。4編成はお客様が乗車された営業列車であったが、これらを含みお客様、乗務員の津波による被害はなかった。

(3) 新幹線構造物の地震動による被害

東北新幹線では、図3.5-31に示すように3月11日には大宮〜いわて沼宮内間の約500kmの区間で広範囲に様々な構造物が多数被災した。また、4月7日の余震では本震に比べて狭いものの仙台〜一関間では余震の方が厳しい被害も発生した。

1) 高架橋被害

図3.5-32に3月11日の本震で被災した北上〜新花巻間第1中曽根高架橋の柱の損傷状況を示す。この高架橋は、スパン約8mで3径間のRCラーメン構造である。高架橋の端部柱に被害が大きく、軸方向鉄筋のはらみ出し、内部コンクリートの損傷・落下も見られた。この損傷状況は、軸方向鉄筋が曲げ降伏した後地震動の繰り返しにより断面内のコンクリートが損傷したものと推定さ

第 3 章 自然災害による鉄道の被災事例

表3.5-1 地震・津波による車両被災一覧

被害状況	種別	線区	列車番号	車両形式	編成両数	被災両数
脱線	新幹線	東北新幹線　仙台駅構内	7932B	E2系	10両	1両
	在来線	東北線　長町駅構内	3052レ	EH500形 +FC[※1]	21両	1両
津波被害	在来線	山田線　津軽石駅構内	1647D	キハ100形	2両	2両
		大船渡線　盛駅構内	333D	キハ100形	2両	2両
		大船渡線　下船渡〜大船渡間	338D	キハ100形	2両	2両
		気仙沼線　松岩〜最知間	2942D	キハ48形	2両	2両
		石巻線　女川駅構内	1640D	キハ48形	2両	2両
		仙石線　石巻駅構内	3458S	205系	4両	4両
		仙石線　野蒜〜東名間	1426S	205系	4両	4両
		仙台臨海鉄道　仙台新港駅構内	—	FC	30両	30両
		常磐線　浜吉田〜山下間	92レ	ED75形 +FC[※1]	21両	21両
		常磐線　新地駅構内	244M	E721系	4両	4両

※1 JR貨物所属

常磐線新地駅付近　　　　　　　　仙石線野蒜駅付近

図3.5-30　津波による列車脱線

れる。高架橋柱に関しては耐力比（せん断耐力／曲げ破壊時のせん断力）が小さいものについては耐震補強が完了しており被災していない。次の段階として

3.5　地震災害

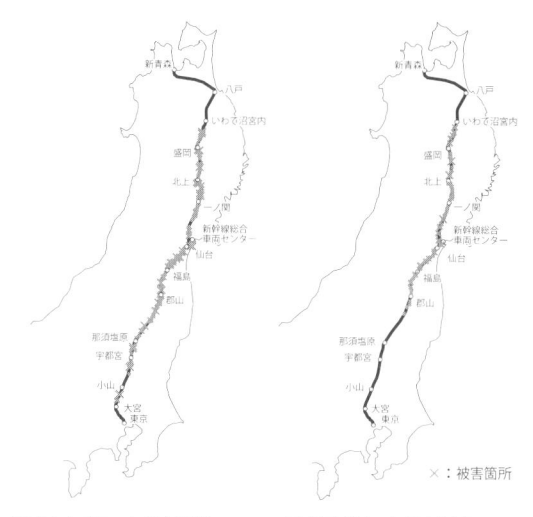

【3/11本震による被害】　【4/7余震による被害】

図3.5-31　新幹線の被害分布

図3.5-32　東北新幹線第1中曽根高架橋被災状況

図3.5-33　東北新幹線第1北上橋梁被災状況

耐力比が比較的大きくても耐震性能の低い柱を順次補強していた。被災した柱はこの曲げ破壊先行でも耐震性能の低い柱だった。

2) 橋脚被害

　図3.5-33に4月7日の余震で被災した東北新幹線一ノ関〜水沢江刺間第1北

第 3 章　自然災害による鉄道の被災事例

　　　　鋼製支承　　　　　　　　　PC桁端部

　　　RCサイドストッパー　　　　　RC橋台前面

図3.5-34　東北新幹線支承部損傷状況

上川橋梁の橋脚の損傷状況を示す。スパン約50mのPC桁を支える固定端側の橋脚（直径4.8m、高さ約16m）において鉄筋の段落とし部からひび割れが生じたものである。第1北上川橋梁のPC桁部では100基の橋脚がある。このうちスパン約31～33mの桁を支える橋脚で耐力比が小さいものについては耐震補強が完了しており被災していない。スパン約50mの桁を支える7基の橋脚は今後の補強対象となっていた。

3) 支承部の被害

図3.5-34に桁式橋梁の支承部に生じた被害を示す。支承そのもの、桁端部、ストッパー、ストッパーを埋め込んだ橋台の前面などいろいろな場所で損傷があった。これは、東北新幹線建設当時はこれら部材を同じ安全率で設計しており、地震動の向きや材料強度のばらつきにより、損傷位置が決まったためと考えている。

4) 電化柱被害とホーム天井の落下

東北地方太平洋地震では、高架橋や橋梁上の電化柱が多く折れたり傾いたこ

図3.5-35　東北新幹線電柱被害

とが被害のひとつの特徴であった。新幹線の電化柱は高さ12m程度のPC製が大半であるが、1978年宮城県沖地震で建設中の東北新幹線の電化柱が折れたことを契機に研究が進み、その後の高架橋や橋梁上の電化柱は、砂基礎と呼ばれる投げ込み式の基礎となり電化柱の周りに砂を詰めている。高架橋や橋梁上で電化柱の揺れが増幅されることに対して、電化柱基礎部の周囲に充填された砂による大きな減衰効果を期待しているものである。図3.5-35にその電化柱の損傷の一例を示す。電化柱の折損・傾斜・ひび割れは約810ヵ所に及んだ。これらは損傷状況に応じて鋼管柱への取り替えや基礎の砂を撤去して柱を起こして再度砂を充填するなどの補修がなされたが、これまでの大地震時の鉄道の復旧と異なり、電化柱の復旧が新幹線運転再開へのクリティカルパスとなった。

図3.5-36に東北新幹線仙台駅のホームにおける天井材の落下状況を示す。これまでの大地震で大空間の天井が落下していたことも踏まえ、二次部材ではあるが落下すると大きな被害が想定される部材の対策を加速させる契機となった。

(4) 在来線構造物の地震動による被害

在来線の構造物も震源に近い東北地方を中心に、関東地方まで広範囲に変状が発生した。今回の地震では東京湾沿岸などで大規模に液状化が発生したが、京葉線などは建設時の対策が功を奏し、高架橋に被害は生じなかった。古い年代に建設された盛土で液状化の被害が発生した場所も、大規模な変状には至っ

図3.5-36　東北新幹線仙台駅天井落下

ていない。

1) 常磐線第1前田川橋梁

　常磐線大野〜双葉間第1前田川橋梁の下り線は1969年に線増により増設された。上り線は線増前の単線時代の構造物を下り線建設後の1974年に下り線と同じ径間の橋梁に改築されたものである。上下線ともに上部工はRCI形4主桁、3連で構成されている延長約96mの橋梁である。福島第一原子力発電所から3.5km北西部の警戒区域内に位置している。

　上り線は1P、2Pが地震動の影響により橋脚く体途中でせん断損傷により橋脚頭部が線路右側（海側）に落下している。これにより上部工のPC桁が落橋した。その状況を図3.5-37に示す。下り線は、桁の落橋など大きな損傷はないものの橋脚は損傷しており鉄筋の破断も確認された。

2) 鹿島線第1宮中架道橋

　図3.5-38に鹿島線鹿島神宮駅構内第1宮中架道橋の桁ずれの状況を示す。この橋梁は、ホーム桁を挟んで、上り線、下り線ともに支間28mの箱桁断面の上路プレートガーダーで約60°の斜角桁である。下り線の桁では鋭角側桁端部である起点側（可動側）が約1,350mm、終点側（固定側）は800mm回転移動した。上り線の桁も同様に鋭角側桁端部である起点側が約700mm、終点側が

3.5 地震災害

図3.5-37 常磐線第1前田川橋梁崩壊

図3.5-38 鹿島線第1宮中架道橋桁ずれ

約600mm回転移動した。小判型の線支承はサイドブロックが破損しており、支承から桁が逸脱した後、桁端が橋台パラペットに衝突した跡も残っていた。兵庫県南部地震での道路橋などこれまで報告されていた斜角桁の水平地震動による回転挙動と同様と考えられる。なお、この橋梁には兵庫県南部地震発生の1年以上前に落橋防止工（桁座拡幅工）を設置していたため、落橋の被害は発

図3.5-39　東北線412k800m 付近盛土

生しなかった。

3) 東北線412km800m付近盛土崩壊

高さ約8mの盛土が、線路方向の延長100mにわたって、線路左側が円弧すべりに近い形で崩壊した。崩壊土量は約5,300m³であった。図3.5-39にその状況を示す。この付近は、1958年に複線化された区間であり、それまで単線で使用されていた盛土に腹付けされた。今回は、腹付け部分がすべったのではなく、単線時代から存在した下り線の盛土が崩壊した。

この付近は1962年に発生した宮城県北部地震においても同様の盛土崩壊が発生していたことがわかっている。この崩壊した盛土の支持地盤は腐植土層を介する軟弱地盤であった。一方、腹付け盛土は旧側道上に構築されており支持地盤条件がよかったことから、元からあった盛土だけが崩壊したと推定している。

(5) 津波による構造物の被害

東北地方の太平洋岸を走るJR東日本の常磐線、仙石線、石巻線、気仙沼線、大船渡線、山田線、八戸線と三陸鉄道の南リアス線、北リアス線で津波の被害があった。

3.5 地震災害

図3.5-40　気仙沼線津谷川橋梁流出

　図3.5-40に気仙沼線津谷川橋梁の津波による被災状況を示す。現地は河口から約1.5km上流にある河川橋梁であり、支間約40mのPC桁5連と約22mのPC桁1連が川の上流側に流出した。また、橋脚も上流側に大きく折れ曲がるなど大きく損傷した。
　23連の鉄桁すべてが流出した山田線大槌川橋梁の状況を図3.5-41に示す。桁は11連が支間19.2m、12連が支間8.44mの鋼製上路桁橋である。橋脚も9基が大きく上流側に傾いた。

第 3 章 自然災害による鉄道の被災事例

図3.5-41　山田線大槌川橋梁流出

図3.5-42　盛土流出（山田線）

　津波を受けた盛土の被害も甚大であった。被災した盛土のうち、同様の高さの津波を受けても全部流出したものと一部残ったものがあった。津波の高さ、流速、盛土・のり面工の状況、周囲の構造物などの条件により、被災程度が変わったと考えている。津波で被災した山田線の橋梁前後で残った盛土と流出した盛土の状況を図3.5-42に示す。

　三陸鉄道は建設年代が比較的新しく、津波を想定したルート設定のため、全路線の半分以上がトンネルであり、また明かり区間も高盛土の区間が多い。このため津波による線路などの流出被害は、南リアス線で3カ所、北リアス線で

図3.5-43　高架橋倒壊（三陸鉄道鳥越高架橋）

2カ所のピンポイントであった。しかし、被災した場所は図3.5-43に示す鳥越駅付近のように、1984年開業の近代的なRCラーメン高架橋が柱根元から倒され、直接基礎の橋脚は底面から倒壊するなど、津波被害は甚大であった。

【参考文献】
1) 西日本旅客鉄道株式会社編：阪神・淡路大震災　鉄道復旧記録誌、1996
2) 運輸省鉄道局監修 阪神・淡路大震災鉄道復興記録編集委員会：よみがえる鉄路－阪神・淡路大震災鉄道復興の記録－、山海堂、1996
3) 土木学会　阪神・淡路大震災調査報告編集委員会：阪神・淡路大震災調査報告、土木構造物の被害、第1章橋梁、丸善、1996
4) 土木学会　阪神・淡路大震災調査報告編集委員会：阪神・淡路大震災調査報告、土木構造物の被害、第3章土構造物、丸善、1996
5) 土木学会　阪神・淡路大震災調査報告編集委員会：阪神・淡路大震災調査報告、土木構造物の被害原因の分析、第6章地盤・土木構造物、丸善、1998
6) 肥田達久、中藤智徳、水谷亨二：兵庫県南部地震を後世に～復旧から復興へ～、第46回地盤工学研究発表会、2011
7) 土木学会　阪神・淡路大震災調査報告編集委員会：阪神・淡路大震災調査報告、土木構造物の応急復旧、補修、補強、第3章地盤・土木構造物、丸善、1998

3.6　火山噴火災害

　日本には、図3.6-1に示すように110の活火山が分布している[1]。火山活動は地下のマグマが地表近くに上昇することで引き起こされ、火山性地震、噴

第3章　自然災害による鉄道の被災事例

図3.6-1　我が国の活火山の分布（文献[2]を一部修正）

火、火山灰の降灰、火山泥流、地盤変位などをともなう。これらの現象は、鉄道の土木、電気、車両、運輸などの各系統に広範に影響を与えうる[2]。例えば、1926年5月の十勝岳噴火では、高温の噴出物などで積雪が融け、火山泥流が発生し、国鉄富良野線において軌道の流出や埋没が生じた。また、1943年からの昭和新山の活動では、国鉄胆振線で地盤隆起に伴う鉄道構造物の変状が発生し、線路位置を変更して復旧がなされた。以下では近年、比較的大きな被害が生じた1991年の雲仙普賢岳噴火と2000年の有珠山噴火の災害事例を紹介する。

3.6.1　1991年雲仙普賢岳

1）火山活動の概要[3]

1990年11月17日に長崎県の雲仙普賢岳（図3.6-2）で水蒸気爆発が発生し、噴煙が確認された。198年ぶりの噴火活動であった。1991年5月20日に溶岩

3.6 火山噴火災害

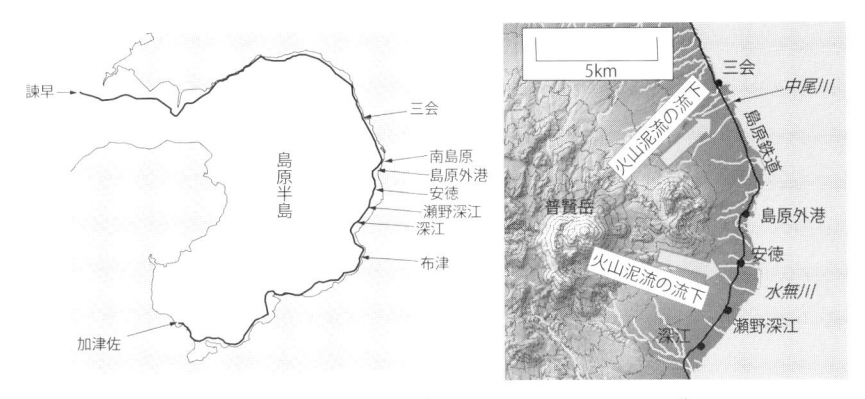

図3.6-2 雲仙普賢岳と島原鉄道の位置図（右図は浦越ほか[2]より）

ドームが確認され、24日には溶岩ドームの崩落による火砕流が発生した。6月3日に発生した火砕流では、死者・行方不明者43名という被害が発生した。溶岩ドームの成長、崩落、火砕流発生が繰り返され、1991年〜1995年の火砕流の回数は約9,400回であった。また堆積した火山灰などが降雨によって流下する火山泥流（土石流と記されている文献も多いが、ここでは火山泥流と記す）が頻発した。

2) 島原鉄道の被災概況[4),5)]

被災当時、島原鉄道線は長崎県の諫早駅を起点とし、島原半島の北側、西側を回り、南西の加津佐駅に至る78.5kmの路線であった。なお、島原外港駅以南の路線は、2008年4月に廃線となっている。雲仙普賢岳噴火による直接的な被災は、降灰と火山泥流によるものであった。噴火活動が5年に及んだため、島原鉄道の噴火への対応も長期にわたっている（表3.6-1）。この間、火山泥流による一部不通が、1991年6月4日〜12月26日をはじめとして複数回発生した。特に1993年4月からは、火山泥流により水無川周辺で一部不通となり、全線復旧は当該区間の高架化完了後の1997年4月1日であった。

3) 降灰被害と対応

降灰は、電気や信号、車両などに影響を与えた。電気や信号関係では、火山灰が踏切警報機のボックス内に入り込むことで、電気回路に障害が起き、警報機や遮断機の誤作動が発生した[4]。踏切の誤作動は、レール上に堆積した火山

表3.6-1 雲仙普賢岳の火山活動と島原鉄道の対応 (文献[4],[5]より作成)

1991年	5月	20日	溶岩ドームが確認される
		24日以降	火砕流や火山泥流が発生
	6月	4日	警戒区域が設定され、南島原〜布津間で運休
		30日	水無川で大規模な火山泥流が発生。安徳〜水無川の線路が埋没・流出
	8月	10日	深江〜布津間の列車運転再開 (島原外港〜深江間は不通のまま)
	12月	21日	不通区間の試運転
		24日	九州運輸局の検査。その指導で「臨時運転マニュアル」を作成
		27日	島原外港〜深江間で列車運転再開。215日ぶりに全線開通
1992年	3月	1日	安徳〜水無川の線路が再度埋没
		7日	安徳〜水無川の線路復旧、運転再開
		15日	安徳駅付近の線路が再度埋没
	4月	1日	安徳〜水無川で道床流失
		14日	運転再開
	8月	12日	水無川周辺で道床流失・埋没
	9月	1日	運転再開
1993年	4月	28日	水無川で大規模な火山泥流が発生 水無川鉄橋周辺の延長700mの区間で線路埋没 島原外港〜深江間で不通
	7月	4日	中尾川鉄橋付近で道床流出
		6日	中尾川付近の運転再開 (島原外港〜深江間は不通のまま)
1994年			
1995年	6月	23日	鉄道線高架化工事(島原外港〜瀬野深江間)着工
1996年			
1997年	4月	1日	全線で運行再開

灰による短絡不良によっても発生した[4]。車両関係での被害として、火山灰がエンジンに吸い込まれることにより、エンジン不調やオーバーヒートが発生した[4]。また、レール上に堆積した火山灰により、乾燥時にはレール～車輪間の摩擦が増大し、車両のスピードが低下した[4]。一方で、湿潤時には摩擦が低下しスリップが発生した[4]。火山灰がフロントガラスに付着することによる視界不良も報告されている[4]。火山灰が固化し、ワイパーでの除去ができない場合もあった[4]。

火山灰の除去は、当初は竹ほうきによってなされた。フロントガラスに付着した火山灰は、各駅に用意されたドラム缶を利用した水タンクを用いて、列車到着の都度、駅員の散水により除去された[4]。火山活動の長期化にともない、火山灰の除去の効率化のために、保線用モーターカーに散水装置とブラシが装着され、これを1日2～3回走行させることでレール上の火山灰の除去がなされた[4]。

4) 火山泥流被害と対応

1991年5月15日ごろから、安徳駅～瀬野深江駅間の水無川付近において小規模な火山泥流が頻発した。1991年6月30日には大規模な火山泥流が発生し、水無川付近の線路延長450mにわたって、踏切保安設備の倒壊、線路流失、線路埋没、信号ケーブルの切断が発生した[4]。1991年12月27日に全線復旧したが、その後も火山泥流で覆われては復旧するということが繰り返された[4]。1993年4月28日には大規模な火山泥流で線路延長700mにわたって線路が埋没し、再び島原外港駅～深江駅間が運休となった[4]。その後も断続的に火山泥流による線路の埋没や道床の流出が発生した（図3.6-3）。同年7月には中尾川でも火山泥流が発生し、中尾川周辺の区間が運休した[5]。

火山泥流対策として、当初は水無川に架かる鉄橋の桁下を目視できる場所に応急の監視所が設置され、警備員2名による固定警備が実施された[4]。火山泥流での被災後は、現位置での復旧が繰り返された。恒久的な対策として、水無川などの河川改修工事や導流堤工事に合わせ、水無川周辺の2,646mの区間が高架化された（図3.6-4）[4,6]。

5) 警戒下での列車運行

1991年12月に臨時運転マニュアルが策定された[4]。このマニュアルには、

第 3 章　自然災害による鉄道の被災事例

図3.6-3　火山泥流による鉄道の被災[5)]

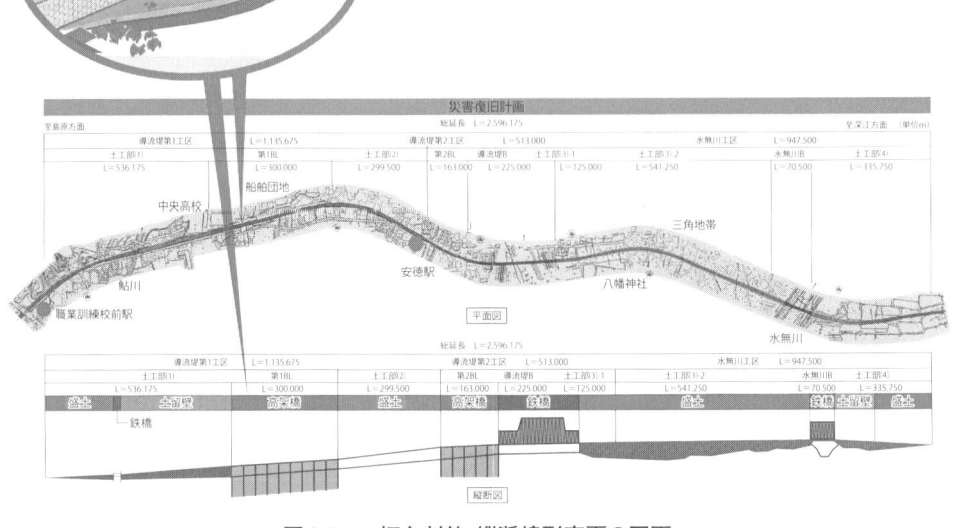

図3.6-4　恒久対策 縦断線形変更の図面

非常時には警戒区域を走行中の列車はただちに停止後、安全を確認したうえで、警戒区域から脱出する時間が短い方向に進行することが定められたほか、火山泥流対策として、降雨量や河川水位などによる運転抑止の基準が定められた[4]。

3.6.2 2000年有珠山

1) 火山活動の概要

2000年3月28日室蘭地方気象台より「火山性地震が急増している」との火山観測情報第1号が発表され、3月29日に有珠山周辺の市町において避難勧告、避難指示が相次いで発令された。その後、同31日の13時07分に噴火し、噴煙が高さ3,500mまで達した[3]。

2) 室蘭線の被災概況[7]

JR北海道・室蘭線は、長万部駅を起点とし、有珠山の南側を通過して東室蘭駅に至る路線である（図3.6-5）。

JR北海道は、火山対策として3月29日19時25分から室蘭線長万部駅～東室蘭駅間を運休とした。火山活動による鉄道の直接の被災は地殻変動による地盤変位によるものであり、線路の湾曲、橋台の破損が確認された。復旧工事の結果、4月27日に全線で開通した。

室蘭線の運休に伴い、長万部駅～札幌駅間の特急列車や貨物列車の迂回運転（函館線回り）が実施された。また噴火から19日後の4月18日に、迂回運転の増強を目的とし、迂回経路である函館線目名駅において、行き違い設備の建設を着工した。また貨物輸送量の確保のため、トラックや船での代行輸送、仮設貨物ターミナルの整備が実施された。

3) 避難列車運行[7]

噴火直後の3月31日13時30分ごろ、JR北海道は内閣官房から虻田町住民のための避難列車の運転要請を受け、室蘭線長万部駅～洞爺駅間で避難列車の運転を行った。避難列車には、函館駅から函館線回りで札幌駅に向かっていた特急列車（183系8両編成）の運行を長万部駅で打ち切り、その車両を充てた。

長万部駅～洞爺駅間は29日夕方より運休となっている区間であったことか

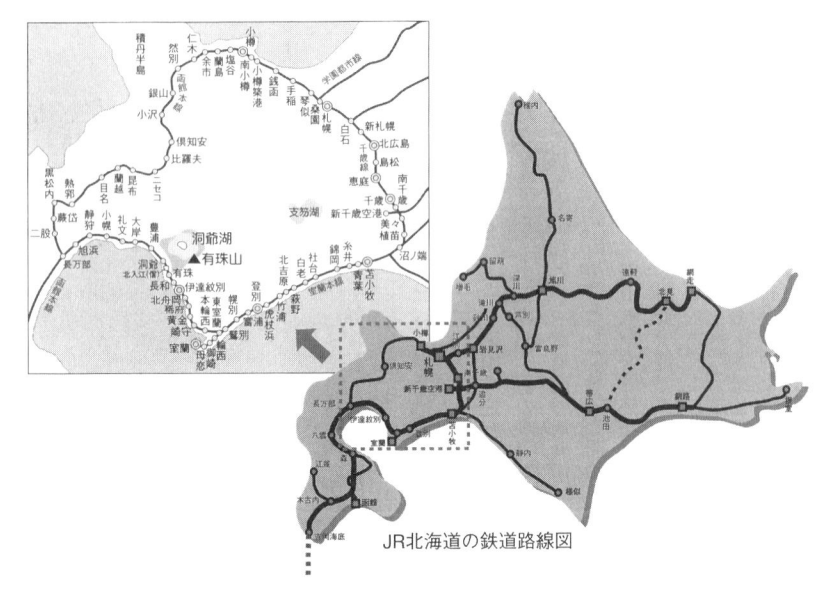

図3.6-5　有珠山と室蘭線の位置図[7]

ら、安全を確保するために避難列車は時速45kmの制限で、かつ保線係員と電気係員の添乗にて運行された。この列車は洞爺駅で6名、豊浦駅で127名の避難住民の方々を乗せ、長万部駅まで運転された。

4）地盤変位被害と対応[7]

　地殻変動による地盤変位により、線路の湾曲、橋台の破損[8]が確認された。

　地盤変位への対策として、各列車の運行前にレールカートでの線路点検が実施された。その後、洞爺駅〜北入江信号場間にレーザー光による地盤変位測定装置（図3.6-6）が設置された。また夜間に運転士がレールの変状を確認するために、前照灯を反射するプリズムがレール間に設置された。これはプリズム列の乱れにより、運転士が線路の異常を把握する手法である。

5）警戒下での列車運行[7]

　4月27日の全線での運行再開に当たって、避難指示区域を含む洞爺駅〜長和駅間では、当初、次のような対策がとられた。

- 午前9時から午後4時までの運行（目視で有珠山の状況を確認可能な時間帯）

3.6 火山噴火災害

レーザー発光機(レベルプレーナ)

図3.6-6　レーザー光による地盤変位測定装置[7]

- 本社と現地対策本部に情報収集班と通行対策班を設置
- 各列車運行前にレールカートでの線路点検を実施
- 運転室への保線係員の同乗
- 非常時の後退運転手段の確保
- 旅客列車への避難誘導要員の添乗
- 旅客列車への乗客用避難梯子とヘルメットの配備
- 区域内の4カ所の踏切に各2名の監視員を配置した固定警備の実施
- 避難用バスなどの配置

　このうち非常時の後退運転手段の確保のために、旅客用ディーゼルカーにおいては進行方向先頭部への運転士の配置に加え、後方部にも運転士を配置した。貨物列車や機関車でけん引する旅客列車では、最後尾にも機関車を接続し、運転士を配置した（プッシュ・プル運転）。プッシュ・プル運転には大量の機関車、連結・解放要員が必要となる。そこで、後方の画像を前方の運転士に伝達し、前方の運転士が後退運転をする方法が検討され、後日、画像伝達装置（図3.6-7）が開発された。

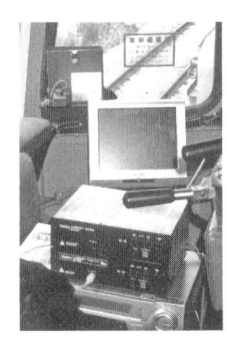

最後部の客車に
セットしたカメラ
と外部アンテナ

最前部の機関車に
セットしたモニター
と外部アンテナ

図3.6-7　画像伝達装置[7]

　また区域内の踏切への監視員の配置は、踏切が鳴動し続けた場合、一時帰宅者が踏切を横断できなくなる可能性を考慮したものである。例えば非常時に列車の運行を踏切付近で中止した場合には踏切が鳴動し続ける可能性があることから、監視員が踏切を使用停止することで踏切を解放し、一時帰宅者の緊急避難の妨げにならないようにするためである。

【参考文献】
1) 内閣府（防災担当）・消防庁・国土交通省水管理・国土保全局砂防部・気象庁：火山防災マップ作成指針、2013
2) 浦越拓野・西金佑一郎・川越健：国内の火山活動における鉄道の被災及び対策事例、鉄道総研報告、Vol.29、No.1、pp.47-52、2015
3) 気象庁：日本活火山総覧（第4版）、1498p.、2013
4) 葦書房編：噴火と闘った島原鉄道、145p.、1998
5) 島原鉄道100周年史編集委員会（編）：島原鉄道100年史、島原鉄道株式会社、146p.、2008
6) 今道雅晴：島原鉄道災害復旧報告―雲仙、普賢岳噴火災害―、日本鉄道施設協会誌、Vol.35、No.5、pp.362-364、1997
7) 北海道旅客鉄道株式会社：有珠山噴火鉄道輸送の挑戦、北海道旅客鉄道株式会社　総務部広報課、111p.、2001
8) 白川秀則・海原卓也：有珠山噴火による鉄道への影響とその対策、日本鉄道施設協会誌、Vol.39、No.1、pp.43-45、2001

第4章

鉄道における
自然災害の対策

4.1 降雨災害

降雨災害に対しては、日常の検査による災害の予防と、雨量の観測に基づいた運転規制がある。また、ここでは災害発生後の復旧についても述べる。一方、地すべりはほかの降雨災害に比べて長期間継続する現象であるため、調査、観測、対策の方法が特殊である。そのため、4.1.4で別途述べる。

4.1.1 鉄道の雨量観測と運転規制

(1) 雨量観測

日本の鉄道施設には、盛土や切土などの土構造物が多く利用されている。また、第1章1.2で述べたように国土の約7割が山間地であるという特徴から山間を走る鉄道の延長は相当に長く、山裾を走る線区の多くは自然の斜面に面している。このように、人工および自然斜面が多い日本の鉄道では、大雨が発生するとしばしば斜面が崩壊して土砂災害が発生する。雨による土砂災害は、誘因である雨量と強い因果関係があることから、土砂災害から列車を守るための手段として雨量観測とこれに基づいた運転規制が行われてきた。

雨量観測の最も一般的な方法に図4.1-1に示すような雨量計を用いる方法がある。雨量計は直径200mm、高さ500mmの円筒容器の中に同図に示すような雨量検出器を備えている。受水口から入った雨水がろうとを通してろ水器に流れ込み、一方のますに一定量の雨水がたまるとますが転倒する仕組みとなっている。ますが1回転倒するとパルス信号が1回発信され、このパルス信号が一定時間内に発信された回数をカウントすることで一定時間内に降った雨の量を求める。気象庁のアメダスをはじめ多くの場合、ますの容量は0.5mm雨量

4.1 降雨災害

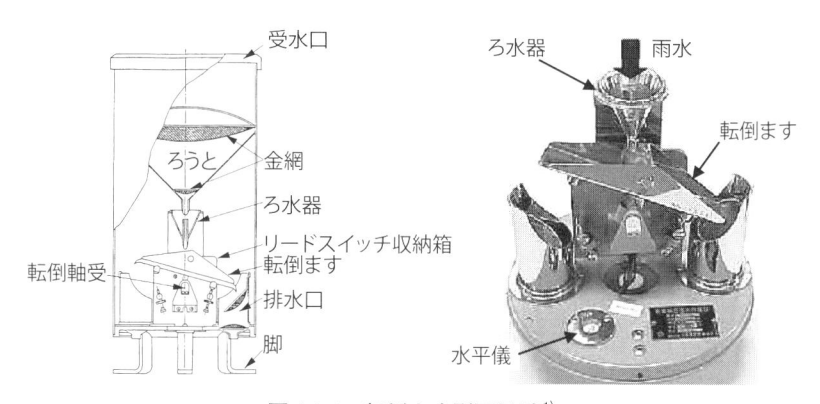

図4.1-1 転倒ます型雨量計[1]

に相当する。つまり、転倒ますが10回転倒すると5mmの雨量として検出される。

雨量計を用いた雨量観測にはいくつかの留意点がある。設置上の留意点としては、①雨量計を水平に設置すること、②周囲の物に跳ね返った雨滴が雨量計に入ることを防ぐこと、③建物や樹木からその高さの2～4倍以上離して設置すること、④建物の屋上に設置する場合には屋上中央に設置することなどが挙げられる。また、受水口に落ち葉などの異物が入るなどした場合には雨量計が正常に動作しなくなることが考えられる。このため、定期的な清掃や設置状態の確認、強風後の異物侵入の確認など、維持管理を適切に行う必要がある。

このような雨量計を、JRでは各沿線のおおむね10km～20kmごとに配置し、沿線の雨量を観測して列車の運行に利用している。ここで設置間隔に幅があることについては、対象線区がある地域の気候条件や地形条件に応じて適切な雨量計設置位置が定められているということによる。例えば、山間部などでは山の尾根やトンネルを挟んだ2つの斜面で天気が異なることがあり、このような場合にはその両側に雨量計を配置すべきと考えられ、このような措置が取られている箇所では設置間隔が短くなる場合がある。またこれとは逆に、斜面がほとんどない平地にある線区などでは雨量計間隔が通常より広く取られている場合がある。

また、近年顕在化してきた問題に、いわゆる「ゲリラ豪雨」と呼ばれる局所的短時間強雨による災害がある。このようなタイプの降雨は、数キロ四方とい

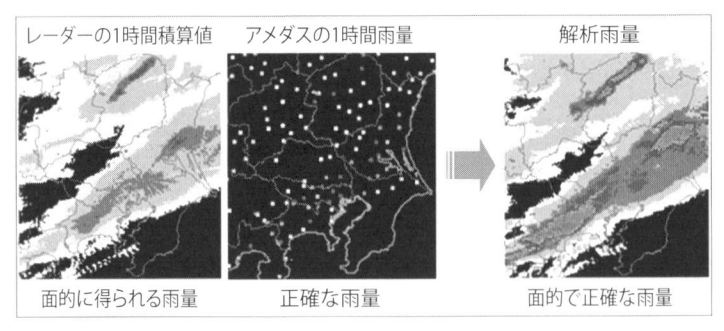

第4章　鉄道における自然災害の対策

図4.1-2　レーダーアメダス解析雨量[2]

う極めて狭い範囲に強い雨域を有する降雨であることが多い。このようなゲリラ豪雨の特徴から、鉄道会社が設置している沿線雨量計の間隔や気象庁の地域気象観測システム（アメダス）の設置間隔（約17km）ではこれらの豪雨を捉えることができないことが懸念される。

このような局所的集中豪雨に対応した雨量観測手法として近年その利用が進んでいる手法に、気象レーダーを利用した雨量観測がある。気象レーダーはアンテナから発射されたマイクロ波が雨粒や雪に当たり、反射した電波がアンテナの位置まで戻ってくるまでの時間をもとにして雨粒や雪が分布する場所までの距離を測定することができ、また、戻ってきた電波の強さから雨や雪の強さ（雨滴や雪粒の密度や大きさ）を測定することができる。気象庁では、アメダスなどの地上に配置された雨量計のデータと気象レーダーのデータを利用して、気象レーダーよりも精度の良い雨量情報を面的に示した観測値を「レーダーアメダス解析雨量」として配信している（図4.1-2）。この解析雨量は30分ごとに1km間隔で雨量が配信されるため、数キロ四方の範囲に降る豪雨を捉える手法として有効に利用されることが期待される。

このほかにも気象庁は「降水短時間予報」や「降水ナウキャスト」など、降雨に関する様々な情報を配信している。また、新しいレーダーの開発や気候観測方法の導入など、降雨の観測と予測に関する技術は日々進歩している。

(2) 降雨時運転規制

前述したように、降雨による土砂災害は誘因である雨の量と強い相関がある

4.1 降雨災害

表4.1-1 雨量指標の例

時間雨量	1時間当たりに降った雨の量。気象庁などでは毎正時を起時とした時間当たりの雨量を用いているが、鉄道では任意の1時間に降った雨の量を指す。
連続雨量	降り始めから降り終わりまでの時間雨量の累計値。12時間の降り止みがあった場合に降雨の降り終わりと判断する。時間雨量が0mmでも降り終わりと判断されるまで連続雨量は保持される。降雨の多い地域では降り終わりの判断を降り止み時間が24時間続いた場合とすることもある。
累積雨量	上記の連続雨量の降り終わり判断を48時間の降り止みとした雨量値。
24時間雨量	着目時点から24時間前までの時間雨量をさかのぼって累計した雨量。
実効雨量	降雨によって地盤中に含まれる水分量を表現することを企図した雨量指標値。設定した半減期に応じて指標値が低下する。

ため、降雨時の運転規制は雨量を基に作成されている。鉄道の運転規制に用いられている主な雨量指標値には表4.1-1のようなものがある。

同表に示したように、様々な雨量指標値が用いられているが、鉄道の運転規制には、多くの場合これらの雨量指標値を組み合わせて用いられている。これは、砂質土に分類されるような地盤材料で構成された斜面の場合、短時間に強く降る豪雨によって表層が侵食崩壊に至るケースが多く、一方細粒土に分類されるような地盤材料を多く含む斜面の場合、それほど強くない降雨でも長時間継続することで地下水位が上昇して円弧すべり状の比較的規模の大きい崩壊を生じるケースが多いことを考慮したものである。すなわち、地盤を構成する土の種類によって安定性を低下させる降雨パターンが異なるため、短期雨量と長期雨量との組み合わせで規制雨量を検討している。

旧国鉄が導入し、これまで多くの鉄道で用いられてきた運転規制方法の一例を図4.1-3に示す。縦軸に時間雨量、横軸に連続雨量をとり、観測された雨量をこのグラフ上に時間の経過とともにプロットしていく。このグラフ上に落とされた計測結果はスネーク曲線と呼ばれ、短期雨量および長期雨量の変化を示している。また、図中には「警備」、「徐行」、「運転中止」の各基準値を示したが、スネーク曲線がそれぞれの閾値を超えるとそれに応じた対応がとられることとなる。これらの各基準値は、対象となる線区の沿線斜面が有する耐降雨性

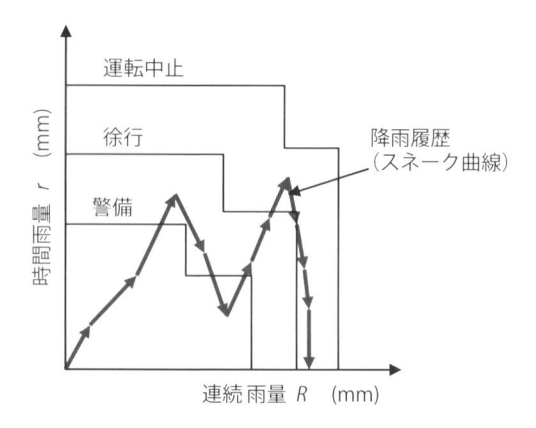

図4.1-3 降雨時運転規制方法の例

　に応じて設定される。したがって、斜面の降雨対策が十分に施工されており降雨に対する耐力が高いと評価された場合には規制値は高い雨量値に設定されることになり、それに応じて列車の徐行や運転中止の回数が減少することになる。

　同図のような規制方法の課題として、短時間に強く降るタイプの雨への対応がある。ゲリラ豪雨などでは、短時間に非常に強い雨が降った後に一転して晴天になる場合があるが、このような雨で連続雨量が規制値を超えた場合、晴天下であっても12時間が経過しなければ規制が解除されないことになる（図4.1-4 (a)）。実際の斜面は降雨がピークを超えて終息に至った状況では、少ない雨が降っていても安定性は回復傾向にあると考えられる。そこで、このような安定性の回復傾向を考慮して同図（b）のように降雨終息時の早期規制解除を意図した規制方法が考案された。この終息時の規制の扱いに関する雨量の設定に当たっては実物大盛土を用いた散水実験や浸透流解析などをもとに決定されている[3]。

　上述のような課題は、雨量による規制方法が斜面内の水分量の変化を十分に反映していないことによる。そこで、地盤内の水分量の変化をより考慮した雨量指標として実効雨量の運転規制への導入が検討された。実効雨量は過去に降った雨量を時間の経過とともに減少させ、その値を累積して求めた雨量であり、式4.1-1で求められる。

4.1 降雨災害

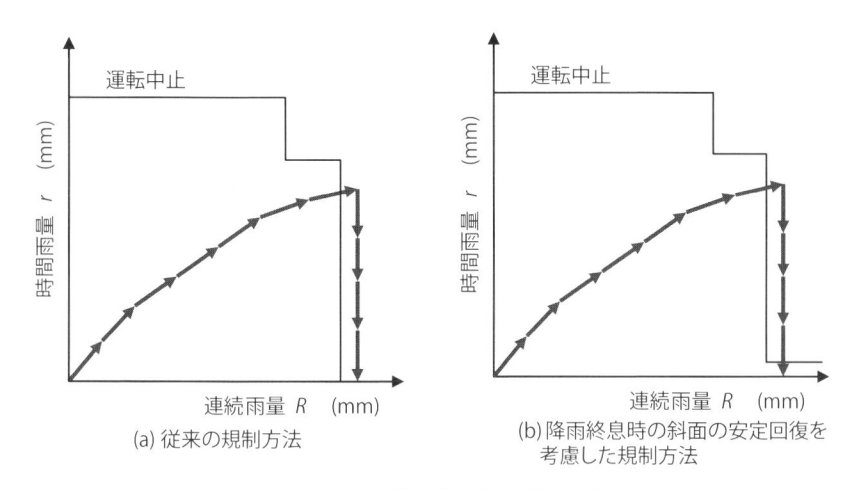

図4.1-4 降雨時運転規制方法の例

(a) 従来の規制方法
(b) 降雨終息時の斜面の安定回復を考慮した規制方法

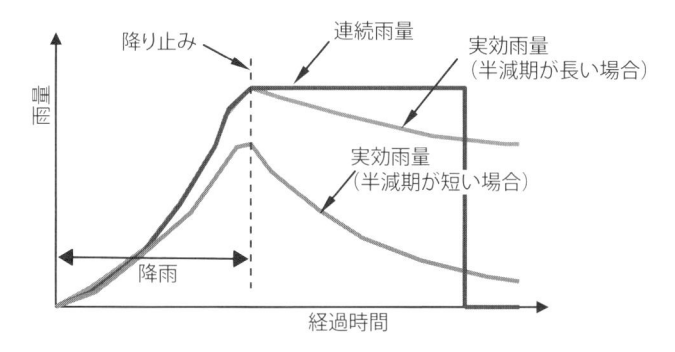

図4.1-5 連続雨量と実効雨量との違い（概念図）

$$R_t = r_t + a_1 \cdot r_{t-1} + a_2 \cdot r_{t-2} + \cdots + a_x \cdot r_{t-x} = r_t + \Sigma a_n \cdot r_{t-x} \quad \text{(式4.1-1)}$$

$$a_n = 0.5^{n/T} \quad \text{(式4.1-2)}$$

ここで、R_t：時刻 t の実効雨量、r_t：時刻 t の時間雨量、a_n：減少係数、T：半減期である。

連続雨量と実効雨量との違いを図4.1-5に概念的に示したが、連続雨量は降り止み後12時間は累積値を維持するのに対して、実効雨量は降り止みとともに雨量値が減少する。実効雨量は、過去に降った雨量を単純に累積した連続雨

量とは異なり、地盤から流出する量を考慮して地盤内に蓄積されている水の量を評価するため、地盤の安定性の評価により適した雨量指標といえる。その一方で、実効雨量の課題として適切な半減期の設定がある。実効雨量の計算において、時間の経過にともなう水分量の減少傾向を示す減少係数a_nの算定に用いる半減期Tは、地盤の透水性や水のたまりやすさ、排出しやすさなどを支配する地形条件などの地盤条件によって異なる。このため、様々な地形・地質を有する鉄道沿線斜面の個々に対して、それらの地盤条件からそれぞれ半減期Tを決定することは実際的に不可能といえる。このような問題に対して、島村[1]は、JR東日本の管内で発生した旧国鉄時代を含む約1,000件の降雨災害事例をもとにして、各災害の発生推定時刻において実効雨量による警報が正しく発せられるように（見逃しがないように）警報閾値を定めたうえで、警報継続時間が最小になる実効雨量の半減期を求めて、この値を運転規制に用いる実効雨量の半減期に適用することを提案した。この提案をもとに、JR東日本では、1.5時間、6時間、24時間の3つの半減期を用いた実効雨量によって運転規制を行っている。

4.1.2　降雨災害の予防と斜面検査

(1) 検査の取り組みの経緯

　1872年に日本で鉄道が開業し、その後全国の鉄道網が急速に敷かれることとなったが、開業後しばらくの間、斜面の安定性をあらかじめ評価して災害から列車を守るという行為は行われておらず、斜面災害は文字どおり「天災」として甘んじて受け入れ、その代わりに復旧に力を注ぐというのが一般的な取り組みであった。災害に対して予防的な考え方を取り入れたいわゆる「事前防災」の取り組みの原型は、1956年に「建造物保守心得（案）」で定められた。このなかで、災害を未然に防ぐ取り組みとしての検査について、「巡回検査」、「定期検査」、「特別検査」に分けた上で定期検査の周期が明記されるなど、現在に近い検査体系がこの心得によって整備された。

　検査結果に基づく斜面の安定性評価とこれを用いた防災対策は、1974年発

行の「土木建造物取替の考え方[5]」(取替標準)で整理された。防災投資を適正に行うためには、のり面の安定性を定量的に評価する必要があるという観点から、その手法として取替標準に表4.1-2のようなのり面採点表が示された。採点表は盛土用・切土用が作成され、それぞれのり面の高さや勾配、土質などの条件ごとに設定された点数(素因点)を付け、その合計点から安定性を評価し防護設備の要否を定量的に示した。採点表には採点の結果算出された合計点(評価点)に対応した許容日雨量が示され、評価対象斜面の安定性がその斜面が許容しうる雨量として得られる仕組みとなっている。一方、当時の「線路防護設備設置基準規程」は、線区が有すべき目標耐降雨強度として線区のランク別に超過確率年数を示し、その降雨に耐えることと規定していた。この目標雨量と上述の許容日雨量とを比較して、許容日雨量が目標雨量に達してない場合は何らかの対策が必要であると判断した。

のり面採点表の導入によって定量的に斜面の安定度が評価でき、防災投資のひとつの根拠として利用できるようになったことから、この手法は現場で広く用いられるようになった。のり面採点表は、災害が発生したらその都度復旧するといういわば「事後防災」から、検査によって斜面の安定度を評価し、危険箇所を抽出して対策を施工する「事前防災」へと災害予防の取り組みを大きく前進させ、これ以降に整理された様々な検査の考え方の基礎を築いた。

(2) 維持管理標準に基づく斜面の検査

のり面採点表の導入は斜面防災へ大きく貢献するものであり、のり面採点表を擁した取替標準は長く利用された。その後、時代は昭和から平成へと移り、高度経済成長期が終わりを告げしばらくすると、メンテナンスによる構造物の適切な維持管理が注目されるようになった。このようななか、鉄道のメンテナンスに資する指針として「鉄道構造物等維持管理標準・同解説[6]」が作成されることとなり、2007年に発行された。

維持管理標準では、維持管理の原則を次のとおりとし、図4.1-6のような維持管理の標準的な手順を示している。
①維持管理計画を策定すること
②定期的に検査を実施し、その結果に応じて詳細な検査を実施すること

第4章 鉄道における自然災害の対策

表 4.1-2 のり面採点表[5]

盛土の不安定性は次の採点基準による評価点と雨量評価点の関係で判定する。
基本点は原則として 60 点とする

要因点

土羽の状況

盛土の新旧・締固め状況
- 新設盛土 のり肩の表層厚さ 0.5〜1.5m が N 値 2 以下でその下が締まっている。 −20
- 上記以外の場合 −10
- 古い盛土 0

土羽土の性質
- 砂および砂質土 0
- 粘性土 −10

のり高
- 6m 以上 −15
- 6〜3m −10
- 3m 以下 0

のり面

のり勾配
- 標準勾配より急 −10
- 標準勾配そればより −10
- ゆるい 0

のり面の縦断勾配
- 平坦 0
- 単勾配 −10
- 落込勾配 −10

のり面への水の集中しやすさ

盛土の位置
- 切盛境界 0
- 橋台背後 −20
- その他 −10

周囲の水の影響
- 冠水のおそれあり 盛土のたかうんでいる −20
- 山間にたん水のおそれあり 地下水流がある −10
- 水の影響なし 0

判断点
現場の実情に応じ ±20

雨量評価点

評価点	許容日雨量
100	450mm
90	400
80	350
70	300
60	250
50	200
40	150
30	100
20	50

防護点

おもな目的	防護工	点数
のり面の浸食防止	十分繁茂した植生	+10
	張コンクリート、ロック張、石張、プレキャスト格子枠工	+10
	岩座張	+20
のり尻の浸食防止	土留壁	+20
	たて水など	+5
排水処理	のり尻砂利枠工 排水ブランケット	+10
	排水パイプ工	+20
表層部強化	蛇籠工	+20
	杭打工	+10
高盛土補強	土留擁壁	−
	押え盛土	−

防護対象

(表中に○印が配置されている)

4.1 降雨災害

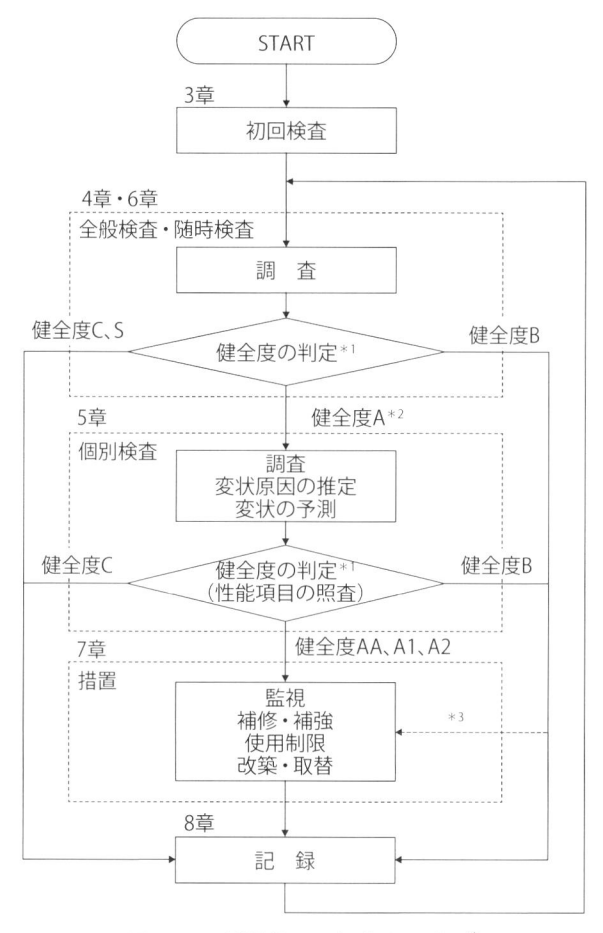

```
            START
              │
      3章    │
     ┌──────┴──────┐
     │   初回検査   │
     └──────┬──────┘
            │
  ┌─ 4章・6章 ──────────────────┐
  │  全般検査・随時検査          │
  │       ┌──────┐              │
  │       │ 調 査 │              │
  │       └───┬──┘              │
  │  健全度C、S  健全度B          │
  │   ◇ 健全度の判定*1 ◇         │
  └────────────┬────────────────┘
               │健全度A*2
  ┌─ 5章 ──────┴────────────────┐
  │  個別検査                    │
  │     ┌──────────┐            │
  │     │  調査     │            │
  │     │ 変状原因の推定 │        │
  │     │ 変状の予測    │        │
  │     └────┬─────┘            │
  │  健全度C     健全度B          │
  │   ◇ 健全度の判定*1 ◇         │
  │      (性能項目の照査)         │
  └────────────┬────────────────┘
               │健全度AA、A1、A2
  ┌─ 7章 ──────┴────────────────┐
  │  措置                        │
  │     ┌──────────┐            │
  │     │  監視     │   *3       │
  │     │ 補修・補強 │            │
  │     │ 使用制限   │            │
  │     │ 改築・取替 │            │
  │     └────┬─────┘            │
  └──────────┬──────────────────┘
    8章      │
     ┌──────┴──────┐
     │   記 録     │
     └─────────────┘
```

図 4.1-6 維持管理の標準的な手順[6]

③検査の結果得られた健全度を基に必要な措置を講じること
④検査結果や実施された措置などについて適切な方法で記録すること

　また、同標準では各検査で行われる判定のための評価方法と指標が示されている。検査は「変状」に対する調査と「不安定性」に対する調査の2つに分けられ、それぞれの視点で健全度を判定することとされている（図4.1-7）。災害を予防するという観点では、通常の検査において「不安定要因」に着目して災

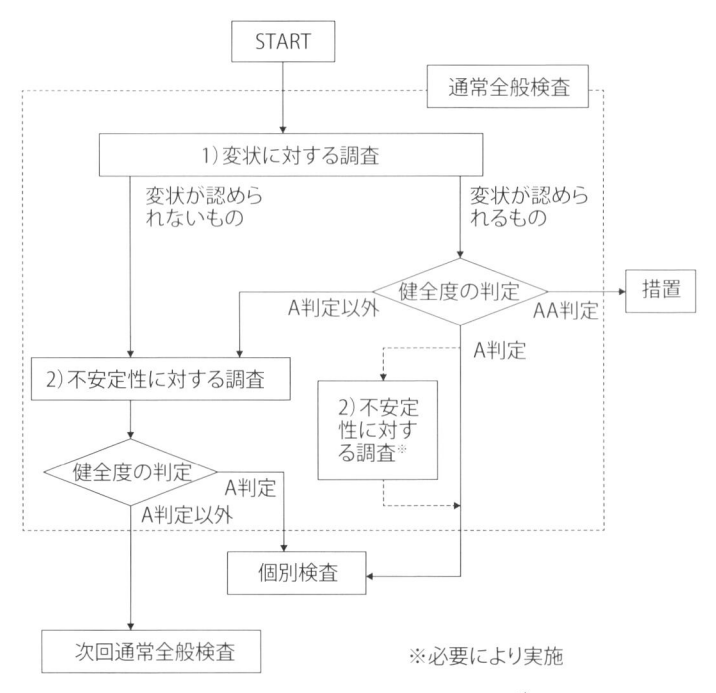

図4.1-7 調査の種類と判定の流れ[6]

害の素因を積極的に抽出することが重要であることを、同標準は明確に示したといえる。また、同標準には表4.1-3や図4.1-8のような不安定要因の具体例が示されている。

(3) 降雨に対する弱点箇所の定量的評価

　検査ではA、B、C、Sの4種類の健全度が判定され、それぞれの判定に応じた措置がなされる。健全度がAと判定された場合、その緊急度に応じた措置や対策が講じられ、B判定ではより詳細な調査や監視が行われ、C判定およびS判定では検査時の状態を記録して次の定期検査への資料とすることになる。ここで、実際の検査では、同じA判定と評価される箇所が複数存在することが考えられる。このような場合、緊急性の高い箇所あるいは崩壊危険度の高い箇所に対して優先的に対策を施す必要がある。この際、箇所ごとの評価点を求めることができる前述ののり面採点表は有効なツールとして利用できると考え

表4.1-3（a）　不安定要因の例（盛土）

調査項目	不　安　定　要　因
立地条件・ 周辺環境	・片切片盛 ・切盛境界 ・腹付盛土 ・谷渡り盛土 ・傾斜地盤上の盛土 ・軟弱地盤、不安定地盤（崖錐、地すべり地など）の盛土 ・橋台裏やカルバートなどとの接合部 ・環境の変化（伐採、道路や宅地などの開発）
盛土・防護設備・ 排水設備	・のり面が常に湿潤、のり面からの湧水 ・発生バラストの散布 ・排水設備の容量不足 ・排水パイプなどから土砂の流出 ・付帯設備の周辺から盛土のり面への雨水の流入、流下

表4.1-3（b）　不安定要因の例（切土）

調査項目	不　安　定　要　因
立地条件・ 周辺環境	・地すべり地 ・扇状地・段丘の末端部 ・周辺に多くの災害歴、あるいは崩壊跡地が存在 ・背後に集水地形などが存在 ・環境の変化（伐採、宅地などの開発）
切土・防護設備・ 排水設備	・極端に透水性の異なる層の存在 ・のり面からの湧水 ・表層土の分布が不均一 ・伐採木の腐った根の存在 ・オーバーハング部の存在 ・不安定な転石・浮き石の存在 ・選択侵食を受けている箇所の存在 ・割れ目の発達 ・のり肩部の立木・構造物基礎が不安定 ・のり尻や擁壁・柵背面に土砂や岩塊が堆積 ・排水パイプから土砂が流出 ・排水設備の容量不足

られる。しかし、のり面採点表には斜面の外観的な素因に重点が置かれていること、各素因点の重みづけの妥当性が不明確であること、地域性を無視した全国一律の評価基準となっていることなどの問題点があり、評価結果の精度に課題がある。そこで、これらの問題点を解決した新しい斜面評価手法として、限

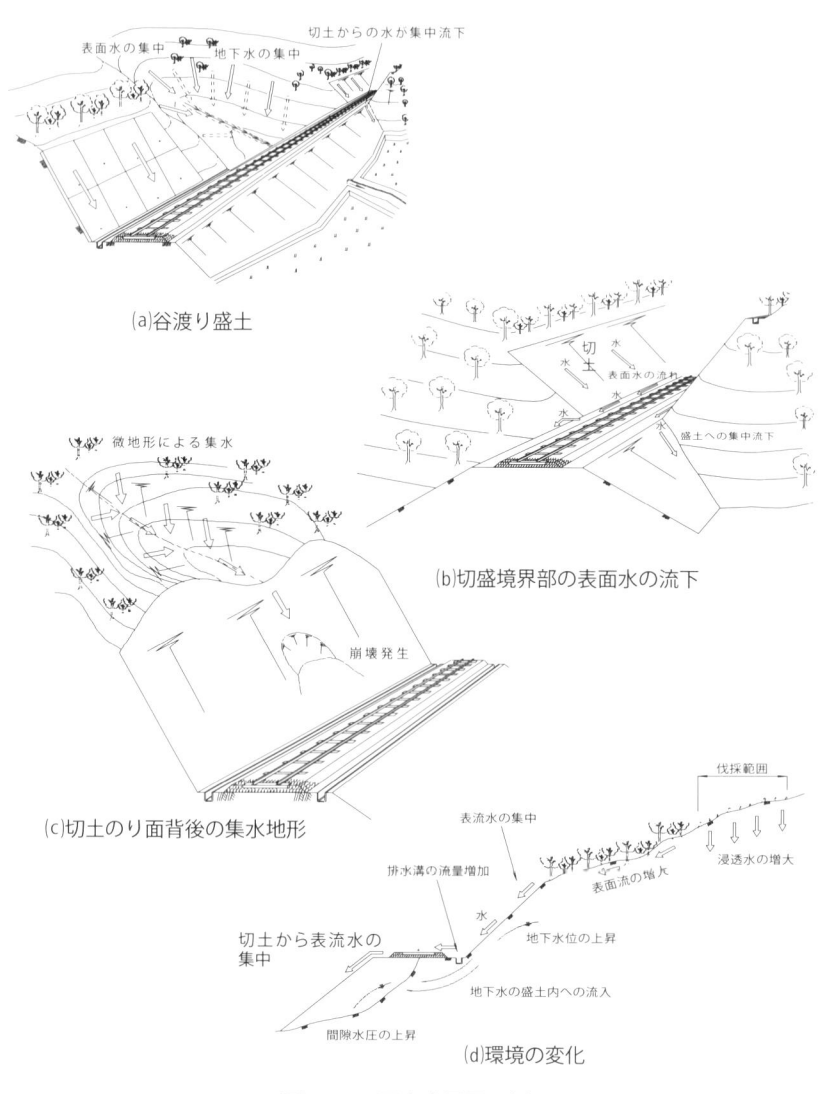

第 4 章 鉄道における自然災害の対策

(a) 谷渡り盛土

(b) 切盛境界部の表面水の流下

(c) 切土のり面背後の集水地形

(d) 環境の変化

図4.1-8　不安定要因の例

4.1 降雨災害

表4.1-4 限界雨量曲線を求めるための評価点（盛土の場合）

$R^{0.3} \cdot r^{0.3} =$ 基本点 $+ \Sigma$（評価点）

基 本 点		13.14			
条 件		条件（上段）と評価点（下段）			
盛土の構造条件	盛土高さ H (m)	$P = -3.18 \times 10^{-3} H^2 - 7.09 \times 10^{-2} H + 7.87 \times 10^{-1}$			
	土質 S_E	粘性土	砂質土	礫質土	
		-1.05	0.07	0.14	
	貫入強度 N_C	$P = -9.79 \times 10^{-3} N_C^2 + 4.75 \times 10^{-1} N_C - 2.24$			
基盤条件	表層地盤の地質 S_B	沖積地盤		その他	
		-0.38		0.22	
	地盤の傾斜角 θ_B	平坦		10°以上	
		1.34		-1.10	
集水・浸透条件	透水係数 k (cm/s)	$k < 10^{-4}$	$10^{-4} \leq k < 10^{-3}$	$10^{-3} \leq k < 10^{-2}$	$10^{-2} \leq k$
		-0.17	0.26	-0.41	0.86
	集水地形 W_C	なし	対象側	反対側	
		0.52	-3.23	-1.83	
	縦断形態 T_L	切盛境界・落込勾配		平坦・単勾配	
		-0.53		-0.30	
	横断形態 T_H	純盛		片切片盛・腹付	
		0.21		-0.16	
経験雨量条件	経験雨量 R_E	$P = -1.06 \times 10^{-10} R_E^2 + 5.50 \times 10^{-5} R_E - 2.96$			
防護工（効果率100％の場合）		防護工種類		効果点	
		プレキャスト格子枠		4.26	
		張ブロック		3.35	

界雨量曲線の考え方が杉山[7]によって提案されている。

この斜面評価手法では、表4.1-4に示すような斜面の構造条件、地盤条件、集水条件および経験雨量条件別に設定された評価点を用いて、$R^m \cdot r^n =$ 基本点 $+ \Sigma$ 評価点（ここで、R は連続雨量、r は時間雨量、m および n は斜面種別ごとの定数）で求められる限界雨量曲線を示す。この限界雨量曲線は、図4.1-9

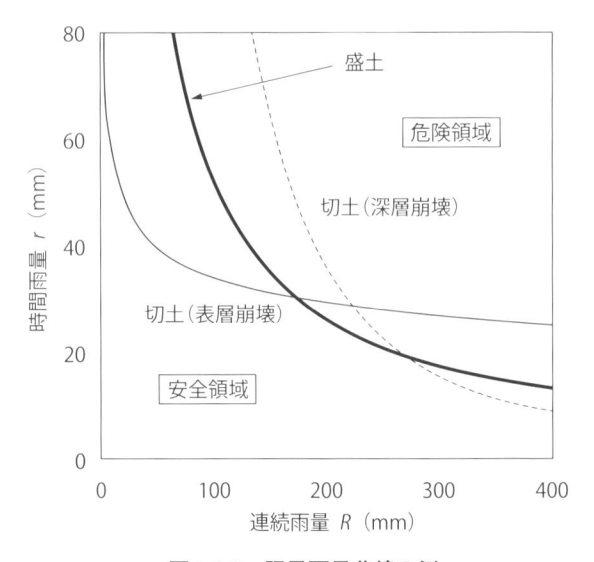

図4.1-9　限界雨量曲線の例

のように時間雨量および連続雨量を2つの軸としたグラフ上に示すことができ、評価対象斜面の降雨耐力を雨量として把握することができる。限界雨量曲線の決定に用いる評価点は、180件に及ぶ過去の崩壊事例をもとにして判別解析や数量化Ⅰ類解析といった統計解析によって求められている。

限界雨量曲線を斜面ごとに求めることで各斜面が有する安定度を相対的に求めることができる。また、限界雨量曲線は、時間雨量と連続雨量を2軸とするグラフ上に曲線として示すことができるため、従来用いられている降雨時の運転規制に対して斜面がどの程度の安定性を有しているかを直感的に把握できるという利点を有する。また、対策工の効果を限界雨量曲線上に表現することができ、運転規制値の向上のための検討にも利用することができる。

4.1.3　災害発生後の復旧

(1) 災害復旧の流れ

復旧に向けた取り組みは、おおむね図4.1-10に示すような流れで行われる。

4.1　降雨災害

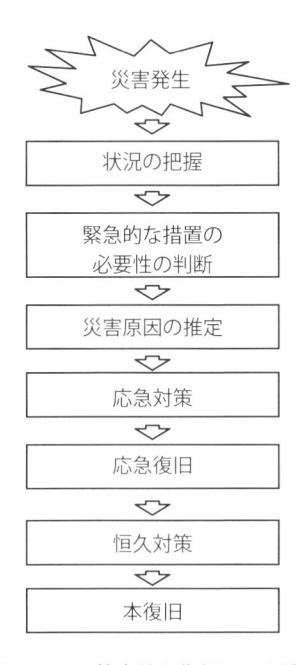

```
   災害発生
      ↓
   状況の把握
      ↓
  緊急的な措置の
  必要性の判断
      ↓
   災害原因の推定
      ↓
    応急対策
      ↓
    応急復旧
      ↓
    恒久対策
      ↓
     本復旧
```

図4.1-10　基本的な復旧までの流れ

1) 状況の把握

　復旧に当たっては、災害の発生原因を推定することが不可欠であり、そのためには現地の状況を的確に把握することが重要となる。また、現地で知ることのできる情報のほかに、地形・地質条件、災害発生時の気象状況、過去の災害発生歴や検査記録なども、原因推定のために有効な情報となる。

　また、周辺の道路状況や土地利用状況など、復旧工事に当たって制約となる施工条件を把握することも現地調査の重要な目的のひとつである。

2) 緊急的な措置の必要性の判断

　崩壊によってさらにその背後の地山が不安定化し、崩壊部が拡大する場合が間々ある。あるいは、最初の崩壊が後に続く大規模崩壊の前兆である場合もある。このような二次的崩壊による新たな被災を避けるために、崩壊箇所周辺の亀裂などの変状の有無を確認することがとても重要である。また、斜面の亀裂などの変状が発見された場合には可能な限り早期に測定を開始することが重要となる。この場合、緊急的な対応として図4.1-11のような木杭やぬき板を用

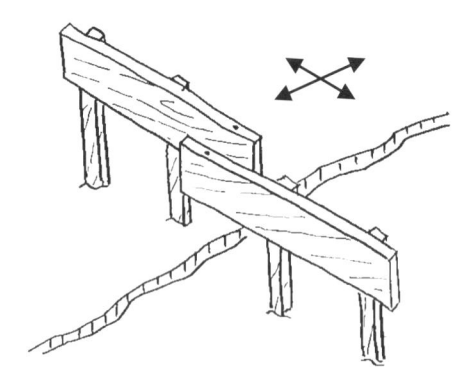

図4.1-11　亀裂の簡易な測定法

いた簡易な測定法で対応し、準備ができ次第観測態勢を順次整える。計測データは復旧対策の貴重な資料となるほか、復旧作業の中止や退避措置の発令にも使用される。

3) 災害原因の推定

現地踏査や資料調査によって把握した情報をもとにして、災害の原因を推定する。複数の原因が推定され、原因ごとに対策が大きく異なる場合など、必要に応じて、詳細な調査を追加して原因を絞り込む。調査結果や資料から得られるデータを整理し、災害発生原因を理論的に推定することが重要である。

4) 応急対策

斜面災害については、崩壊箇所そのものの安定化を図る対策工（発生源対策）が基本となる。ただし、発生源対策の施工には往々にして長い時間がかかる。そこで、仮設防護柵などの待ち受け対策と、崩壊検知センサーや速度規制などのソフト対策を組み合わせるなどして、短期間に実施可能な対策を行い、十分な安全性を確保したうえで仮に復旧させる。

5) 恒久対策

恒久対策では、推定された斜面の崩壊原因に応じた対策を実施し、要因を除去することを目的とする。恒久対策によって不安定要因が十分に除去されたと判断された場合、応急対策で施工された仮設の対策工や検知センサーの撤去、または徐行などの運転規制の解除が可能となる。また、災害の形態によっては、応急対策と恒久対策とが同時に施工される場合もある。

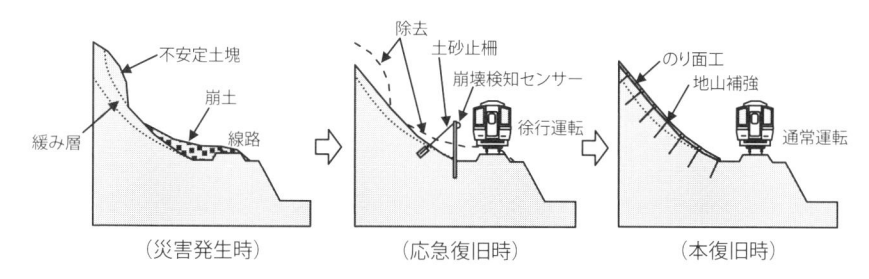

図4.1-12　応急復旧と本復旧の例

(2) 適切な対策の選定

　復旧は、被災箇所の安全性の回復度合いに応じて、応急復旧と本復旧との2つに分けられる。応急的なハード対策と崩壊センサーの仮設や徐行措置などのソフト対策を併用し、十分な安全を確保したうえで列車の運行を再開することを応急復旧と呼んでいる。また、災害前と同等か、あるいは災害前よりも高い安全性を確保した復旧状態を本復旧と呼んでいる。一般的に本復旧にかかる作業の方が応急復旧よりも長い施工時間を必要とするため、早期復旧が求められる鉄道にあっては、応急復旧で運行を再開させることを第一の目標として計画し、さらに対策を追加施工したうえで本復旧を行う場合が多い。

　例えば図4.1-12に示した斜面崩壊による土砂流入のような被災形態の場合、線路上に堆積した土砂を除去すれば列車の運行を再開することはできる。しかし、発生源に対策が施工されていない状態では、再び崩壊が発生し崩土が線路に到達する可能性が考えられる。そこで、一定量の崩土に対する土砂流入防止を目的とした土砂止柵を線路際に施工し、また予想を越える規模の崩壊が発生して土砂止柵が倒れ、崩土が線路に到達する場合を想定して崩壊検知センサーを設置し、このような場合でも列車を安全に停車できるように措置しておく。

　このような不測の事態に対する備えを講じたうえで、十分な安全が確保されたと判断されれば応急復旧として列車の運行再開を行う。この場合、応急復旧までの対策は、崩土および発生源の不安定箇所の除去、土砂止柵および崩壊検知センサーの設置であり、短時間で施工できる。この後、列車を運行させなが

らより詳細な調査を行い、これをもとに崩壊要因を除去するための崩壊発生源に対する補強対策を行うなど、恒久的な安定化対策（恒久対策と呼ぶ）を実施する。恒久対策が終了した後に土砂止柵および崩壊検知センサーを除去し、徐行を解除することで崩壊以前の運行状態に戻すことができ、本復旧が完了となる。

斜面災害の復旧に当たっては、必ず災害要因に応じた対策を施工する必要がある。例えば、豪雨時に発生した盛土の崩壊については、多くの場合、災害発生前の水の処理が適切であったかどうかが復旧対策のポイントとなる。したがって、盛土の復旧に当たっては、横断排水工の設置、排水ブランケットの設置や排水パイプの打設など、浸透水を積極的に処理する対策を講じるといった、不安定要因を排除するための対策を欠かすことはできない。また、状況に応じて盛土へ流入する表面水を遮断するための排水工などの検討も必要である。

このように、復旧に当たってはその災害を引き起こした原因を除去する対策を施工することが重要である。一方、当初推定した災害発生メカニズムが真のメカニズムと異なる可能性も考えられる。このような場合には対策工を施工しても十分な対策とはならず、再び斜面に変状が生じることが考えられる。したがって、対策が完了した時点で初回全般検査を実施し、その後の状態を監視して新たな変状などが生じていないことを確認する必要がある。対策後十分な効果が得られておらず、追加の対策を検討することが必要となった場合、上記の「3）災害原因の推定」で示したような理論的に推定されていない場合、追加対策の選定が困難となり、改めて調査・検討をし直す必要が生じ、本復旧までにさらに時間を要することとなる。

4.1.4　地すべりの調査

(1) 規模の概略的な把握

地すべりとは、比較的勾配の緩い斜面が広い範囲にわたって長期間継続的、または断続的にゆっくりと滑動する斜面崩壊を主に指す。このため、地すべり

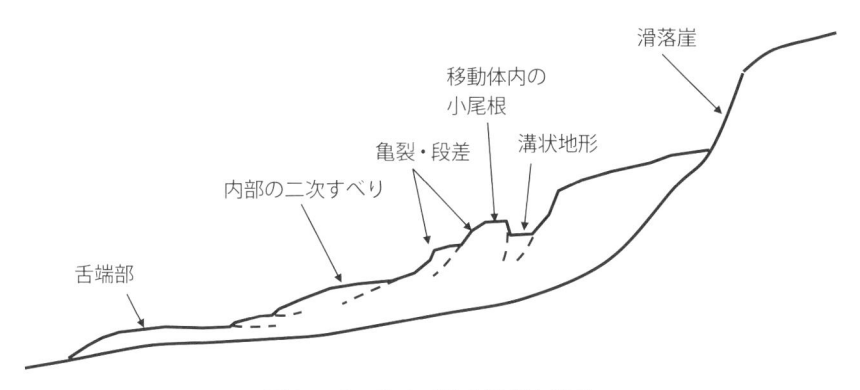

図4.1-13 地すべりの形態と変状

滑動の初期段階あるいは滑動再開の時点では、地盤が原形を維持したまま亀裂などの変状が拡大するという特徴的な挙動が確認される。図4.1-13に地すべりの一般的な形態を示したが、地すべりの初期にあってはこの図に示すような滑落崖や亀裂などが現れたり、あるいはもともとあった変状が新たに拡大したりといった変化が確認されることで、地すべりの滑動が認識されることになる。

　地すべりの滑動が疑われる変状が確認された場合、第一にその滑動範囲を概略的に把握することが必要となる。このためには現地踏査により、変状が発生している範囲を確認しなければならない。初めに確認された変状が、さらにその背後の大規模な地すべり土塊の滑動の前兆である場合が考えられるので、可能な限り広範囲に踏査を行う。また反対に、大規模な地すべり地帯の末端に新しい滑動が生じても、その滑動は限定的に生じたものである可能性もあり、踏査による地すべり規模の把握は重要である。

　ここで、広範囲の踏査を効率的に行うための有効な手段として、空中写真判読や既往資料の利用がある。調査対象域の航空写真が入手できる場合には、この写真から地すべりの特徴的な地形を読み取り、対象範囲に地すべり性の崩壊の有無を推定することができる。また、近年では、「地すべり地形分布図データベース[8]」が公開されており、これらの資料を用いることで踏査確認すべき範囲を概略的に把握することができ、調査計画に大きく役立つといえる。

　現地踏査では、上述した新しい亀裂や段差などの変状のほかに、立木の傾斜

や倒木などの樹木の荒廃状態、移動土塊内にある人工物の傾斜や倒壊、池の出現や規模の変化、表面水や湧水の状況などを確認する必要がある。これら踏査で把握した結果を地形図上に記入し、顕著に滑動している地すべり範囲を設定する。

(2) 観　測

1) 滑動状況監視のための観測

地すべりの滑動が疑われる変状が認められた場合、対策の検討を行うと当時に、対策工の施工中に地すべりの滑動が活発化して最終的な崩壊に至ることを想定した避難や退避の手順を検討しておく必要がある。そのために、地すべり土塊の移動量を観測し、その結果を列車の運転抑止や作業員の退避の手配につなげる必要がある。

地すべりの移動量の測定に当たっては、図4.1-14のような地表面伸縮計（地すべり計）を用いることが多い。伸縮計の記録部は記録ドラムやインバー線巻き取り部からなり、インバー線の引き出しに連動して記録ドラムが回転する構造となっている。亀裂を挟んだ地盤上に記録部とインバー線先端をそれぞ

図4.1-14　一般的な地すべり計

れ設置することで、両測定点の相対的な移動距離が測定・記録される。

このような地すべり計を複数箇所に設置して、地すべり土塊の移動量を測定し、地すべりの全体的な動きを把握する。地すべり計で得られる一般的な測定結果の概念図を図4.1-15に示す。長期にわたる地すべり滑動の場合、その変位挙動は滑動と停止を繰り返した後最終的な崩壊に至ることになる。同図は最終的な崩壊に至る前の段階での動きを切り取った測定結果である。滑動が始まり変位に顕著な増加が認められる段階を1次クリープ、その後一度変位の増加がやや落ち着いた段階を2次クリープ、急激な変位増加が発現される段階を3次クリープと呼んでいる。

このように、地すべり変位量の時間変化を適切に捉えることによって滑動状態がどの段階にあるのかを把握することができ、崩壊をある程度予想することができる。したがって、亀裂や段差などの地すべり性の変状を確認した場合には、可能な限り早く計測を開始することが極めて重要となる。一方、図4.1-14のような地すべり計を必要な数だけ緊急に準備するのには時間を要することが考えられる。そこで、変状の発見当初は簡易な方法（図4.1-11参照）によって測定を開始し、順次精度の高い測定装置に切り替えていく必要がある。

このようにして測定した変位の変化を用いて列車の運行や作業員の退避を行う。表4.1-5は国鉄時代に発生した地すべりに対してとられた滑動量に応じた

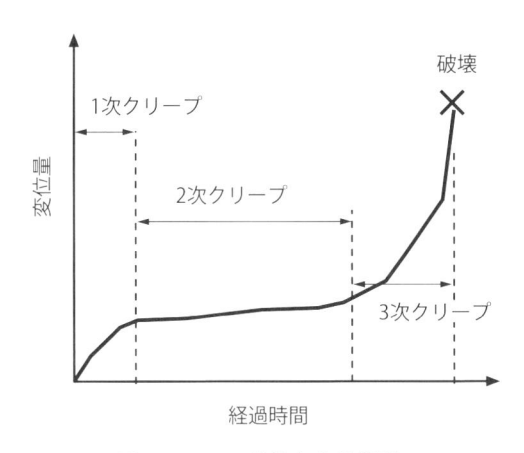

図4.1-15　一般的な変位挙動

表4.1-5 地すべりの変位速度と措置の例[9]

飯山線 高場山トンネル	運転停止：20mm/日または4mm/時以上の場合 　　　　　4mm/時で警報器鳴動 作業退避：60mm/日以上の場合または警報器鳴動3回/日
上越線 湯檜曽駅	運転停止：ベル鳴動間隔が10分以内(崩壊までの時間が2.5時間)となった場合
信越線 小諸・滋野間	立入禁止：No.4伸縮計が3mm/時を超えた場合、警報鳴動、ランプ点滅 常駐監視：5台のいずれかが5mm/時を超えた場合 運転停止：10mm/時になり1時間程度監視し、動きがさらに加速する場合、動きが同じまたは減速の場合は監視継続
山陰線 宇田郷・木与間	要 注 意：2.5mm/日を超えた場合 列車徐行：12mm/12時間を超えた場合 運転停止：10mm/時を超えた場合

措置の例である。また、表4.1-6は鉄道以外で用いられた管理基準の例である。

ここで留意すべき点は、時間単位、日単位、週単位といった数種類の期間を変えて措置に応じた変位量を規定していることである。ある限定した期間だけを取り出して変位量を評価するのではなく、一定の期間計測を継続し変位の傾向を把握する必要がある。また、3次クリープにある変位測定結果に斉藤の方法[10]を適用して崩壊時間をある程度の精度で予測することで、さらに詳細な対応に生かすことができる（第3章3.1.4参照）。

地すべりの挙動は画一的ではないため、過去の基準値の例を参考にしつつ、多面的な検討を行い、対象とする個々の地すべりの状況に応じた基準値を設定することが重要となる。

2) 対策工設計のための観測

地すべりの観測には、上述の地すべりの挙動を把握すること以外に、対策工の設計に資するデータを得ることを目的としたものもある。なかでも対策工の設計で特に重要な項目のひとつに地すべり面の位置の同定がある。地すべり面の位置はボーリング調査のみによって同定することは難しく、一般的には地盤内のひずみや変位を観測してその結果とボーリング調査結果とを合わせてすべり面の位置を推定する。すべり面位置の推定にはパイプひずみ計や孔内傾斜計などが用いられる。

表4.1-6 地すべりの管理基準の例(鉄道以外)[9]

	注　意	警　戒	避　難	立入禁止
1	―	4mm/h 20mm/D	―	―
2	1mm/D	10mm/D	2mm/h × 2h 4mm/h	10mm/h 専門家判断
3	1mm/D	10mm/D	4mm/h × 2h	―
4	1mm/D	10mm/D	2mm/h × 2h 4mm/h	―
5	1mm/D	10mm/D	2mm/h × 2h 4mm/h	―
6	1mm/D	10mm/D	2mm/h × 2h 4mm/h	―
7	1mm/D × 7D	12〜17mm/D	2mm/h × 2h 4mm/h	
8	1mm/D	10mm/D	2mm/h × 2h 4mm/h	―
9	―	―	2〜4mm/h	―
10	―	―	4mm/h	―
11	―	―	4mm/h	―
12	―	―	2mm/h	―
13	10mm/D	2mm/h	4mm/h	―
	―	4mm/h 20mm/D	―	―
	\multicolumn{4}{c}{対策施設施工中の施工管理基準値 作業中止－深礎工近辺の移動計で1mm/D}

図4.1-16にパイプひずみ計の構造を、また図4.1-17に測定結果の例を示す。パイプひずみ計は、表面にひずみゲージを張り付けた塩化ビニル管をボーリング孔内に設置し、地すべりの動きに伴って塩化ビニル管がたわんだ時のひずみ量をゲージで検出する計測器である。図4.1-16のようにパイプ表面に張り付けられた一対のひずみゲージによって張り付け位置のひずみ量を換算する。このようなひずみゲージを深さ方向に1〜2m間隔で張り付けて、各ゲージの

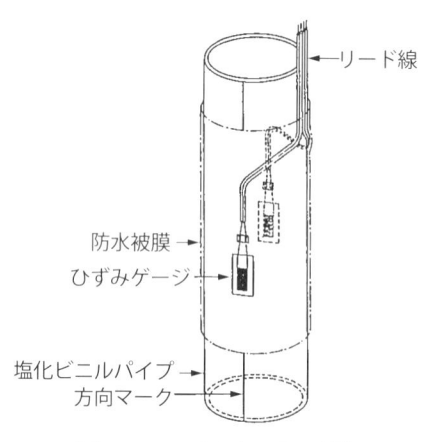

図4.1-16 パイプひずみ計[11]

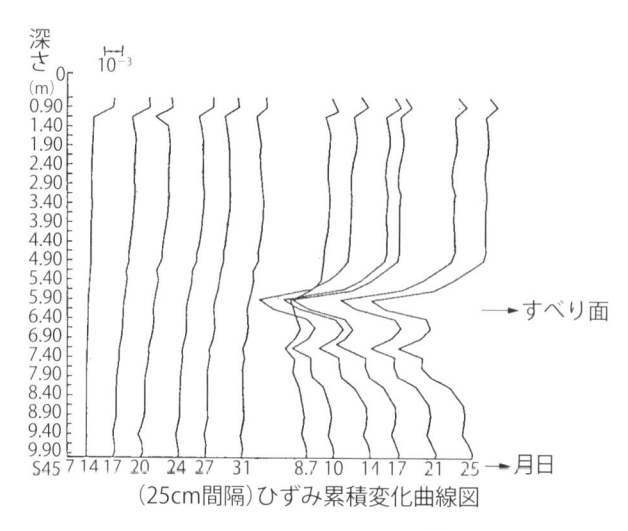

図4.1-17 計測結果の例[11]

　ひずみ量の経時変化を図4.1-17のようにとりまとめる。地すべり的な動きがある場合、ひずみが累積する箇所が時間の経過とともに顕著になり、すべり面の位置を同定することができる。

　パイプひずみ計は、計器自体が安価であり、また、地すべりによる微小な変位を検出できるなどの利点がある。その一方で、深くなると個々のゲージにつ

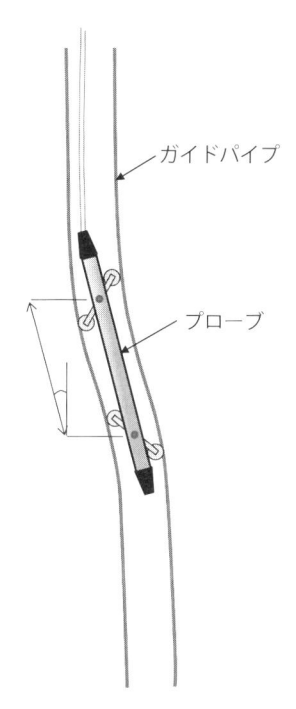

図4.1-18　挿入式孔内傾斜計

ながるリード線の量が多くなりボーリング孔に収めることが困難となるなど適用深度に限界がある。使用に当たっては、ボーリング孔との隙間をグラウトで十分に埋め地盤との追従性を高める必要がある。また、防水やリード線の断線対策などに留意する必要がある。

　パイプひずみ計と同様に実績の多い地すべり観測機器として挿入式孔内傾斜計がある。挿入式孔内傾斜計の概略図を図4.1-18に、測定データの概念図を図4.1-19に示す。挿入式傾斜計は、ボーリング孔内に設置したガイドパイプ内にプローブを挿入し、地すべりの動きにともなってガイドパイプに生じたたわみをプローブの傾斜センサーで検出し、地すべりの動きを測定する。

　挿入式孔内傾斜計はプローブのメンテナンスが可能なことから、長期間にわたって精度の高い測定が可能となる。したがって、少ない移動量が長期間にわたり継続するような地すべりの計測に適している。

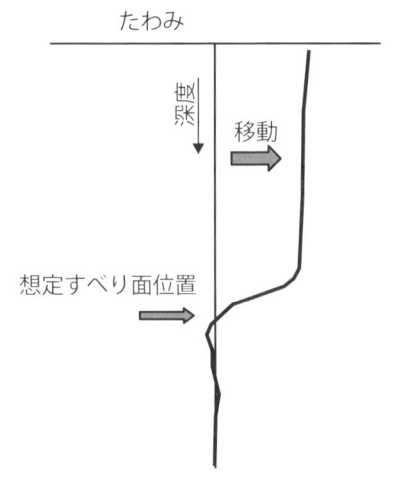

図4.1-19　孔内傾斜計

　一方、プローブの長さは50cm程度あり、地すべりに大きな変位が生じた場合にすべり面付近の屈曲部でプローブの挿入が困難となり測定不能になる。このため、大きな変位が想定される場合には途中で測定不能になる可能性がある。

(3) 地すべり対策

　地すべり対策には、滑動の原因となっている応力を減じることを目的とした対策と、原因となっている応力に抵抗する力を増加させることを目的とした対策の2種類がある。前者を抑制工、後者を抑止工と呼んでいる。表4.1-7に一般的な抑制工および抑止工の例を示す。

1) 排土工

　地すべりの推力を減じることを目的として地すべり頭部の土塊を排除する工法（図4.1-20）。確実性が高い。

2) 押え盛土工

　地すべりの抵抗力を増加することを目的として地すべり先端部に盛土を施工する工法（図4.1-21）。確実性が高い。

表4.1-7　一般的な地すべり対策工の例

抑制工	・排土工、押え盛土工 ・河川構造物（砂防ダム、床固め、護岸、水制工） ・地表水排除工（地表水路工、漏水防止工） ・浅層地下水排除工（暗渠工、横ボーリング工） ・深層地下水排除工（横ボーリング工、排水井工、排水トンネル） ・地下水遮断工
抑止工	・擁壁工 ・杭工 ・シャフト工 ・アンカー工

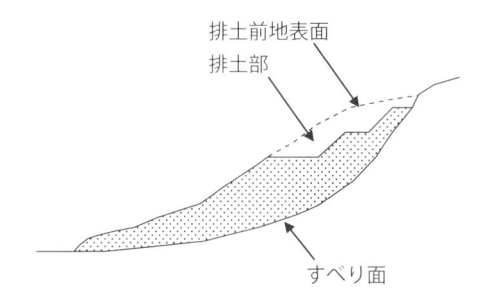

図4.1-20　排土工

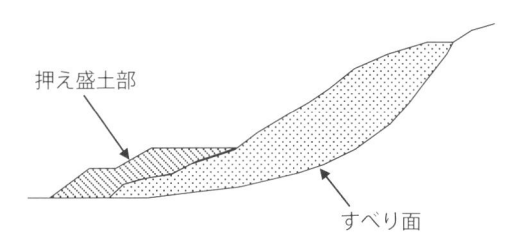

図4.1-21　押え盛土工

3) 河川構造物

　地すべりは、その末端が河川の侵食によって滑動することがしばしばある。このような場合、護岸工や水制工などの河川構造物を施工することで地すべり対策とする。また、地すべり先端が渓流にある場合などは砂防ダムを設置してその堆砂物の重量で滑動に対する抵抗力を得ることがある。

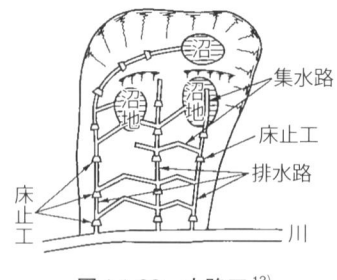

図4.1-22　水路工[12]

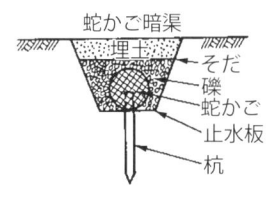

図4.1-23　暗渠排水[12]

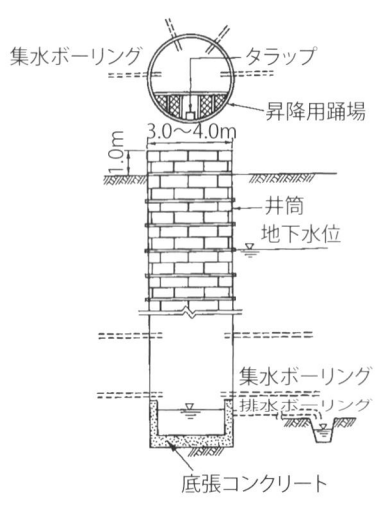

図4.1-24　集水井工[12]

4) 地表排水工

　水路工などの地表排水工は、降水や融雪水などの表面水が地表面から地盤内へ浸透する前に排水させることを目的とした排水路である（図4.1-22）。表面水を面的に捉えるように地すべり地内に矢羽状に水路を配置する。

5) 地下水排除工

　暗渠工などの浅い地盤内の地下水を排水することを目的としたものと、集水井工などの比較的深い地盤内の地下水位を排水するための工法とに分けられる。

　暗渠工は地表面を掘削して蛇かごや多孔質コンクリート管などを埋設し、表層部の地下水を排水する（図4.1-23）。

　集水井は規模の大きい地すべりに対して行われることが多く、鉛直の井戸を掘削した後に、そのなかから水平方向にボーリングを実施し、そのボーリング孔からの排水を井戸に集めたうえで地すべりの外部へ排水する対策である（図4.1-24）。

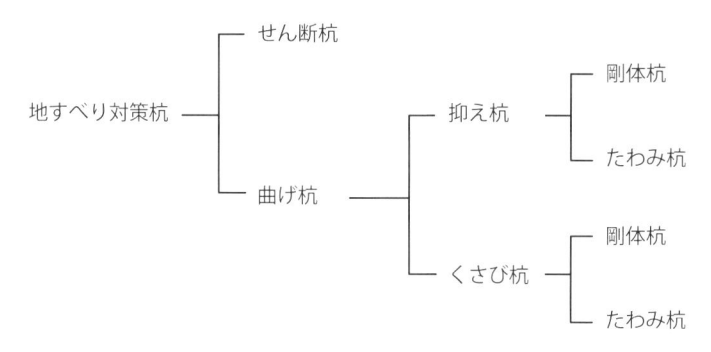

図4.1-25　杭工の種類

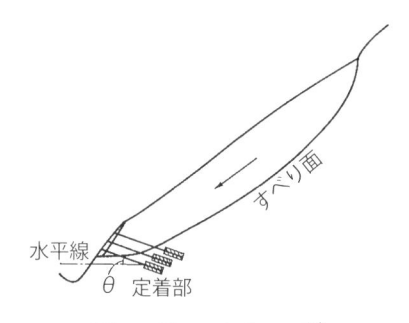

図4.1-26　アンカー工[12]

6) 杭工

杭工は、杭が有するせん断強度やくさびとしての機能を期待する地すべり抑止対策である。杭工は杭背面の地盤反力が期待できる場合にせん断杭、地盤反力が期待できない場合に曲げ杭として設計される。また、曲げ杭は抑え杭とくさび杭に分けられる。抑え杭は地すべりの移動層を抑える杭として、またくさび杭は移動層と不動層の間にくさびとして機能することを期待して設計する杭である。さらに、くさび杭はその剛性によって剛体杭とたわみ杭とに分けられる。シャフト工などの直径に対して短い杭は剛性が高いため剛体杭に分類され、それ以外の長い杭はたわみを考慮した杭として設計される（図4.1-25）。

7) アンカー工

アンカー工は、地すべり移動土塊にグラウンドアンカーを打設して不動層に移動土塊を固定し、移動層を引き留めることを期待した工法である（図4.1-

26)。杭工の頭部にアンカーを連結して用いられることもある。また、地下水排除工と組み合わせることで、杭の規模の低減を図ることもある。

【参考文献】
1) 公益財団法人鉄道総合技術研究所鉄道技術推進センター：事故に学ぶ鉄道技術（災害編）、公益財団法人鉄道総合技術研究所鉄道技術推進センター、2012
2) 気象庁ホームページ：http://www.jma.go.jp/jma/kishou/know/kurashi/kaiseki.html
3) 近藤拓也、今井卓也、杉山友康、太田直之：連続雨量による運転規制の解除指標の検討について、JREA、Vol.46、No.6、2003
4) 島村誠：実効雨量を用いた降雨警報の有効性の検証、JR EAST Technical Review、No.3、pp.45-48
5) 日本鉄道施設協会：土木建造物取替の考え方、1974
6) 財団法人鉄道総合技術研究所：鉄道構造物等維持管理標準・同解説（構造物編）土構造物（盛土・切土）、丸善、133p.、2007
7) 杉山友康：降雨時の鉄道斜面災害防止のための危険度評価手法に関する研究、鉄道総研報告、Vol.19、No.5、1997
8) 防災科学技術研究所ホームページ：http://lsweb1.ess.bosai.go.jp/
9) 日本鉄道施設協会：鉄道土木構造物の維持管理、1998
10) 斉藤迪孝：斜面崩壊発生時期の予知に関する研究、鉄道技術研究報告、No.626、1970
11) 斜面防災対策技術協会：地すべり観測便覧、ニッセイエブロ、1996
12) 砂防学会：砂防学講座第7巻-1 土砂災害対策、山海堂、1992

4.2 風化による災害

4.2.1 風化と斜面災害

(1) 風化とは

斜面災害のうち、岩盤崩壊、落石はほかの斜面災害と比べて降雨などの外力との関係が明確ではなく、風化という作用が大きくかかわっている。第1章1.2でも簡単に触れたが、ここでは風化作用について少し詳しく説明する。

風化とは地表や地表近くで岩石がもろくなる現象で、岩石が砕片化する風化（物理的風化）と岩石が化学的に変化して粘土化する風化（化学的風化）に大

4.2 風化による災害

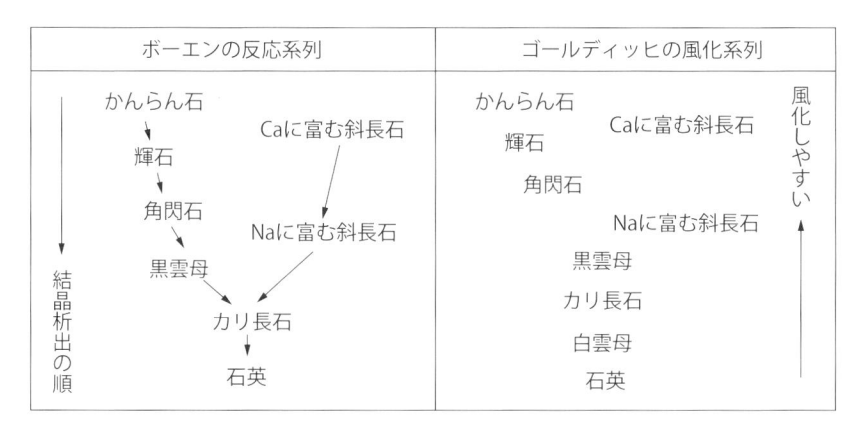

ボーエンの反応系列	ゴールディッヒの風化系列
かんらん石 → 輝石 → 角閃石 → 黒雲母 → カリ長石 → 石英 Caに富む斜長石 → Naに富む斜長石 （結晶析出の順）	かんらん石 輝石 角閃石 Caに富む斜長石 Naに富む斜長石 黒雲母 カリ長石 白雲母 石英 （風化しやすい）

図 4.2-1　ゴールディッヒの風化系列[1]

別される。このほかに生物が関係する風化もある。物理的風化は主に岩石が温度変化による膨張、収縮により岩石自体が破壊される現象である。化学的風化とは岩石が水や空気と接触することでこれを構成する鉱物が化学的に変化する現象で、この過程のなかである成分が溶け出していく。化学的風化のしやすさは、岩石を構成する鉱物の種類によって異なる（図 4.2-1）。

斜面の表層は表層土で覆われているが、その下には地山と呼ばれる岩盤が分布している（図 4.2-2）。この岩盤が直接斜面に出ていると露岩と呼ばれ、露岩が広範囲にあると岩盤斜面や岩石斜面と呼ばれる。

岩盤は岩石と割れ目から構成されている（図 4.2-3）。岩石はその成因により岩石を構成する鉱物の種類やそれらの量が異なっており、また造られた時代により硬さ（固結の程度）が異なるため、風化に対する抵抗性が異なる。割れ目は、岩盤中では力学的な不連続面を形成するもので、「節理、亀裂などの岩石の力学的な連続性を絶つ面で、引張り強さがゼロないし極めて小さい力学的な弱面」と定義されている[2]。この割れ目を通って水や空気が岩盤内に入ることで、割れ目に沿って先ほど述べた化学的風化により岩石が劣化したり、物理的風化により割れ目が進展したりする（図 4.2-4）。

このような風化によって、長い時間をかけて斜面表層の地山の強度が徐々に低下し、不安定な状態が形成される。

第 4 章 鉄道における自然災害の対策

図4.2-2 斜面崩壊の跡（表土の下に風化した岩盤が分布している）

図4.2-3 岩盤斜面の例

4.2 風化による災害

■ 花崗岩を例とした風化区分

風化区分 (分帯)	模式柱状図	風化の特徴	岩盤分類
表土		完全にマサ状になっている。	
強風化帯		一線に風化して砂状を呈し岩塊残らず原岩の割れ目、節理などの構造はほとんど消滅している。長石は変質して粘土化しており固結度は弱くなっていて、もろい。	D
		一様な風化ではなく岩石全体としてかなり風化しているが、特に割れ目沿いの風化が著しく、所々に岩塊が残る。ハンマーでたたくとほとんど砂状となってくずれおちる。	C_L
弱風化帯		割れ目沿いに褐色化。粘土化がかなり幅広く認められる程度に風化が進行しているが、岩石内部には未だ新鮮堅硬な岩塊が存在している。割れ目の卓越したものも含む。	C_M
漸移帯		割れ目沿いの幅せまい風化。割れ目沿いの風化部分を除けば新鮮な岩塊からなる。ハンマーで軽打したくらいでは割れない。黒雲母の周辺に鉄さび色のクマが生じている。	C_H
未風化帯		割れ目沿いの風化微弱。割れ目沿いにやや風化が認められるが全般的に新鮮堅硬である。	B
		割れ目沿いの風化もほとんどない。	A

図4.2-4 岩盤中の割れ目と風化の模式図[3]

(2) 風化と斜面災害

　斜面表層の崩壊は土壌や岩盤の最も地表に近い、風化し土砂化した範囲が崩壊する現象である。また、地質学上、比較的新しい時代（第四紀など）に堆積した砂岩、泥岩などの堆積岩や火砕岩類が分布する地域では風化による地山の強度低下が速く進行し、斜面表層の崩壊が発生しやすくなる。

　斜面表層の崩壊は一般に規模はそれほど大きくはないが頻度が多い。崩壊した土砂は斜面下方へ移動し、渓流であれば渓床に堆積することになる。渓床に堆積した土砂が大雨の時に一気に下流へ押し出されると土石流となる。岩盤の風化が深部まで達していたりすると地すべり（風化岩地すべり）が生じること

もある。表層崩壊、土石流、風化岩地すべりは降雨を誘因とする場合が多い斜面災害の形態である。

一方、降雨との関連性が低い斜面災害としては岩盤崩壊や落石（特に剥落型の落石）がある。これらは岩盤中の割れ目の分布（方向や数、連続性）やそれらの風化の影響を強く受ける（図4.2-3、図4.2-4参照）。

(3) 斜面災害の対策

斜面災害の対策を、それを実施する位置で分けると、崩壊や落石が発生した箇所もしくはその恐れがある箇所において斜面の安定性を確保するための発生源対策（予防工）、崩壊や落石が発生した場合に守るべき施設に崩壊した土砂や落石が到達しないようにする斜面途中での対策や線路際での対策（防護工）がある。実施する工法は災害の形態や規模により異なる。

斜面災害の対策を効果的かつ効率的に行うためには、災害の形態、その範囲、危険性などを適切に判断することがまず重要である。そこで次項では、最初に斜面の調査・評価方法の概要を説明した後、風化とかかわりの深い災害形態ごとに調査方法を概説する。

4.2.2 斜面の調査・評価法

(1) 調査の目的と方法

ここでは、斜面の調査についてその目的から大きく2つに分けて紹介する。

1つ目の目的は、広い範囲から不安定な斜面を抽出することである。近年、ゲリラ豪雨などのように雨の降り方が大きく変化してきているといわれている。それにともない、例えば、2012年7月九州北部豪雨災害[4),5),6)]や2013年7月28日の島根県と山口県の豪雨[7),8)]など（第3章3.1.1参照）のように、線路などの守るべき施設から離れた位置にある斜面や渓流で発生した崩壊などによる被災事例が増えている。また、2006年11月にJR津山線で発生した落石のように、線路からおよそ200m離れた位置で発生した落石が線路を支障するような場合もある（第3章3.2.2参照）[9)]。そのため、線形構造物である鉄道沿線の広い

範囲の中から不安定な斜面や露岩を抽出し、その危険性を評価することは重要である。広い範囲から効率よく不安定な斜面を抽出する必要があることから、地形や地質の調査や、行政から発行されているハザードマップ、既往の文献などの調査が大切である。

調査の目的の2つ目は、個々の斜面において想定される災害形態、その規模、不安定性を評価することである。1つ目の目的の調査で抽出した斜面が対象となるが、災害発生後の原因究明や対策工選定などのための斜面調査もこれに入る。具体的な調査の内容は災害の形態により異なる。

落石対策技術マニュアル[10]のなかでは、これらの調査の流れを「概略調査と一次評価の段階」、「詳細調査と二次評価の段階」、「対策工調査と効果確認の段階」の順に示している。「概略調査と一次評価の段階」が前述の1つ目の目的の調査に、「詳細調査と二次評価の段階」が2つ目の目的の調査に該当する。概略調査の目的は「広域的な情報収集に基づく対象路線区間での詳細調査対象箇所の抽出と確認」であり、また詳細調査の目的は「詳細な斜面状況把握に基づく危険箇所と特殊条件の抽出および斜面の状態変化の有無の確認」である。なお、同マニュアルのなかには「対策工調査と効果確認の段階」というものがある。対策工調査の目的は、「既設落石対策設備・構造物の機能と効果の確認」であり、他の災害形態でも対策工の有無や機能の確認は斜面災害を防止するうえでは大変重要な調査のひとつである。これは構造物の維持管理段階では特に重要な調査であり、鉄道では構造物の維持管理を第4章4.1.2で述べた「鉄道構造物等維持管理標準」に則り行っている[11]。

(2) 風化が大きく関係する災害形態に関する調査

先にも述べたが、岩盤崩壊、落石はほかの斜面災害と比べて降雨などの外力との関係が明確ではなく、風化という作用が大きくかかわっている。ここでは、それらの調査方法について述べる。

前述したように落石は地形、地質、気象条件などの多くの要因が複雑に関与することから、その発生機構は未解明な部分が多い災害形態のひとつである。鉄道沿線でも毎年数十件の落石が発生しており、事業者は落石災害を防止するために斜面管理図などに記載された情報をもとに目視などによる定期的な点検

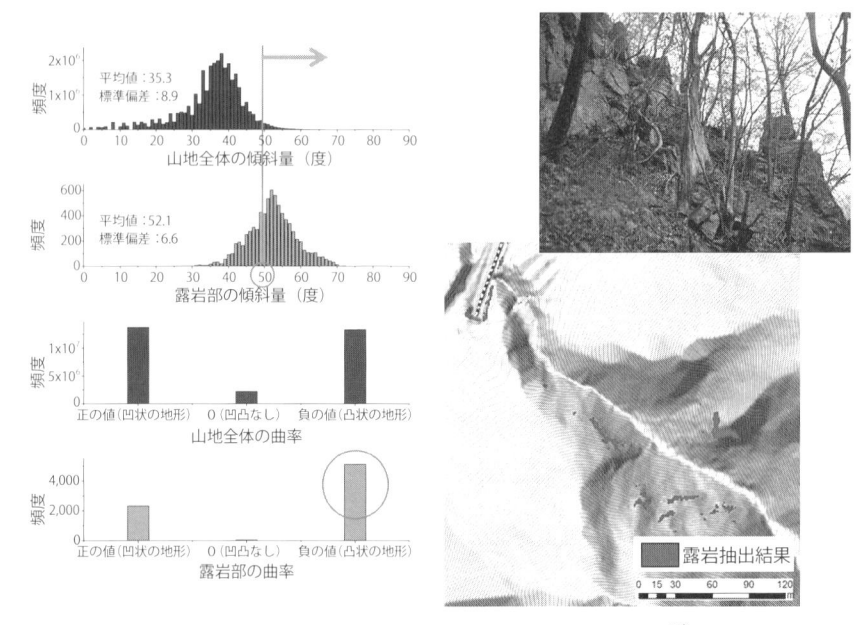

図4.2-5 数値標高モデルによる露岩の抽出結果例[12]

を行い、その結果に応じて危険度を判定し、種々の対策を実施している。しかし、落石の安定性の判定や対策工の選定は専門技術者の定性的な判断による場合が多い。落石は大きく剥落型と転落型に分けられ、このうち、剥落型落石は主に岩盤中に分布する割れ目が伸展したり、割れ目を含まない岩盤中に新たに割れ目が形成されたりすることで不安定化し、岩塊が岩盤斜面から剥落する現象である。

1) 航空レーザー測量による落石発生源抽出法

斜面防災を考えるうえでは、線路に影響しそうな斜面のなかから、このような災害の素因となる露岩や岩盤斜面を抽出することがまず必要となる。線形構造物である鉄道では、線路に影響する斜面はとても広い範囲となるため、これらをすべて目視により調査するのは困難である。また既存の地形図や地質図のみでは十分に判読できない場合もある。

近年の航空レーザー計測技術の発展により格子点間隔が1m以下の細密かつ高精度な数値標高モデル（DEM）が作成されるようになり、地表面の詳細な

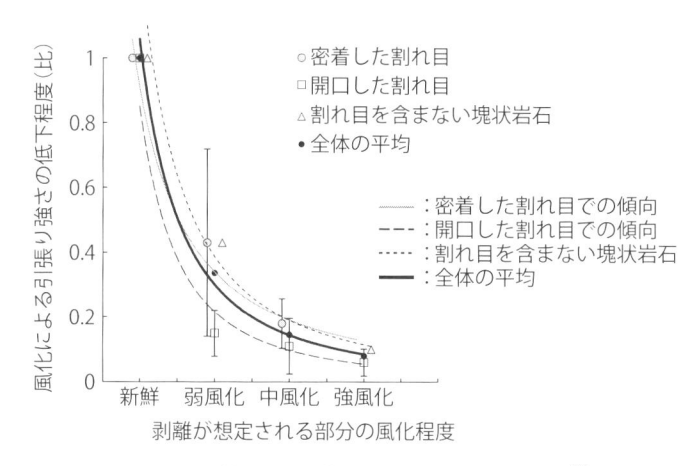

図4.2-6　割れ目の風化程度と引張り強さの関係[15]

形状を定量的に表現することができるようになった。これらのことから、DEMから斜面の傾斜と曲率などを算出し、これらの条件の論理積から落石発生源となる露岩を抽出する手法が提案されている（図4.2-5）[12]。

2) 割れ目の風化と引張り強さ

1) などの方法で抽出した斜面について、災害形態やその規模、危険性を判断し、必要な対策工の種類、実施箇所や範囲、必要な耐力を明らかにする必要がある。その際の調査の着目点で特に重要となるのが割れ目の分布（方向や数、連続性）、割れ目の開き具合（以下、「割れ目の幅」という）、そして岩石自体や割れ目に沿った部分の風化の程度である。割れ目の分布は岩盤表面では観察できるが、割れ目の奥がどうなっているのかは、専門的な知識が必要である。また風化の程度は定量化が難しく、特に専門技術者の判断が必要な調査項目のひとつである。

岩塊が岩盤から剥離する剥離面の引張り強さが岩塊の安定性の指標のひとつとなると考えられている[13),14),15]。図4.2-6に風化による引張り強さの低下の程度に関する試験結果の例を示す。同図から、風化による強度低下が大きいことがわかる。

専門技術者は風化の程度や岩石ハンマーで打撃した際に発する音や振動を感覚で捉え、岩塊や斜面の安定性を判断し、ボーリング調査や計測、物理探査な

どを用いたより詳細な調査が必要な斜面を絞り込んでいる。しかし、実際の現場には必ずしも専門技術者がいるわけではないので、より効率的に検査や対策工の選定を実施するために、現場技術者が実施可能な落石安定性評価手法の確立が求められている。

3) CPCを考慮した岩石斜面の安定性評価手法[11),16)]

落石から1,000 m³程度までの岩盤崩壊を主な対象とし、既往の安定性評価手法ならびに実際の災害から抽出した素因の分析から、「決定的素因（CPC：Critical Primary Cause）による評価等を含む現在の不安定性」と「将来の不安定性」を分けて、発生源となる斜面の安定性を評価する手法が提案されている。この手法では、「剥落型落石・岩石崩壊（岩盤崩壊）」（図4.2-7）と「転落型落石」とに分けて評価する。それぞれの評価項目は現地において目視で確認できる内容を用い、その程度や状態によって判別、点数化をしている。そのため、通常の検査時に用いることができる簡便な方法といえる。また、危険度として各斜面を区分することができることから、不安定斜面の抽出や経時的な斜面の安定性の変化を知ることができる手法といえる。

4) 振動測定による岩塊の安定性評価

岩塊は不安定化すると、その振動は大きくなると推定される。そこで、振動計測による安定性評価が従来から研究、検討されている[17),18)]。鉄道においても転落型落石を対象に、岩塊に設置した加速計による振動計測により転石の安定性評価やモニタリングを行う技術が開発されている[19)]。

これらの手法では、振動は対象岩塊に接着させた振動計により計測しているため、対象岩塊まで接近する必要があり、高所や危険箇所など接近が困難な岩塊には適用が難しい場合がある。そこで、非接触で振動を測定できるレーザードップラー速度計に改良を施した非接触振動計測システム（Uドップラー）を用いた岩盤斜面の調査法[20)]（図4.2-8）が提案されている。この手法では、測定した岩塊の振動の卓越周波数と岩塊の転倒モーメントと抵抗モーメントの比である転倒安全率を用いて対象岩塊の安定性を評価している。また、定期的に対象岩塊の周波数測定を行い、ノモグラムに照合することで、岩塊の不安定化の進行を定量的に把握することが可能と考えられる。

4.2 風化による災害

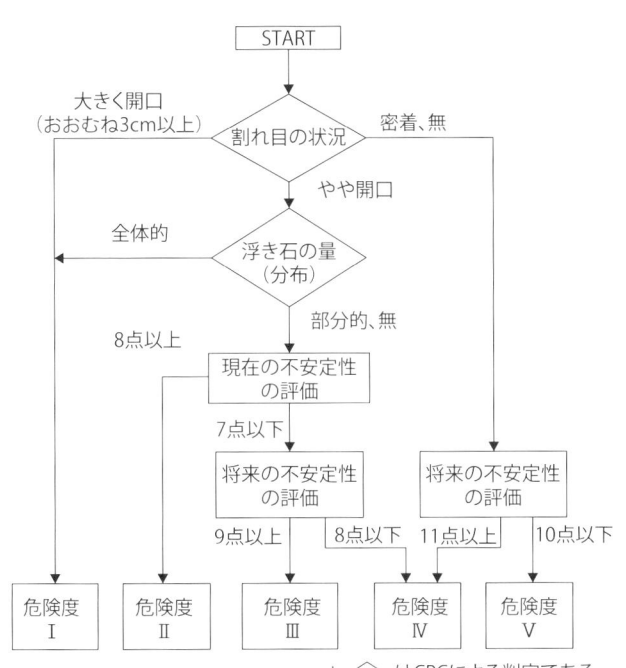

```
                    START
                      │
          大きく開口    ▼       密着、無
     ┌──(おおむね3cm以上)─ 割れ目の状況 ──────┐
     │                    │                │
     │              やや開口│                │
     │                    ▼                │
     │      全体的   浮き石の量              │
     │   ┌──────────  (分布)                │
     │   │                │                │
     │   │          部分的、無│              │
     │   │                ▼                │
     │   │          現在の不安定性           │
     │   │    ┌──── の評価                  │
     │   │    │          │                │
     │   │ 8点以上     7点以下│              │
     │   │    │          ▼                ▼
     │   │    │     将来の不安定性      将来の不安定性
     │   │    │       の評価             の評価
     │   │    │    ┌────┴────┐       ┌────┴────┐
     │   │    │  9点以上  8点以下   11点以上  10点以下
     ▼   ▼    ▼    ▼       ▼         ▼        ▼
   危険度 危険度 危険度 危険度    危険度    危険度
    Ⅰ    Ⅱ    Ⅱ    Ⅲ        Ⅳ       Ⅴ
```

* ◇ はCPCによる判定である。

[現在の不安定性]

評価項目	評価点		
斜面勾配G	$G>70°$ 2	$70°≧G>45°$ 1	$45°≧G$ 0
風化度	Ⅱ 2	Ⅰ・Ⅲ 1	Ⅳ 0
割れ目の性状	ブロック状 2	板状 1	サイコロ状 0
割れ目の方向性	流れ盤 2	受け盤 1	ほぼ水平 0
不安定地形等	有 2		無 0
崩壊歴の有無	有 2	不明 1	無 0

[将来の不安定性]

評価項目	評価点		
斜面型	尾根型 2	直線 1	谷型 0
斜面の高さH	$H>20m$ 2	$20m≧H>10m$ 1	$10m≧H$ 0
風化度	Ⅱ 2	Ⅰ・Ⅲ 1	Ⅳ 0
割れ目の多寡	多 2	中 1	少 0
集水条件・湧水	湧水あり 集中地形	流入地形	非流入 地形
立木・植生	裸地 4	草本 2	木本 0
不安定地形等	有 2		無 0
崩壊歴の有無	有 2	不明 1	無 0
気象条件	寒冷地 2		温暖地 0

図4.2-7　発生源での斜面の安定性評価手法（剥落型落石・岩石崩壊用）[11]

図4.2-8　Uドップラーでの計測風景
（公益財団法人鉄道総合技術研究所　上半文昭氏提供）

5) 打音測定による岩塊の安定性評価

　剥落型落石の発生源となる岩盤斜面中の岩塊の不安定さを確認する方法のひとつに、岩石ハンマーなどによる打撃音をもとにした定性的な評価方法がある。これは、不安定な岩塊ほどハンマー打撃時に振動することや風化した岩塊ほど鈍い音を発することなどの特徴から評価する方法である。一方、打撃による固有振動数が対象物の縦波共振（厚さ）を反映していることが明らかにされており、この知見に基づきハンマーなどの打撃音によるコンクリート構造物の健全度の評価が実用化されている[21]。この特徴を利用して、岩塊を打撃した時の岩塊の振動を音圧として測定し、得られた波形（音圧波形）の解析結果から岩塊の安定性を評価する方法が提案されている（図4.2-9）[15],[22]。

　この手法の利用方法としては、複数の岩塊の安定性を比較することで不安定岩塊を抽出することや、同一の岩塊の経時的な安定性の変化を調べるといったモニタリングに利用することなどが考えられる。

4.2.3　風化による災害への対策

　落石や岩盤斜面の崩壊などが発生した場合の対処は、第4章4.1.3で述べた降雨災害の発生後の流れと基本的には同様である。ここでは、落石や岩盤斜面の

図4.2-9 測定風景

崩壊を防ぐための対策工の選定の考え方やその代表的な例を示す。

風化による災害の対策は、ほかの原因を主とする災害と同様に発生源での対策が基本となる。実施する対策は災害の形態により異なるが、目的により大きく分けると、以下のようになる。

- 素因の除去：切土などにより、不安定な岩塊や土塊を除去する。また、切土することにより斜面の勾配を緩くし、安定性を確保する。
- 風化の抑制：風化を現状以上に進めないようにする。
- 構造物による安定性の確保：不安定な岩塊や土塊を構造物で覆う、補強するなどし、斜面の安全率を上げる。

通常は上記の対策を組み合わせて、斜面の状態、守るべき施設の状況、経済性、対策完了までの時間、そして保守性などの様々な要素を考慮して対策を選定、実施する。

(1) 発生源対策(予防工)

発生源における斜面の対策工については、様々な指針や解説本が出版されている。ここでは、「鉄道構造物等設計標準・同解説　土構造物」(以下、「設計標準」と呼ぶ)[23]に示されているのり面工の選定の考え方について紹介する。

第 4 章　鉄道における自然災害の対策

表 4.2-1　切土のり面工の性能レベル別に必要な機能[23]

要性性能	機　　能	作　　用	のり面工の性能レベル Ⅰ	Ⅱ	Ⅲ
安全性	表層の侵食防止	気象作用（降雨）	◎	◎	◎
	表層の崩落・剥落の防止	気象作用（降雨）、地震	◎	○	○
	風化の進行防止	気象作用	◎	○	△
	湧水による土砂流失の防止	地下水浸透作用	◎	○	△
使用性	保守性	植生の状態	◎	○	△
	環境保全	植生の状態、のり面の景観	△	△	△

◎：必ず必要　○：できれば必要　△：必要に応じて考慮

　設計標準では、のり面工の種類を「切土の性能ランク」と「のり面工の性能レベル」を掛け合わせて選定する。
　性能ランクはⅠ～Ⅲに分けられており、それらは以下のとおりである。
・性能ランクⅠ：常時においては小さな変形であり、極めて希な偶発作用に対しても過大な変形が生じない程度の性能を有する土構造物
・性能ランクⅡ：常時においては通常の保守で対応出来る程度の変形は生じるが、極めて希な偶発作用に対しても壊滅的な破壊に至らない程度の性能を有する土構造物
・性能ランクⅢ：常時においての変形は許容するが、比較的しばしば生じる作用に対しては破壊しない程度の性能を有する土構造物
　一方、「性能レベル」は表 4.2-1 のように機能ごとに定められている。
　例えば、新幹線だと斜面に求められる性能ランクはⅠ、のり面工に求められる性能レベルはⅠが基本となり、それに適した種類やグレードののり面工が必要となる。切土のり面に対する主なのり面工の種類と機能を表 4.2-2 に示す。
　また、落石における対策工の種類、適用性に関してまとめたものを表 4.2-3 に示す[10]。同表中の「落石予防工」が発生源対策に相当し、「落石防護工」は後述する線路際対策に相当する。代表的な発生源対策例を図 4.2-10, 図 4.2-11 に示す。

表4.2-2 主な切土のり面工の種類と機能[23)]

主な のり面工の例	遮水	表層の 侵食防止	風化の 進行防止	表層の崩 落・剥落 防止	湧水によ る土砂流 出防止	緑化によ る環境保 全
張ブロック工	◎	◎	◎	―	―	―
プレキャスト格子枠工	―	○	○	○	◎[*1]	◎[*2]
場所打ち格子枠工	―	○	○	○	◎[*1]	◎[*2]
吹付枠工	―	○	○	○	◎[*1]	◎[*2]
張コンクリート工	◎	◎	◎	○	―	―
遮水防草シート	◎	◎	○	―	―	○
モルタル吹付工	◎	◎	◎	○	―	―
コンクリート吹付工	◎	◎	◎	○	―	―
植生工	―	○	―	―	―	◎

◎：高い機能を有する　＊1 枠内は栗石工で防護
○：機能を有する　　　＊2 枠内は植生工で防護
―：機能を有しない

(2) 線路際対策(防護工)

　発生源から線路に至る間、もしくは線路直近に設け、発生源から落下した岩塊や土砂などから線路を守るための施設を線路際対策工（防護工）と呼ぶ。第4章4.2.1で触れたように斜面対策は発生源対策が基本となるが、発生源の状況や災害の発生可能性、対策工を設置する上での施工性、維持管理を含めた経済性などを考慮し、線路際対策を発生源対策や通常の検査と組み合わせて考える場合がある。落石の場合は落石止柵（図4.2-12）や落石防止網（図4.2-13）などがある。落石止柵は落石の落下経路を考慮して斜面中に多段に設けたり、それぞれをオーバーラップしたりして設置するなどし、確実に捕捉できるようにすることが必要である。また、線路を覆う覆工（図4.2-14）といったものもある。

表4.2-3 落石対策工の適用に関する表[10]

工法	特徴	対策工の効果: 風化浸食防止	発生防止	方向変更	エネルギー吸収	衝撃に抵抗	雪崩防止兼用	耐久性	維持管理	施工の難易	信頼性	経済性
適用性 ◎		非常によい						非常によい	手がからない	容易	非常によい	安い
適用性 ○		よい						よい	やや手がかかる	やや容易	よい	場合による
適用性 △								落石で破損	手がかかる	難しい		高い
落石予防工	斜面切取		◎					◎	○	△	◎	○
	浮き石整理		◎					○	○	△	○	○
	根固め工	○	◎					◎	◎	○	○	○
	ロックアンカー		◎					◎	◎	○	◎	○
	表面被覆	◎	○					○	○	○	○	○
	ワイヤーロープ掛工		◎					○	○	○	○	○
落石防護工	落石防止林	◎			◎	○	◎	○	△	◎	○	◎
	多段式落石止柵				◎	◎	◎	△	△	○	○	○
	落石誘導柵			◎				○	○	○	○	◎
	落石防止壁				◎	◎		○	△	○	◎	◎
	落石防止柵				○	◎		○	○	◎	◎	◎
	落石防止網		○		○			○	○	◎	◎	◎
	落石覆			◎				○	○	△	◎	△
	落石止擁壁				◎	◎		◎	◎	○	○	○
	落石止土堤				◎	◎		◎	◎	◎	○	○

4.2 風化による災害

図4.2-10 代表的な発生源対策の例
（切土のり面でのモルタル吹付工）

図4.2-11 代表的な発生源対策の例
（切土のり面での格子枠工）

第 4 章　鉄道における自然災害の対策

図4.2-12　落石止柵の例

図4.2-13　落石防止網の例

図4.2-14　落石覆工の例
落石止柵と併用している

(3) 検 知

　検知とは土砂や落石などが万が一線路に入った場合でも、列車を事前に抑止して事故を未然に防ぐことである。検知には様々な方法があるが、よく使用されているものとして破断式検知装置や傾斜式検知装置がある。破断式検知装置は支柱間に渡された複数の導線に落石や土砂が当たると導線を流れる電流が遮断され、警報装置が作動し、列車に警報を発するものである（図4.2-15）。また、傾倒式検知装置は地盤表面やのり面工の傾斜変動を測定し、あらかじめ定めた基準値以上の変動が計測された場合に警報を発する。

　これらの検知装置は多くの使用実績があるが、例えば動物や倒木の接触などによる誤作動も多く報告されている。また、装置自体の信頼性を確保するための適切な維持管理が必要となる。

　検知のみでは災害そのものを防ぐことはできないので、発生源対策や線路際対策と併用することが前提となる。また、災害発生後や災害発生が予想された時に、必要な対策工の設置が完了するまでの間に使用される場合もある。

　なお、検知装置が設置されるまでの間、目視による観察（固定警備）により列車の安全な運行を確保することもある。

図4.2-15　破断式検知装置の例[24]

第4章　鉄道における自然災害の対策

【参考文献】

1) 千木良雅弘：災害地質学入門、pp.77、近未来社、1998
2) 社団法人地盤工学会岩盤分類基準化委員会編集：新規制定地盤工学会基準・同解説　岩盤の工学的分類法（JGS3811-2004）、70p.、2004
3) 三木幸蔵：わかりやすい岩石と岩盤の知識、鹿島出版会、1978
4) 気象庁（2012）：平成24年7月九州北部豪雨について（平成24（2012）年7月11日～7月14日）、http://www.jma.go.jp/jma/press/1207/15a/20120715_gouumeimei_sanko.pdf、2012
5) 橋倉涼一：九州北部豪雨災害における被災概況と復旧状況、日本鉄道施設協会誌、Vol.51、No.6、pp.32-34、2013
6) 岡野法之・川越健・小島芳之・太田岳洋・野中信一：平成24年7月九州北部豪雨により被災したトンネルの変状メカニズム、トンネル工学研究論文・報告集（報告I-33）、2014
7) 気象庁気象研究所：平成25年7月28日の山口・島根の大雨発生要因について～巨大な積乱雲と強い上昇気流～、http://www.jma.go.jp/jma/press/1308/06b/20130806_Yamaguchi-Shimane-heavy_rainfall.pdf、2013
8) 加納浩二・岡義晃・鎌田和孝・中島卓哉：山口県・島根県豪雨災害の概要と復旧計画、日本鉄道施設協会誌、Vol.52、No.6、pp.27-30、2014
9) 航空・鉄道事故調査委員会：鉄道事故調査報告書（西日本旅客鉄道株式会社津山線牧山駅～玉柏駅間列車脱線事故）RA2007-7、2007
10) 財団法人鉄道総合技術研究所：落石対策技術マニュアル、財団法人鉄道総合技術研究所、154p.、1999
11) 財団法人鉄道総合技術研究所：鉄道構造物等維持管理標準・同解説（構造物編）土構造物（盛土・切土）、丸善、133p.、2007
12) 長谷川淳・太田岳洋：数値標高モデルを用いた簡易な露岩抽出手法、日本応用地質学会平成27年度研究発表会講演論文集、pp.115-116、2015
13) 川越健・浦越拓野・太田岳洋・榎本秀明：岩盤斜面の安定性に係わる不連続面の引張強度に関する検討、鉄道総研報告、Vol.21、No.1、pp.49-54、2007
14) 川越健・浦越拓野・太田岳洋・長谷川淳・木谷日出男：第12回岩の力学国内シンポジュウム講演論文集、pp.347-352、2008
15) 川越健・石原朋和・浦越拓野・太田岳洋：岩盤斜面における岩塊の安定性に関する評価手法、鉄道総研報告、Vol.25、No.7、pp.31-36、2011
16) 野口達雄：鉄道沿線岩石斜面の安定性評価に関する研究、鉄道総研報告、特別第51号、220p.、2002
17) 例えば、奥園誠之・岩竹喜久磨・池田和彦・酒井紀土夫：振動による落石危険度判定、応用地質、Vol.21、No.3、pp.9-12、1980
18) 緒方健治・松山裕幸・天野浄行：振動特性を利用した落石危険度の判定、土木学会論文集、749巻6-61、pp.123-135、2003
19) 深田隆弘：鉄道沿線の斜面管理における転落型落石の健全度判定方法に関する研究、神戸大学大学院博士論文、161p.、2013
20) 上半文昭・太田岳洋・石原朋和・布川修・斎藤秀樹・深田隆弘：非接触振動計測による岩塊崩落危険度の定量評価手法の検討、鉄道総研報告、Vol.26、No.8、pp.47-52、2012
21) 榎本秀明・稲川敏春・横山秀史：トンネル覆工コンクリートを対象とした打音検査装置の最適仕様の検討、土木学会論文集No.784/VI-66、pp.87-97、2005

22) 石原朋和・太田岳洋・蒲原章裕・横山秀史・上半文昭・斎藤秀樹：打音測定による岩塊の定量的な安定性評価、応用地質学会、Vol.55、No.1、pp.2-16、2014
23) 公益財団法人鉄道総合技術研究所：鉄道構造物等設計標準・同解説－土構造物（平成25年改編）、丸善、574p.、2013
24) 公益財団法人鉄道総合技術研究所鉄道技術推進センター：事故に学ぶ鉄道技術（災害編）、公益財団法人鉄道総合技術研究所鉄道技術推進センター、176p.、2012

4.3 強風災害

　鉄道での強風災害を防ぐために、鉄道事業者によって運転規制に代表されるソフト対策や防風柵・防風壁などの整備といったハード対策が実施され、強風時における鉄道の安全が図られている。第3章3.3で述べたように「鉄道における強風災害」といってもその種類は多岐にわたる（表3.3-1参照）[1]が、とりわけひとたび発生すると甚大な災害となりやすい走行中の列車の脱線転覆事故の防止を最大の目的として、各種の対策がとられている。

4.3.1　運転規制

　強風対策のうち、運転規制についてはその歴史は古く、藤井ほか[2]によると1900（明治33）年8月に定められた「鉄道運転規程」に強風時の運転規制に係る規程のルーツと思しき条文を見てとることができる。以降、時には強風を原因とする列車の事故の発生を契機とした運転規制方法の見直し、事故の原因究明の過程で得られた新しい知見や風監視方法、運行管理システムなどの導入と進展とを繰り返しながら鉄道の運転規制は発展してきた。
　ここでは、運転規制方法の変遷を概観するとともに、現在の代表的な運転規制方法について、最近の研究事例を交えて紹介する。

(1) 強風時の運転規制方法の変遷

　第3章3.3の表3.3-2に示したように1934（昭和9）年9月21日の室戸台風に

より、東海道線で3件[3]、大阪電気軌道（現在の近鉄奈良線）で1件[2]の計4件の列車脱線転覆事故が発生した。この一連の事故を契機として風速規程に係る規程類の整備が進んだとされている[2]。

　1935（昭和10）年10月に制定された「鉄道気象通報心得」で気象通報の伝達ルートが明確化され、同年12月の「風速施設及保安心得」を見ると、この頃すでに鉄道沿線の風監視に風速計が導入されており、風速計の種類として平均風速用（風程発信用）と瞬間風速用（瞬時値発信用）が区別されている。さらに「風速計ニ依ル運転取扱方其ノ他ニ関スル件」にて「20m/s」という具体的な風速値が初めて本社規程に登場している。しかし、この風速値が平均風速を意味するのか瞬間風速を意味するのか明示されていなかったようである。この後しばらくの間、概念的には平均風速と瞬間風速の区別はあったが、実運用の場面では両者が混用されていたようである。

　その後、国鉄発足（1949（昭和24）年）を経てCTC（Centralized Traffic Control、列車集中制御装置）化などに伴う機械化に関連して風速計や風速警報器が新規導入された頃あたりから、瞬間風速での運用が増えたとされている。

　一方で、第3章3.3.1で述べた1986年の山陰線余部橋梁での列車脱線転覆事故を契機として、運転規制に瞬間風速を用いるようになった鉄道事業者もある[4]ことから、平均風速と瞬間風速の混用は余部事故までは継続していたと推測される。現在は、国内のほぼすべての鉄道事業者で瞬間風速を用いた運転規制が実施されているようである[5]。この余部橋梁での事故に対する調査結果から、第3章3.3.1でも述べたように瞬間風速による強風時の運転規制が妥当であることが示され、また運転規制の基準を30m/sから25m/sに引き下げる区間が増加した[5]。

　さらに2005年の羽越線での列車の脱線転覆事故ののちには、鉄道事業者が風観測を行う、あるいは防風設備の設置検討を行う際の参考資料となることを目的とした「風観測の手引き」[6]と「防風設備の手引き」[7]がそれぞれ取りまとめられ、現在鉄道事業者に利用されている。

(2) 現在の運転規制方法

　強風時に行われる運転規制方法の基本的な考え方は、①風が強くなったら列

表4.3-1　強風時運転規制の発令基準の一例[5]

瞬間風速 U (m/s)	U＜20	20≦U＜25	25≦U＜30	30≦U
一般規制区間	規制なし	規制なし	走行速度規制 25 km/h	運転中止
早め規制区間	規制なし	走行速度規制 25 km/h	運転中止	

車の運行を見合わせる、②風が弱まり異常がなければ運行を再開する、の2点である[5]。また、一般的にはあらかじめ定められた規制区間に設置された1基あるいは複数の規制用風速計の指示値（瞬間風速）に基づいた運転規制がなされている。なお、運転規制に用いる規制用風速計には、電源設備を必要とせず停電時にも使用できるという長所もあって三杯式が用いられていることが多い一方で、プロペラ型風向風速計が導入されている例[8]もある。

規制基準は鉄道事業者の各線区の状況に応じて定められているため統一的な基準は存在しないが、国内の在来線での例を表4.3-1に示す。「一般規制区間」では瞬間風速が30 m/sに達すると運転が中止される。また警戒を要する特定の線区では、瞬間風速が25 m/sに達した段階で運転を中止している区間があり、この区間は一部の鉄道事業者で「早め規制区間」と呼ばれている。この「早め規制区間」は、長大橋や築堤上など、経験的に強風が吹きやすい区間が対象となっていることが多い。なお、表4.3-1に示した例にもあるように、規制発令風速は5 m/sをひとつの単位として設定されることが多い。

規制基準の細部は鉄道事業者で異なるが、速度規制が行われる際の走行速度は25～45 km/h程度、運転を見合わせる最低の時間長さは15分間または30分間とされることが多い。その一方で、速度規制は行わず規定の風速値に達すると即座に運転中止を行う区間もある。

規制区間の設定方法も鉄道事業者によって異なる。例えば、過去の現地調査、現地社員の経験や強風マップの活用などにより規制区間を設定する方法[9]、全線を強風監視下において強風規制区間に割り当てる方法[10]などがある。ここに挙げた例を含め何らかの方法で設定された規制区間は、1駅間または複数の駅間を単位とすることが多い。基本的には規制区間の直前の駅で列車の運転は中止されるが、場合によっては特殊信号発光器を設置して特定の橋梁などの直前で中止する場合もある。

走行中の列車の安全を確保するために、上述の運転規制を適確に行うのは当然のことであるが、一方で規制発令風速を過剰に低く設定すると、徐行や運転中止が頻発して安定輸送を損なう原因ともなりうる。安全で安定した輸送を高い次元で維持するうえで、適切な運転規制ルールの設定と運用は極めて重要である。

規制発令風速の設定に関しては、規制区間を走行する車両がどの程度の強風に耐えうるか、つまり鉄道車両の転覆耐力を精緻に評価しておく必要がある。鉄道車両の転覆に関する力学的理論解析は、1972年に国枝博士によって提案された（国枝式、国枝の式と呼ばれる）[11]。一方、前述の余部橋梁での事故後の原因調査において、空気力係数は車体形状のみならず地上構造物の形状にも依存すること、1994年2月に発生した根室線と三陸鉄道南リアス線での列車脱線事故（表3.3-2参照）を契機とした車両に働く空気力評価に関する研究から、空気力係数は風向角にも依存し、その風向角特性が先頭車と中間車とで異なることが明らかとなった[12),13)]。日比野ら[14),15)]は、このような空力特性に関する知見を組み込んで転覆限界風速を評価可能な「総研詳細式」を提案し、その妥当性を評価している。現在は在来線の5車種の車両形状、7種の線路構造物についての空気力係数が一覧表にまとめられており[16)]、「総研詳細式」を用いて転覆限界風速の概略評価ができるようになっている。

また、規制区間に進入した列車が数kmから十数kmに及ぶ規制区間を走行し終える時間（通過所要時分）内に規制発令風速を上回る強風にさらされると危険な状態となるため、列車の通過所要時分内における規制発令風速未満の風速からの風速増加傾向や時間的・空間的な自然風の変動を考慮した運転規制方法が求められる。

4.3.2 風観測

鉄道沿線（在来線）には全国平均で約20kmに1カ所の割合で風速計が設置され、前項で述べた運転規制はその風速値（瞬間風速）に基づいて、発令と解除が行われ、今日の強風に対する列車の安全が確保されている。風速計による風監視方法は、一般的に数km～十数kmの規制区間を橋梁や高架橋など線路

構造物に近接して設置された1台の風速計で監視していることが多い。現状の運転規制方法では、風速計が規制区間の風の状況を適切に監視できているか否かが列車の安全確保に極めて重要な問題となる。

　この風速計を用いた風監視方法には大きく2つの課題がある。ひとつは、数km～十数kmの空間スケールの風監視という観点で、規制区間内のどこに風速計を配置することが最も合理的かを検討する課題（風速計の配置方法）である。もうひとつは、線路構造物の影響を極力受けていない自然風を観測するために、線路構造物近傍のどこに風速計を取り付けることが最も合理的かを検討する課題（風速計の取付方法）である。前者は風速計を用いた鉄道沿線の風監視における風速計設置に関するマクロな観点での課題であり、後者はミクロな観点での課題であるといえる。

　風速計の配置方法については、ある規制区間において、列車の転覆限界風速以上の風速が出現する頻度の最も高い箇所に規制用風速計を配置することが、その規制区間全体で強風に対する安全を確保する上で重要となる。そのためには、鉄道沿線で強風となりやすい箇所を推定することが必要となる。従来は様々な地形の特徴を数値化して統計的な推定を行う地形因子解析が用いられてきたが、この方法では台風や低気圧などの強風の原因となる気象現象や大気の状態が考慮されていない。近年は数値シミュレーション技術が発達し、広い領域について風、気圧、水蒸気、降水などの気象条件を組み込んでその後の大気の状態を計算できる気象モデルが天気予報にも用いられている。現在は鉄道沿線の強風となりやすい箇所を推定するために、気象モデルなどの数値シミュレーションにより求めた風速と地形因子解析を組み合わせて瞬間風速の再現期待値を推定する手法が提案されている[17]。

　一方、風速計の取付方法について、「風観測の手引き」[6]では、「風速を過小評価しないように、周辺構造物の影響が及ばない取付け高さと線路構造物からの離れを確保すること」と記されているが、線路構造物がその近傍に設置された風速計の風観測値に及ぼす影響については必ずしも定量的に示されていない。したがって、線路構造物周りの風速計位置の違いが風観測値に及ぼす影響を定量的に把握する必要がある。風洞試験などの結果から、線路構造物周辺の風上側ではレールからの高さの違いによって風速に大きな違いはないが、風下

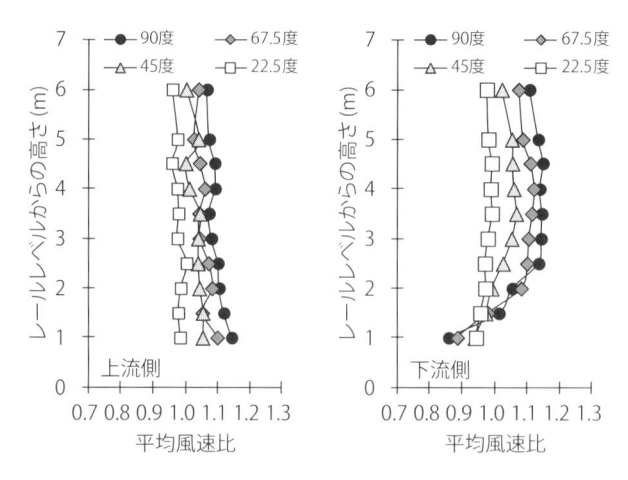

図4.3-1　風洞試験により求めた風向角別の平均風速比（複線高架橋、桁高3.5mの例）[18]

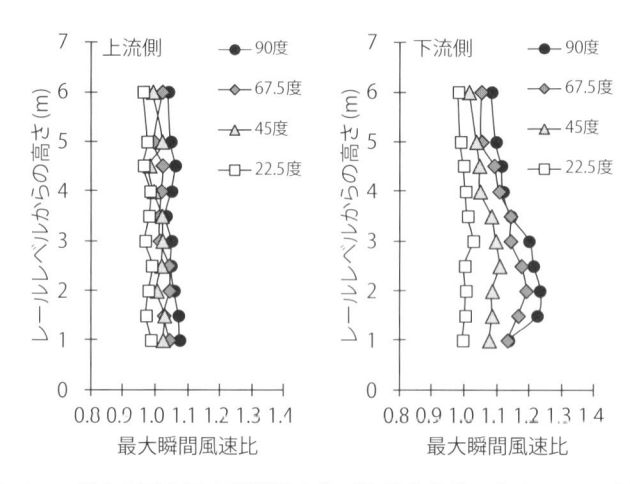

図4.3-2　風向角別の最大瞬間風速比（複線高架橋、桁高3.5mの例）[18]

側ではレールからの高さが低いところほど風向きによる風速の違いが大きくなることが明らかにされている（図4.3-1、図4.3-2）[18]。このことから、風速計を取り付ける際には、次のことが望ましいとされている。

①強風時の卓越風向が明らかな場合には卓越風向の風上側に取り付ける
②強風時の卓越風向が不明な場合にはできるだけ高い位置に取り付ける

4.3.3　防風柵などのハード対策

　現在鉄道で実施されている主な強風対策は、前項で述べた運転規制などのソフト対策と防風柵などのハード対策である。ハード対策には、①風害の直接の原因である風を弱めるために柵などの遮蔽物により風速を低減させるものと、②風を受けて障害を引き起こす対象物に何らかの耐風性を付け加えるものがある[19]。①には防風柵、防風壁、防風林などがあり、②には地上設備に対する防護ネット、防護柵や飛砂防止林、車両に対しては形状の改良などが考えられる。

　列車の転覆を防止する策として最も現実的な方法は防風柵や防風壁の設置であろう。防風柵については、各鉄道事業者において強風区間への整備が行われており、例えばJR東日本の管内では2014年11月現在22区間に防風柵が設置されている[20]。また、局地風として有名な比良おろしが吹走する琵琶湖西岸沿いを走る湖西線でも継続的に防風柵の整備が進められている[21]。設置される防風柵としては柵高2m（レールレベルからの高さ）、充実率60%の仕様のものが多いようである[22]（例えば、図4.3-3）。

　列車の転覆について防風柵のような地上対策以外のハード対策としては、車両の先頭形状や断面形状の変更、低重心化、重量化などの車両での対策も考えられる。しかし、これらについては種々の制約により根本的に対策することが

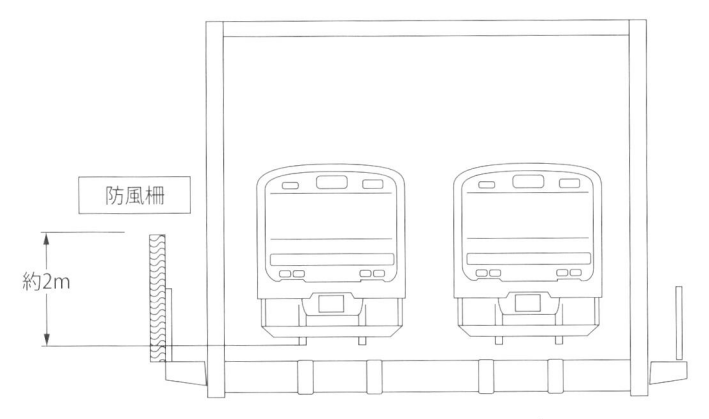

図4.3-3　防風柵設置の高さのイメージ[20]

難しく、屋根形状の円形化以外に具体的な実施例はほとんどない[19]。

飛砂量は風速のほぼ3乗に比例することが知られている[23]ため、風速を小さくすることで砂の移動量を抑えることができるので、防風柵や飛砂防止林などがこの効果を目的に設置されることがある。線路際の防風柵は砂の供給が続くと、いずれは埋没してしまうため、飛砂の対策に最も有効なのは風上側に飛砂防止林を設置することである[19]。ただし、飛砂防止林は周辺環境の変化に対する十分な監視と管理が必要である。

【参考文献】
1) 荒木啓司：鉄道における強風災害とその対応、JSSC、No.18、pp.24-25、2014
2) 藤井昌隆・藤井俊茂・村石尚：強風時の運転規制の歴史、鉄道総研報告、Vol.19、No.3、pp.43-48、1995
3) 大場銕次郎：暴風と列車傷害の話、新線路、第17巻、第9号、pp.33-35、1963
4) 日比野有・三須弥生・栗原智亮・森山淳・島村誠：強風時の新しい運転規制方法の検討、JR EAST Technical Review、No.35、pp.36-41、2011
5) 荒木啓司・日比野有・鈴木実：列車運行と強風規制、日本風工学会誌、Vol.40、No.1、pp.10-16、2015
6) 鉄道強風対策協議会：風観測の手引き、2006
7) 鉄道強風対策協議会：防風設備の手引き、2006
8) 北村肇：JR東海における在来線風速監視装置の信頼性・保守性の向上、JREA、Vol.56、No.12、pp.38220-38223、2013
9) 東日本旅客鉄道株式会社：安全報告書2014、東日本旅客鉄道株式会社、2014
10) 石浜順吉：橋りょう部の強風対策、RRR、Vol.71、No.8、pp.32、公益財団法人鉄道総合技術研究所、2014
11) 国枝正春：鉄道車両の転ぷくに関する力学的理論解析、鉄道技術研究報告、No.793、pp.1-15、1972
12) 種本勝二・鈴木実・前田達夫：横風に対する車両の空気力学的特性風洞試験、鉄道総研報告、Vol.13、No.12、pp.47-52、1999
13) 日比野有：横風に対する車両の転覆耐力を評価する、RRR、Vol.69、No.11、pp.24-27、2012
14) 日比野有・石田弘明：車両の転覆限界風速に関する静的解析法、鉄道総研報告、Vol.17、No.4、pp.39-44、2003
15) 日比野有・下村隆行・谷қ克也：鉄道車両の転覆限界風速に関する静的解析式の検証、日本機械学会論文集（C編）、Vol.75、No.758、pp.2605-2612、2009
16) 種本勝二・鈴木実・斎藤寛之・井門敦志：在来線車両の空気力係数に関する風洞試験結果、鉄道総研報告、Vol.27、No.1、pp.47-50、2013
17) 荒木啓司・福原隆彰・島村泰介・今井俊昭：数値解析手法を用いた鉄道沿線における強風箇所の抽出方法、鉄道総研報告、Vol.24、No.5、pp.29-34、2010
18) 荒木啓司・今井俊昭・種本勝二・鈴木実：構造物周りの風速計位置が観測値に及ぼす影響の評価、鉄道総研報告、Vol.25、No.7、pp.43-48、2011

19) 村上温・野口達雄監修：鉄道土木構造物の維持管理、736p.、日本鉄道施設協会、1998
20) 東日本旅客鉄道株式会社：プレスリリース、防風柵設置による輸送障害対策について、http://www.jreast.co.jp/press/2014/20141111.pdf、2014
21) 西日本旅客鉄道株式会社：ニュースリリース、https://www.westjr.co.jp/press/article/2014/09/page_6168.html、2014
22) 種本勝二・鈴木実・斎藤寛之・今井俊昭：風洞試験による防風対策の評価、RRR、Vol.62、No.2、pp.10-13、2005
23) Bagnold, R.A.: The Physics of Blow Sand and Desert Dunes, Methuen, London, 1954

4.4 雪氷災害

　冬季、北海道や本州の日本海側の地域では多量の降雪に見舞われることがある。これらの地域を中心に、国土総面積の約51%に当たる19.2万km^{2}が豪雪地帯（豪雪地帯対策特別措置法）に指定されており、鉄道においても、JRの総延長約2万kmのうち40%に当たる約8,000kmがこの地域に敷設されている。また、豪雪地帯の指定を受けていない地域の路線でも降雪を見ることがあり、程度の差こそあれ、日本の鉄道は冬季に何らかの雪氷害を被っていることになる。

　鉄道は、線路や電車線などの地上施設と線路を走る車両など、多くの要素によって構成されているシステムであり、そのため、降雪、積雪、着氷雪、凍結などの様々な現象の発生によって鉄道が被る雪氷害の種類は広範囲にわたる。鉄道が被る雪氷害の種類は直接的、間接的な原因から、①降雪そのものが原因となる障害、②長期的および広域的な積雪が原因となる障害、③地上や車上の設備への冠雪が原因となる障害、④地上や車上の設備への着雪や着霜が原因となる障害、⑤気温低下による凍結が原因となる障害に分類することができる。

　鉄道の被る代表的な雪氷災害を村上・野口[1]を参考に表4.4-1にまとめる。

i) 降雪
　降雪そのものが及ぼす障害として、激しい降雪の時や吹雪・地吹雪が発生しているような時には視程が確保できないことによる信号機の視認不良（視程障

第4章　鉄道における自然災害の対策

表4.4-1　鉄道における雪氷害の分類 (村上・野口[1]に加筆)

現　象	雪　害　の　例
降雪	・視程障害による信号機の確認不良
積雪 ・軌道上の積雪 ・地上構造物（冠雪） ・樹木（冠雪） ・車上（冠雪）	・走行不能 ・建物など・構造物の倒壊・破損 ・信号機・車両機器・分岐器の機能低下 ・樹木・竹の倒伏による線路支障や架線の切断 ・構造物からの冠雪落下による事故
雪崩（なだれ）	・脱線転覆、構造物の損壊
吹雪（ふぶき） 吹きだまり	・走行不能 ・分岐器の機能低下
着雪、着氷	・架線・電線の切断 ・架線柱・鉄塔の倒壊 ・碍子の破壊 ・車両床下着雪落下による沿線被害・車両故障 ・集電障害、架線溶断
凍結・融解	・凍上による線路の不均等高低発生、建物の下部破壊 ・トンネル覆工の破壊 ・軌道・電気設備の障害 ・斜面崩壊

害）が発生する。

ii）積雪

　降雪が軌道上に堆積すること（積雪）により発生する障害として、車両走行時に走行抵抗が増大することによる走行不能や遅延がある。また分岐器では直接雪が堆積することによる不転換のほか、軌道上に堆積した雪を車両先頭部で押しながら分岐器区間に持ち込み（持ち込み雪）不転換を生じさせてしまうことがある。また、軌道上に積雪が存在すると、走行時に雪が舞い上がり、その雪が車両床下の着雪の要因となるほか、レール内側の積雪は走行列車により踏み固められて密度や硬度が大きな圧雪が成長し、走行に影響を及ぼすことがある。

　地上設備への冠雪（樹木や構造物の頂部に帽子状に積もった雪）による障害として、トラス桁の上弦材や吊架線、またそれらを支えるビームなどの冠雪が落下して、走行車両に被害を及ぼすことがある。冠雪の重みで起こる障害とし

て、電線の切断、鉄塔などの構造物の倒壊、また沿線の樹木や竹が倒伏・幹折れすることによる架線の切断や線路支障がある。

車両設備への冠雪による障害として、パンタグラフが冠雪の重みで下がり離線することで発生する集電阻害や、離線に伴うアークによるパンタグラフの破損や架線の損傷・溶断がある。

iii) 雪崩

斜面に積雪が生じた場合、地形的な状況や積雪の量や質によっては雪崩が発生する。雪崩による障害としては、走行中の列車への雪崩の直撃による脱線や転覆、また地上設備の損壊がある。このほか、雪崩が直撃しなくても線路上に堆積したデブリ（雪崩によって堆積した雪）に列車が進入し脱線することがある。

iv) 吹雪・吹きだまり

降雪時に風がともない吹雪や地吹雪が発生し、吹きだまりによって軌道上の積雪の成長が助長されると走行抵抗の増大や分岐器の不転換など積雪で生じることと同様の障害が発生する。吹雪などによって雪粒子の移動が著しい場合には急速に積雪が増加することがある。

v) 着雪・着氷・着霜

地上設備に着雪（雪が電線や構造物に付着する現象をいい、凍結した場合は着氷という）が生じた場合には、落下による障害、重みによる倒壊・倒伏など冠雪と同様の形態の被害となることが多い。また、着雪に類似した現象として、放射冷却などにより周辺の気温よりも物体の温度が低い場合に物体に霜が成長する着霜現象がある。特に架線で霜が成長した場合には、パンタグラフによる集電が阻害され、アークの発生によりパンタグラフや架線の損傷、溶断に至る場合がある。送電設備に水分を多く含んだ雪が付着したり冠雪したりすると絶縁能力が低下する。特に塩分を多く含む雪が多量に付着した場合には地絡が発生することがあり、この場合は停電による運行障害に至ることがある。

一方、車上側での障害には、走行中にパンタグラフに着雪が成長し、その重みで所定の押し上げ力が得られなくなり集電が阻害されることや、水分を多く含む場合には地絡を発生させることがある。

軌道上に積雪がある場合には、車両走行によって雪が舞い上がり、その結

果、車両床下や台車などに着雪が形成される。車両に付着した状況では大きな障害にはならないが、気温の上昇や車両振動により走行中に着雪が落下すると、その衝撃により地上設備が損壊したり、バラスト軌道の場合にはバラストを飛散させ、地上設備、車両や沿線の家屋などの損壊が生じることがある。また車両の振動が大きくなる分岐器区間で落下した場合には不転換を引き起こす原因となる。

vi) 凍結・融解

比較的雪が少なく、かつ寒冷な地域では、地中の水分が凍結して隆起する凍上現象が見られる。これにより線路や構造物が数十cmも持ち上げられることがあり、その結果、線路に不均等な高低が生じたり、建物下部が破壊されたりする。またトンネルでは漏水が覆工背面の地山や覆工のひび割れ箇所で凍結して覆工を破壊したり、つららや側氷を形成させ軌道や電気設備などに障害を与える。

多雪地域では積雪の減少期（融雪期）には融雪水が連続的に発生する。日照や気温の上昇により融雪が促進され、発生した融雪水が地中に浸透することにより斜面が崩壊することがある。斜面の崩壊は雪崩と同様に列車の脱線や転覆、鉄道施設の破壊などの重大災害をもたらすことがある。

雪氷災害の多くは、列車の運行障害によってもたらされる列車の運休や遅延であるが、雪崩や斜面崩壊など突発的に発生する事象については、施設への被害や列車の脱線転覆などを引き起こすことがある。

鉄道の雪氷災害は広範囲にわたるため、個々の対策は発生箇所や対策の目的によって異なるが、大きくハード対策とソフト対策の2つに分けることができる（図4.4-1）。ここでは、雪処理用の機械・設備の設置、車両の強化などによる対策をハード対策と呼び、雪処理手順など実務上のノウハウによる対策をソフト対策と呼ぶことにする。

ハード対策としては、軌道上の積雪を除去するための除雪車両や融かすための散水消雪設備、積雪や列車からの落雪が生じた際にも分岐器を正常に機能させるためのヒーター、温水・エアジェット、雪崩から車両や設備を防護するためのスノーシェッド（雪崩覆）や雪崩防護柵などがある。一方、ソフト対策と

4.4 雪氷災害

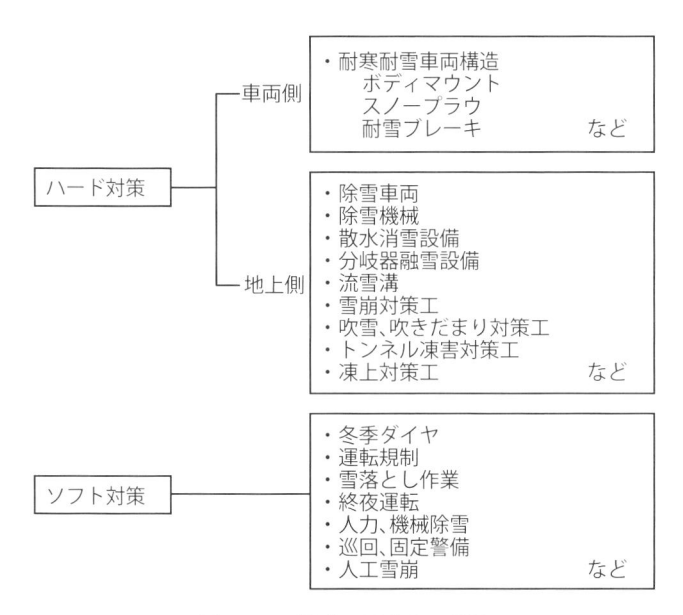

```
ハード対策 ─┬─ 車両側 ──[・耐寒耐雪車両構造
            │              ボディマウント
            │              スノープラウ
            │              耐雪ブレーキ      など]
            │
            └─ 地上側 ──[・除雪車両
                          ・除雪機械
                          ・散水消雪設備
                          ・分岐器融雪設備
                          ・流雪溝
                          ・雪崩対策工
                          ・吹雪、吹きだまり対策工
                          ・トンネル凍害対策工
                          ・凍上対策工      など]

ソフト対策 ──[・冬季ダイヤ
              ・運転規制
              ・雪落とし作業
              ・終夜運転
              ・人力、機械除雪
              ・巡回、固定警備
              ・人工雪崩          など]
```

図4.4-1　鉄道の雪氷害の対策

しては、冬季ダイヤ、線路の除雪作業、地上設備や車両の着雪の除去作業、また、沿線の警備や運転規制などがある。

　これらの雪氷害対策を経済的、効果的に行うためには、初めに起こりうる障害の種類やその程度を想定する必要がある。例えば既設の線区であれば、過去に発生した雪氷災害の発生状況を整理して統計的にまとめるなどの方法がある。一方、新設の線区であれば気象環境や地形・植生などから発生しうる災害の種類や規模などを推定するなどの方法が考えられる。さらに過去の気象状況を調べることで、その災害がどのくらいの頻度で発生するかを推定し、そのうえで、その線区の災害に対する耐力（防災強度）をどの程度に設定するかを決定し、それに見合った対策計画を策定することが大切である。

4.4.1　軌道上の積雪対策

　降雪や吹雪・地吹雪によって運ばれた雪が軌道上に堆積すると、走行抵抗の

図4.4-2 流雪軌道

増大や分岐器の不転換による運行障害に至ることがあるほか、軌道上の積雪は車両着雪の要因であり、特に高速列車では車両の着雪が落下することによる障害が発生することがある。

在来線では、これらの障害の発生を抑制するために線路上の雪を排除するためのラッセル車やロータリー車などの除雪車両や除雪機械を配置し、それらを用いた線路除雪や人力による除雪作業などのソフト対策が主な対策として行われている。このため、冬季前には、除雪車両、機械、設備の試運転や大雪時を想定した除雪体制などに関して関係部署との打合せなどを行うとともに、冬季には線路除雪のための排雪列車をあらかじめ組み込んだ列車ダイヤを用いるなど計画的に対策を実施できるように工夫をしている。

在来線におけるハード対策としては、後述する吹雪・吹きだまり対策のほか、比較的暖かな豪雪地域においては、冬季にレール間に防水シートを敷設して、その上にくみ上げた地下水を流して軌道内の雪を融かす方式（流雪軌道、図4.4-2）を採用している線区もある。そのほか、線路側方に排除された雪（側雪）が高くなると除雪作業に支障をきたすことがあり、この対策として一部の路線では、線路側方に温水パネルを設置して側雪の成長を抑えるなどの対策がとられている。

図4.4-3　分岐器の少水量散水

図4.4-4　電気融雪器

　軌道積雪による障害のなかで多くの件数を占める分岐器の不転換については、分岐器除雪などのソフト対策のほか、カンテラによる分岐器凍結対策や消融雪を目的とした少水量散水（図4.4-3）、分岐器のレール間（基本レールとトングレールとの間など）に積雪が生じないようにレールにヒーターを取り付けて融雪させる対策（電気融雪器、図4.4-4）がある。また、一部の線区では、

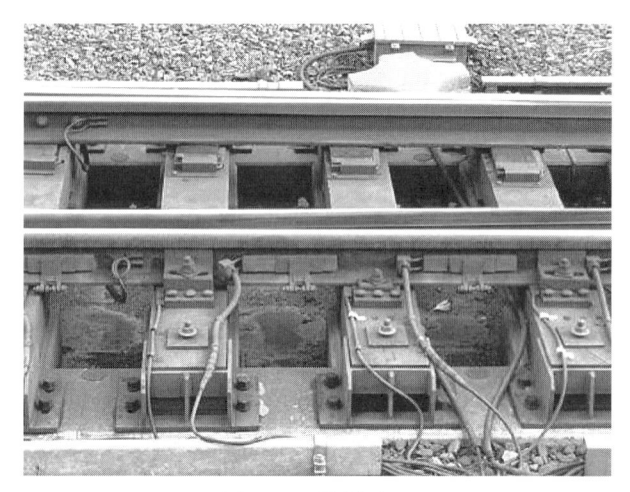

第 4 章 鉄道における自然災害の対策

図 4.4-5　融雪ピット

車両からの落雪による不転換防止も兼ねてレール間に圧縮空気を噴射して堆積した雪を飛ばすエアジェットや、温水を噴射して部分的に融雪し吹き飛ばす温水ジェット対策などのほか、分岐部のレールの下側にヒーターを取り付けたピット（融雪ピット、図 4.4-5）を設けて多量の雪を車両が押しながら分岐器へ進入（持ち込み雪）した時の不転換対策が行われている箇所がある。また、冬期に分岐器設置箇所へのアプローチが困難な箇所の対策としてスノーシェルター（図 4.4-6）が採用されている路線もある。

新幹線は在来線と比べて高速性や定時性が求められる。豪雪地域内を運行する東北、上越、北陸の各新幹線では、冬季の安全かつ安定輸送を実現するために、車両側と地域ごとの降・積雪の状況を考慮した地上側のハード対策が施されている。車両側では先頭車両にスノープラウ（排雪装置）を取り付け、自力排雪走行できるようにするなど、車両の構造を耐寒耐雪構造としている。

地上側では高架橋の構造による軌道積雪対策が行われている。新幹線の高架橋構造は「閉床式貯雪型」、「散水消雪型」、「開床式」に大きく分けることができる。「閉床式貯雪型」は新幹線車両による自力排雪走行を基本としており、軌道両側にスノープラウで排除された雪を貯めておくためのスペース（貯雪スペース）を設ける方式である（図 4.4-7）。貯雪スペースは、路盤コンクリート

図4.4-6　スノーシェルター

の厚みを変えることで、その地域の降・積雪量に対応できるように設計されている。「散水消雪型」は軌道側方の保守用通路脇にスプリンクラーを設けて、加温した河川水やトンネル湧水をまき、高架橋上を消雪する方式（図4.4-8）であり、採用されている区間の多くでは、消雪後の水を軌道側方の返送水路に流して回収し、再び加温して用いる循環方式を採用している。「開床式」は軌道側方にグレーチング蓋を被せた開口部を設け、自力排雪走行により排除された雪が高架橋下に落下するように設計されている（図4.4-9）。この方式は、騒音の影響がなく、高架下が堆雪場所として利用できる箇所に用いられている。これらの様々な方式のなかで、上越新幹線上毛高原駅以北では、大清水トンネルの湧水や魚野川および信濃川などの水を利用した「散水消雪型」が採用されている。東北新幹線七戸十和田駅以南では、一部分岐器部に散水消雪設備があるものの、主に「閉床式貯雪型」であり、同駅以北では八甲田トンネルの湧水や青森市内の河川水を用いた「散水消雪型」が採用されている。北陸新幹線高丘トンネル（長野県中野市）以南では、「閉床式貯雪型」が、同トンネル以北から糸魚川地区までは「散水消雪型」が採用されている。糸魚川地区以西から金沢駅までは、河川水などの利用が困難であるため、「閉床式貯雪型」を基本としているが、貯雪スペースで対応が難しい多雪区間については、貯雪方式に

第 4 章　鉄道における自然災害の対策

図 4.4-7　閉床式貯雪型

図 4.4-8　散水消雪型

図 4.4-9　開床式

図 4.4-10　側方開床式貯雪型

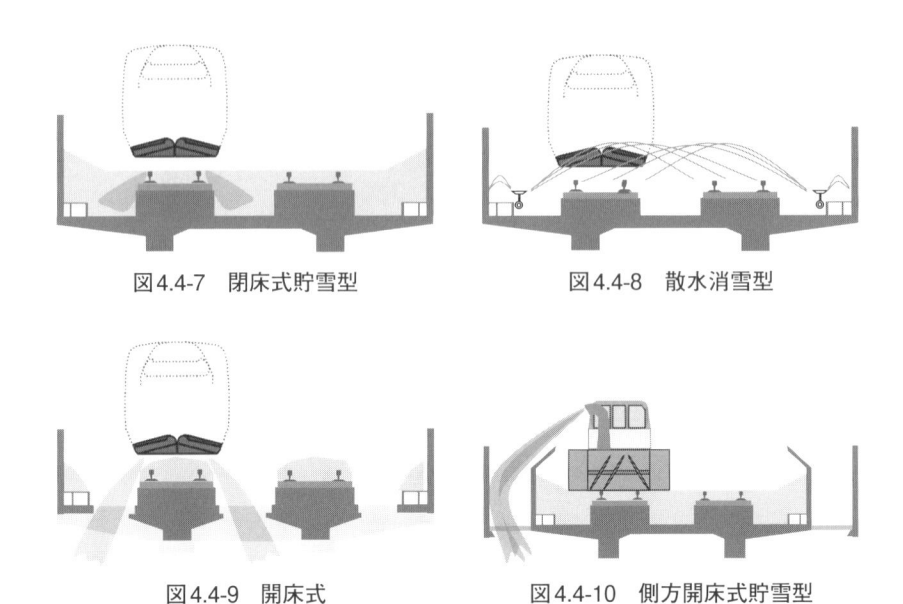

加えて初列車前にロータリー車による排雪列車の運行を併用できる構造(側方開床式貯雪型、図 4.4-10)や除雪時の投雪が難しい道路交差部などでは、軌道側方に温水パネルを設置して貯雪された雪を融かす工夫をしている箇所もある。2016年度開業が予定されている北海道新幹線(新青森～新函館北斗間)では、新青森付近は散水消雪型が採用されており、また青函共用走行区間(約82km)の一部は開床式が使用されているものの、多くの区間は閉床式貯雪型が採用される予定である。これらの高架橋構造によるハード対策のほか、トンネル間の短い瞬き区間にはスノーシェルターを設置して軌道内に積雪が生じないようにするなどの対策が行われている。

　貯雪型や開床式の高架橋構造では、降雪時は自力排雪走行となり、レールレベルから一定の積雪が生じた場合、排雪時の抵抗力や車両振動による乗り心地への影響を考慮して運転速度の規制を行っている。このため、軌道上の雪の深さを自動的に測定するための積雪深計が設置されている。

　一方、比較的温暖な地域を走行する東海道新幹線においても、米原駅を中心とした関ヶ原地域はたびたび降雪に見舞われる。前述したように軌道積雪は走行抵抗の増大などのほか、車両が高速走行した際には、雪が舞い上がり車両着

雪の原因となる。東海道新幹線においては、主に走行時の舞い上がりを抑制させることを目的として表面積雪の比重や含水量を大きくし舞い上がりにくくするためにスプリンクラーで散水する方策がとられている（濡れ雪化）。このほか、車両着雪対策として、ラッセル車やロータリーブラシ車などによる除・排雪や駅停車中に高圧洗浄機を用いた着雪除去作業などが実施されている[1]。さらに散水区間やその隣接区間では雪の舞い上がりや着雪の落下による障害を防止するために、軌道上の積雪状況を指標とした規制を行っている[2]。

豪雪地域の新幹線における分岐器に対しては、電気融雪器、床板加熱、温水ジェット（温水噴射式）、電気温風式、融雪ピットやスノーシェルターを設置するなどの降・積雪対策がなされている。また、これまで在来線では使用されてきたエアジェットの北海道新幹線への導入が予定されている。

4.4.2 雪崩対策

(1) 雪崩危険斜面の抽出

鉄道沿線の斜面を管理するうえで、斜面の特徴や降・積雪状況を調べてそれぞれの斜面ごとに雪崩発生の潜在的な危険性を把握することは非常に重要である。鉄道における雪崩危険斜面の抽出については1982年までは統一的な方法などはなく、雪崩発生履歴の調査結果や現地調査による経験的な判断に基づいて行われていた。1982年に日本国有鉄道施設局によって「なだれ斜面管理指針（案）」が作成され、それ以降は雪崩危険線区を保守する部署などでの斜面管理にこれが使用されていた[1]。この指針では、雪崩の発生形態を想定したうえで雪崩発生の素因（地形、植生などの固定因子）や誘因（気象、積雪深などの変動因子）のほか対策工の効果などを評価し、採点表方式によって雪崩危険度をランク付けする方法が示されている。

近年では多雪地域に鉄道を新たに建設する場合などには、線路沿線の斜面の雪崩危険度をより定量的に評価して雪崩対策計画を策定することが求められるようになった。ここでは、多雪地域での新幹線建設の際に用いられている雪崩危険斜面の抽出方法について概要を示す[3],[4]。

表4.4-2　スコア表の例

要因	階級	得点
傾斜（θ）	$\theta < 25°$	0
	$25° \leqq \theta < 30°$	3
	$30° \leqq \theta < 35°$	5
	$35° \leqq \theta < 45°$	6
	$45° \leqq \theta < 50°$	8
	$50° \leqq \theta$	9
積雪深（H）	$H < 100cm$	5
	$100cm \leqq H < 200cm$	6
	$200cm \leqq H$	7
植生（樹冠密度T）	$50\% \leqq T$	0
	$15\% \leqq T < 50\%$	3
	$5\% \leqq T < 15\%$	9
	$T < 5\%$ 裸地、灌木	10

　この手法は、雪崩が発生する危険度（雪崩の発生危険度）と発生した雪崩が線路に到達する危険度（雪崩の到達危険度）とを個別に評価して、その積により鉄道における雪崩危険度を算定する方法であり、一部の集落や道路などでも同様の方法が用いられている。

　雪崩の発生危険度は、対象となる線区を含む地域の積雪期の空中写真を収集し、その写真から雪崩の発生痕（発生斜面）を判読するとともに、これとほぼ同数の非発生斜面を任意に抽出する。さらに無積雪期の空中写真と地形図などからそれぞれの斜面の傾斜、樹木密度や樹高などの雪崩の発生・非発生に寄与する各要因を判読するとともに、近傍の気象観測地点などの積雪深データをもとに写真撮影時の積雪深を推定する。判読によって抽出された各斜面の傾斜、植生、積雪深などの各要素について統計的な手法で雪崩の発生・非発生に寄与する要素の順位付けを行い、数量化Ⅱ類による分析の結果から要素別・階級別のスコア表を作成する（表4.4-2）。このスコア表では点数が大きな値ほど雪崩の発生に寄与することを意味し、その合計得点が雪崩の発生危険度を表現して

4.4 雪氷災害

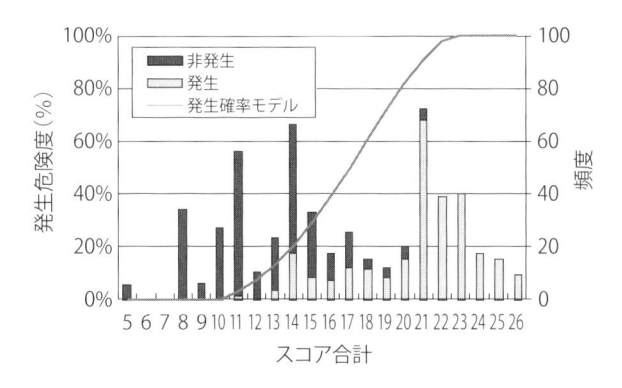

図4.4-11　発生危険度の算定方法

いることになる。

　次に空中写真の雪崩痕の判読を行い抽出された発生斜面および非発生斜面ごとに、作成されたスコア表をもとに評価得点S（要素ごとの得点の合計値）を求め、階級分けした評価得点Sごとに雪崩の発生斜面と非発生斜面の度数を調べる（図4.4-11）。それぞれ階級ごとの雪崩の発生件数の割合（雪崩の発生斜面数／（雪崩の発生斜面数＋非発生斜面数））は、雪崩の発生確率を表すものとし、階級分けした評価得点と発生確率との関係を曲線で近似して雪崩発生確率モデルとしている。

　雪崩の到達危険度は、落差と流走距離から推定する手法が用いられている。前述と同様に空中写真と地形図から多数の雪崩について発生地点と到達地点とを判読して、雪崩ごとに落差と流走距離（発生地点と評価地点との斜距離）との関係a（＝流走距離y／落差x）を求める（図4.4-12）。流走距離と落差には非常に良い相関があり、流走距離が1,000m以下の場合には特に明瞭に成立するといわれており、両者の関係は係数Aで表すことができる。ただし、係数Aの近似直線を中心にそれぞれの雪崩の（a）の値にはばらつきがあり、このaの値が小さいほど、すなわち落差に対して流走距離が短いほど雪崩が到達しやすく、大きいほど到達しにくいことを表している。ここではaの値が最小値以下となる範囲は、すべての雪崩が到達する範囲（到達確率100％）であり、aの値が最大値を超える場合は雪崩が到達しない範囲（到達確率0％）と考えることができる。この両者の間にあるすべてのaの累積度数分布を見ることで落

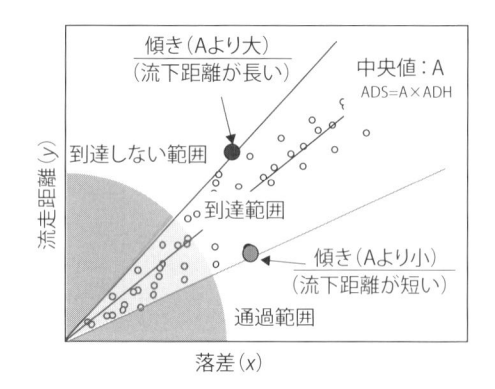

図4.4-12　落差と流走距離との関係

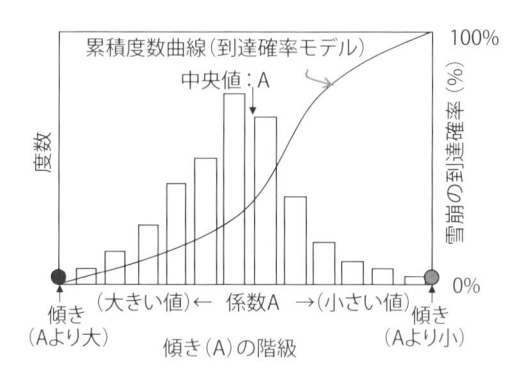

図4.4-13　到達危険度の算定方法

差と流走距離との比を到達確率として表すことができる（ここでは到達確率モデルと呼ぶ、図4.4-13）。

　鉄道沿線斜面の雪崩危険度を求める際には、対象とした斜面の傾斜、植生および積雪深から採点表と発生確率モデルとを用いて発生確率を、また、想定した雪崩経路の落差と流走距離から到達確率モデルを用いて到達確率をそれぞれ求め、その積で雪崩危険度を評価する。ここで用いる積雪深は、その路線の雪崩に対する防災強度をどの程度に設定するかによって異なり、例えば100年の再現期待値で評価する場合には、それぞれの斜面の年最大積雪深の100年の再現期待値を用いればよい。この評価を行うことによって、路線全体中でどの斜

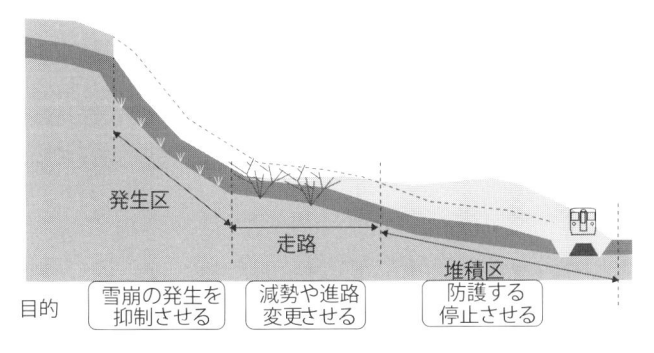

図4.4-14 雪崩跡地の区分

面が相対的に危険度が高いのか、また積雪深が再現期待値と同じ程度になった時にどのくらいの確率で雪崩で線路が被災するのかを算定することができる。

(2) ハード対策

　雪崩は、積雪が破壊し動き始める区域（発生区）、流下した雪の速度が減速し、雪が堆積し停止する区域（堆積区）および発生区と堆積区の間の雪がほとんど堆積しない区域（走路）に大別される（図4.4-14）。鉄道では、これらの区域別に、雪崩の発生を予防する予防工と発生した雪崩から線路や列車を守る防護工の2つに分けて対策を施している（図4.4-15、図4.4-16）。

　予防工には、斜面上の積雪の滑走を直接妨げる目的で発生区に施工される雪崩予防柵、雪崩予防杭、雪崩階段工などがあり、間接的に雪崩の発生を予防するものとしては雪庇（山の尾根などの風下側に庇状にせり出した積雪）の発達を防止する目的で施工される雪庇防止柵がある。これらのほかに雪崩防止林があり、これは雪崩の発生を防止するものと、雪崩の引き金のひとつである雪庇の発達を防止するものとに分けられる。なお、雪崩の発生を防止する林には積雪の滑走を防止する機能のほか、林冠の存在が気温の変化や雪質変化を緩和し、しもざらめ雪層（雪質の分類のひとつであり、一般的には雪粒子同士の結合が弱く、雪崩のすべり面となることがある）などの弱層の形成を防ぐ効果も有している。また、雪庇の発達を防止する林は雪崩危険斜面の背面斜面に設置され、風の減勢効果によって雪庇の発達を防ぐことを目的としている[5]。

　一方、防護工は走路や堆積区に施工され、雪崩が線路に到達することを防ぐ

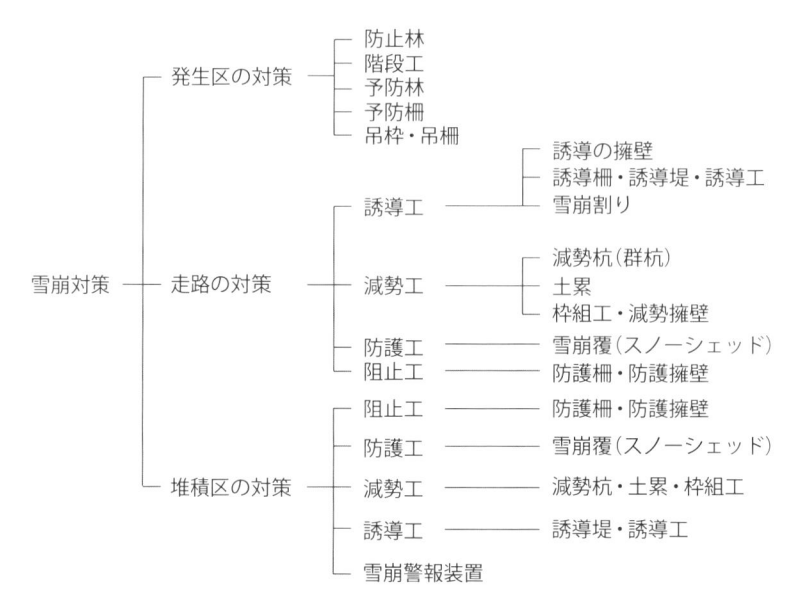

```
                        ┌─ 防止林
                        ├─ 階段工
              ┌ 発生区の対策 ─┼─ 予防林
              │           ├─ 予防柵
              │           └─ 吊枠・吊柵
              │                        ┌─ 誘導の擁壁
              │                 ┌ 誘導工 ─┼─ 誘導柵・誘導堤・誘導工
              │                 │        └─ 雪崩割り
              │                 │        ┌─ 減勢杭（群杭）
              │           ┌ 減勢工 ─┼─ 土累
雪崩対策 ─┼ 走路の対策 ─┤                └─ 枠組工・減勢擁壁
              │           ├─ 防護工 ──── 雪崩覆（スノーシェッド）
              │           └─ 阻止工 ──── 防護柵・防護擁壁
              │           ┌─ 阻止工 ──── 防護柵・防護擁壁
              │           ├─ 防護工 ──── 雪崩覆（スノーシェッド）
              └ 堆積区の対策 ─┼─ 減勢工 ──── 減勢杭・土累・枠組工
                          ├─ 誘導工 ──── 誘導堤・誘導工
                          └─ 雪崩警報装置
```

図4.4-15　雪崩の発生区、走路、堆積区別の雪崩対策工

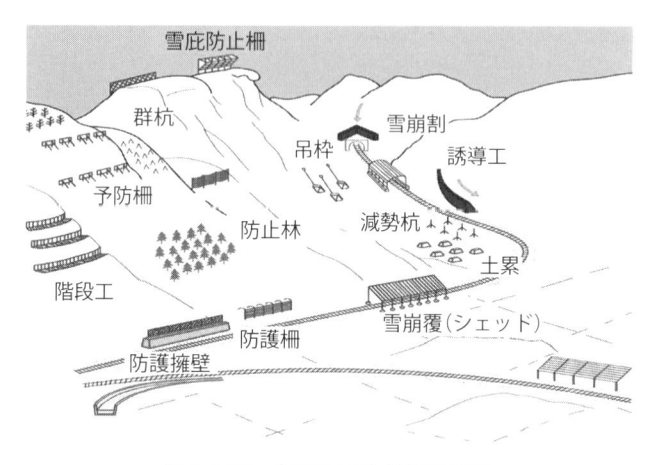

図4.4-16　主要な雪崩対策工の例

阻止工、雪崩の流路を転換させる誘導工、雪崩が線路構造物を避けて通りすぎるようにするスノーシェッドなどがある。阻止工には、雪崩止擁壁のように線路到達直前で雪崩を止めるものと、減勢工、減勢土塁や減勢杭のように流路の途中で雪崩の速度を減じさせることによって、線路に到達する以前に雪崩を停止させようとするものとがある。これらの雪崩対策工は、起こりうる雪崩の種類や積雪量、および沿線の地形条件などによって適切なものが選択され設置されている。

(3) ソフト対策

　雪崩対策には、先述したように構造物などによって雪崩の発生を防ぐ、または発生した雪崩から沿線設備および列車を防護するハード対策と、降積雪状況に応じて実施されるソフト対策がある。ソフト対策は運転規制に代表される。通常、自然災害に関する運転規制は、ある定量的な基準（雨量、河川水位、風速など）を定めて実施されるものであるが、雪崩に関しては現在のところ定量的な基準はなく、雪崩災害線区を受け持つ地域ごとに過去の災害履歴などを参考として経験的な判断に基づいて実施されている場合が多い。

　一般に雪崩の運転規制は、各線区を担当する部署が運転指令に要請する手続きを経て実施されている。担当する部署は、その部署や駅などで観測している降・積雪量や気温などの値がある基準を超えた場合に沿線巡回（雪崩警備）を行い、雪崩危険斜面の積雪状況や雪庇の状態などを調査する。調査項目の例として、危険斜面近傍の積雪深、積雪の密度、近傍の雪崩の発生状況、雪崩阻止工背面の積雪状況などがあり、雪崩発生の危険性を経験的あるいは統計的な基準に従って判断する。

　また、稜線で発達する雪庇や斜面上部の積雪状況、近傍斜面での雪崩の発生状況などは地上からは調査しにくいため、38豪雪（昭和38（1963）年1月の豪雪災害）以降はヘリコプターを用いた空中パトロールを実施している線区もある。これらの調査結果に基づき、保守区では運転規制を要請するとともに、地上側では、雪崩の発生抑止を目的として、斜面積雪や雪庇の除去、また発生した雪崩の線路内への流入を抑制するための対策として、対策工外側（斜面側）に流下した雪を貯めるためのポケットを確保したり、雪堤（雪で作った仮設の

堤）の施工を行うなどの対策を実施する。雪崩に対する運転規制は、このように雪崩発生の危険性の判断に基づいて実施されるほか、沿線に設置されている雪崩警報装置によって雪崩の発生が検知された場合にも行われる。雪崩警報装置で雪崩の発生が検知された場合には、近傍の駅に通報されるとともに、走行列車が発生現場に進入しないように特殊信号発光機によって列車乗務員に報知される。

4.4.3　吹雪・吹きだまり対策

　吹雪・吹きだまりは、雪粒子が風で移動するために発生する現象であり、線路上の積雪を助長させることがある。このための対策として、スノーシェルター（雪覆い）、固定防雪柵、仮設防雪柵などの各種の施設や吹雪防止林などがある。

4.4.4　着雪・着氷・着霜対策

　車両への着雪は、ドアなどの可動部が雪の付着・融解・凍結の過程を経て動作不良を起こすなど、着雪そのものが影響を及ぼす障害と床下などの着雪が落下（落雪）して及ぼす障害がある。積雪がある軌道上を列車が高速で走行すると雪が舞い上がり、その雪が車両床下に付着する。車両床下に付着した雪が走行中に成長し、自重や車両振動により落下すると、バラスト軌道ではバラストを飛散させて車両破損を引き起こしたり、沿線家屋や踏切で停止している車への被害を発生させることがある。

　この対策として図4.4-17のフローに示すようにそれぞれの現象段階での対策が行われている。走行時の雪の舞い上がりの抑制対策として散水による濡れ雪化がある。一方、着雪対策としては、車両床下を平滑化するなどして着雪を生じにくくする対策や車体の一部の形状を成長する着雪の形状に合わせた形状（着雪ダミー）とするなどの対策が車両側対策として実施されている。一方、地上側では駅での停車中に高圧洗浄機やへらを使って落とすなどの人手による対策が行われている。落雪対策としては、バラストを飛散させないようにネッ

4.4 雪氷災害

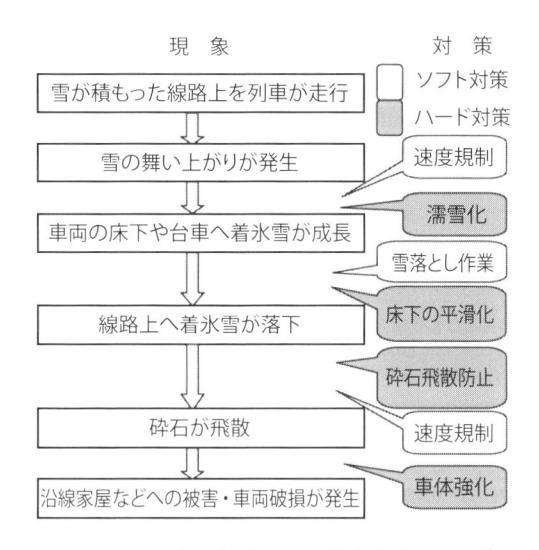

```
     現　象                       対　策
┌─────────────────────┐         □ ソフト対策
│雪が積もった線路上を列車が走行│         ■ ハード対策
└──────────┬──────────┘
           ↓                  ┌─────────┐
┌─────────────────────┐◁─────│ 速度規制 │
│    雪の舞い上がりが発生     │      └─────────┘
└──────────┬──────────┘      ┌─────────┐
           ↓              ◁─│ 濡雪化  │
┌─────────────────────┐      └─────────┘
│車両の床下や台車へ着氷雪が成長│◁─┌─────────┐
└──────────┬──────────┘      │雪落とし作業│
           ↓                  └─────────┘
┌─────────────────────┐      ┌─────────┐
│   線路上へ着氷雪が落下     │◁─│床下の平滑化│
└──────────┬──────────┘      └─────────┘
           ↓                  ┌─────────┐
┌─────────────────────┐◁─────│ 砕石飛散防止│
│        砕石が飛散         │      └─────────┘
└──────────┬──────────┘      ┌─────────┐
           ↓              ◁─│ 速度規制 │
┌─────────────────────┐      └─────────┘
│沿線家屋などへの被害・車両破損が発生│◁─┌─────────┐
└─────────────────────┘      │車体強化 │
                              └─────────┘
```

図4.4-17　車両着雪による被害発生フロー[6]

トやスクリーンで覆う対策や地上設備のケーブルや信号機の地上子に対する防護工の施工が行われている。

架線への着霜は、冬季の晴れた夜間に成長することが多く、パンタグラフと架線との間に霜が介在し離線することでアークが発生し、集電障害や架線の損傷、溶断、パンタグラフの破損などに至ることがある。この対策として、架線に付着した霜を集電しないパンタグラフを使って除去する霜取り列車を早朝に運行したり、架線に凍結防止剤を塗布し、それによる凝固点降下により霜の成長を抑制する対策もなされている。

このほか、過冷却水滴の雨が架線に衝突して氷として成長（雨氷）し、着霜と同様に集電障害を発生させることがある。まれにしか発生しない現象であるが、現在のところ人力による除去作業が主である。これらの架線を支持するスパン線ビームにも冠雪や着雪が生じる。このため、トラスビームの上に三角の屋根を付けたり、円形断面のパイプ（鋼単管ビーム）を用いたり、また円形断面のパイプ内に温風を通して融雪を促進させるなどの対策がなされている[7]。

そのほか、信号機への着雪に対しては、フードや前面にヒーターを付けるなど雪がランプに付着しない対策や付着する雪を融かすなどの対策が行われている。

4.4.5 凍結・融解

　寒冷かつ雪が少ない地域では、地盤内の水分が凍結して構造物を破損させたり、まくら木を持ち上げて線路に不均等な高低を引き起こす。この対策として、地盤の改良や急激な凹凸を緩和させるために薄い木の板をまくら木とレールの間に挟む作業が行われている（はさみ木作業）。また、トンネル内につららが成長すると車両破損や電気設備の損傷が発生する。このため、漏水防止工を強化するなどの対策がなされており、近年施工されたトンネルでは発生件数は減少している。しかし鉄道トンネルには施工が戦前というトンネルも珍しくなく、寒冷地の冬季には人手によるつらら落とし作業が行われている。

　融雪期に発生する斜面崩壊は、連続的な融雪水に加えて多量の降雨がともなった場合に発生することが多い（融雪水などの積雪底面流出、図4.4-18）。このため、融雪水の発生を気温で推定し、経験的な判断や統計的に示した指標により沿線の巡回や警備を行うなどのソフト対策が行われている。

【参考文献】
1) 村上温・野口達男監修：第5編雪害、鉄道土木構造物の維持管理、日本鉄道施設協会、pp.517-551、1998
2) 東海旅客鉄道株式会社,：東海道新幹線の雪対策について、東海旅客鉄道株式会社ホームページ (jr-central.co.jp/news/release/_pdf/000024916.pdf)、2013
3) 新山純一・松田宏・飯倉茂弘・河島克久・藤井俊茂：東北新幹線盛岡・八戸間のなだれ危険度とその工学的意義. 日本雪工学会誌、Vol.19、No.2、pp.12-23、2003

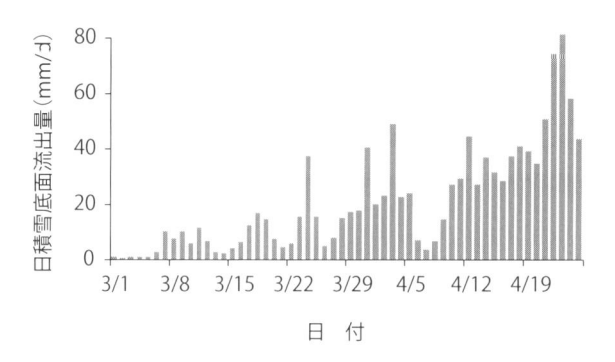

図4.4-18　積雪底面流出量の実測例（新潟県南魚沼市）

4) 齋藤隆・小島隆・松田宏：北陸新幹線の雪崩危険度評価、雪氷、Vol.62、No.1、pp.29-39、2000
5) JR東日本鉄道林研究会：鉄道林—鉄道林100周年記念写真集—、東日本旅客鉄道株式会社、pp.34-35、2003
6) 藤井俊茂：車両の着落雪—その発生メカニズムと対策、RRR、Vol.46、No.2、pp.20-21、財団法人鉄道総合技術研究所、1989
7) 常本瑞樹・原田智・宍戸真也・鎌田慈：風・雪・霜から架線を守る、RRR、Vol.69、No.11、pp.20-23、2012

4.5 地震災害

　鉄道における地震災害への対策は、地震が発生しても鉄道構造物が破壊されないようにする耐震技術と、地震発生時に運行している列車を速やかに減速させて安全性を高める手法がとられている。耐震対策には、新設の構造物に対する耐震設計と、既存の構造物に対して補強を行う耐震対策がある。

4.5.1　耐震設計

　2012年7月に国土交通省鉄道局より技術基準省令の解釈基準として規定されている「鉄道構造物等設計標準（耐震設計）」が改訂され、「鉄道構造物等設計標準・同解説（耐震設計）」[1]（以下、耐震標準）が2012年9月に出版され、2014年4月から、新しい耐震標準の本格運用が開始されている。この耐震標準では、2001年12月に発出された『鉄道に関する技術上の基準の定める省令（国土交通省令第151号）』により、鉄道の技術基準が仕様規定から性能規定に移行したことを受け、性能照査型の設計体系となっている。また、急速に整備された地震観測網により多数の強震動が記録されるとともに、実験や解析などにより地震工学分野の研究が大きく進展したことを受けて、これらの成果がとり入れられている。さらに、改訂終了間際の2011年3月11日に、従来の耐震標準では想定もしていなかった巨大地震（東北地方太平洋沖地震）が発生した。この設計標準は、このような巨大地震への適用性についても検証されたうえで発刊に至っている。

本項では、鉄道の耐震設計の内容を、①設計地震動、②地盤挙動の評価、③構造物の応答値の評価、④性能照査の観点から簡単に示す。

(1) 性能規定化と国際標準との整合

技術基準省令が性能規定化に移行するとともに、関連する国際基準が性能設計に移行するなかで、耐震標準も性能規定化に対応したかたちとなっている。性能照査型設計は、構造物の目的とそのために必要とされる性能を規定し、規定された性能を構造物の供用期間中確保することにより、構造物の目的を実現させる設計法であり、言い換えれば、性能のみを規定化する体系では、これまでの仕様に捉われず、自由な発想で設計が可能となる。そのため、新技術の導入に対して柔軟な対応が可能となる。また、これによりコストダウンやより性能の高い新技術開発へのインセンティブとなることが期待される。

また、耐震設計に関連する国際基準としては、ISO2394などがあるが、特に重要なのはISO23469「構造物の設計の基本―地盤基礎構造物の設計に用いる地震作用」[2]である。ISO23469は、「経験豊かな」設計技術者および基準策定関係者が地盤基礎構造物の設計に用いる地震作用を定める際に遵守すべき指針の体系を示したもので、いわば、codes for code writersとして書かれたものである。耐震標準は、これら国際標準との整合性も確保されている。

その一方で、耐震標準には"標準的な方法"も示されており、設計実務への配慮もなされている。

(2) 地震時の要求性能

地震時における鉄道構造物の要求性能として、「安全性」が設定されている。また、重要度の高い構造物については「復旧性」も設定されている。安全性とは、想定される作用のもとで構造物が使用者や周辺の人々の生命を脅かさないための性能で、①「構造物の構造体としての安全性（構造物全体系が破壊・崩壊しないための性能）」と、②「機能上の安全性（車両が脱線に至る可能性をできるだけ低減するための性能）」がある。復旧性は、構造物周辺の環境状況を考慮し、想定される地震動に対して構造物の修復の難易度から定まる損傷などを一定の範囲内にとどめることにより、短期間で機能回復できる状態

4.5 地震災害

表4.5-1 設計地震動と要求性能

性能	設計地震動	内容	適用
安全性	L2地震動	崩壊防止	すべて
	L1地震動	走行安全性に係る変位	すべて
復旧性	復旧性照査地震動	修復性	重要度の高い構造物

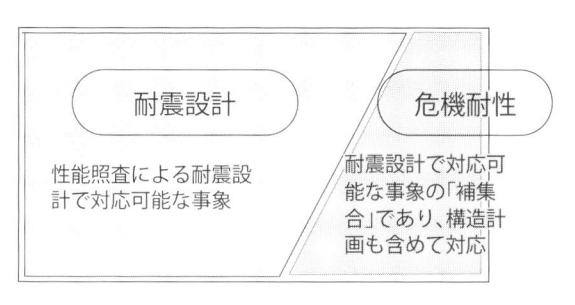

図4.5-1 危機耐性のイメージ

に保つための性能である。安全性のうち、構造安全性はL2地震動（本項(3)参照）に対して、機能上の安全性はL1地震（本項(3)参照）に対して、それぞれ満足している必要がある。以上をまとめると表4.5-1のようになる。

津波や地表断層変位など、地震動以外に地震に付随して発生しうる地震随伴事象に対しては、未解明な部分も多く、設計手法も確立していないことから、性能を定めて照査をする対象とせず、路線計画を含めて構造計画の段階で適切に配慮することになっている。

また、東北地方太平洋沖地震でも経験したように、L2地震動を超える地震動の発生の可能性は排除できない。しかし、鉄道構造物は一般に公共性が高く、円滑な機能の維持・確保が個人の生命や生活、社会・生産活動にとって非常に重要であることを考えると、表4.5-1のような性能を満足していることに加えて、想定以上の地震（超過外力）に対しても、構造物またはシステムとして、破滅的な状況に陥らないよう、危機耐性に配慮することが求められており、これを「危機耐性」と呼んでいる（図4.5-1）。危機耐性を直接的に定義し照査する体系は現段階では構築されていないが、耐震標準では各計画・設計段

階でこれを配慮することとした。例えば、曲げ破壊型となるように配慮し、地震動が大きくなっても脆性的に崩壊するようなことを避けることや、構造物への進入路の確保などの構造物周辺の環境状況について配慮することは、上記の点から有益である。

(3) 設計地震動

設計地震動は、耐震設計上の基盤面（せん断弾性波速度 $Vs=400\,\mathrm{m/s}$ 程度の硬質な地盤面）で設定されている。設計地震動としては、

L1地震動：設計耐用期間中に数回程度発生する確率を有する地震動

L2地震動：建設地点で想定される最大級地震動

の2つを考えている。L1地震動は主に列車の走行安全性の照査に用いる地震動であり、これまでの耐震設計で用いられてきた地震動が踏襲されている。L2地震動は、ISO23469や土木学会第三次提言に習って、建設地点で想定される最大級の強さを持つ地震動を個別（シナリオ地震波）に設定することを原則としているが、設計実務の便を考えて、詳細な検討を必要としない場合については、あらかじめ妥当性が検証された標準的な弾性加速度応答スペクトルを用いてよいことになっている。詳細な検討が必要な場合とは、①建設地点近傍にMw7を超えるような地震の震源となりうる断層が存在する場合や、②深層地盤構造により著しく地震動が増幅される可能性がわかっている地域を対象とする場合であり、この場合には標準応答スペクトルの適用が難しい。

標準的なスペクトルには、図4.5-2に示すように、海溝型地震を想定したスペクトルⅠ（Mw=8.0、断層最短距離60km）と内陸活断層を想定したスペクトルⅡ（Mw=7.0、直下）が用意されている。その特性は、モーメントマグニチュードMwと震源距離Rを補正した観測記録群の応答スペクトル群（図中の細い実線群）に対して非超過確率が90％になるように設定されている[3]。

(4) 地盤の挙動評価

設計地震動は本項(3)で述べたように、耐震設計上の基盤面で設定されているので、表層地盤の影響は別途考慮する必要がある。簡易に地盤挙動を評価する手法として「地盤種別」による方法が採用されている。具体的には、表4.5-2

4.5 地震災害

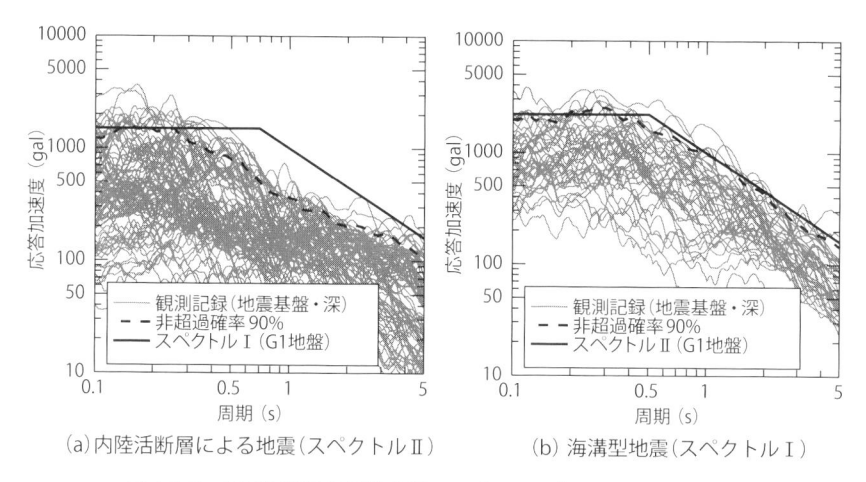

(a) 内陸活断層による地震（スペクトルⅡ）　　(b) 海溝型地震（スペクトルⅠ）

図4.5-2　L2地震動の標準応答スペクトル（スペクトルⅠ、Ⅱ）

表4.5-2　地盤種別

地盤の固有周期 T_g (s)	地盤種別	備考
―	G0 地盤	岩盤
―	G1 地盤	基盤
～0.25	G2 地盤	洪積地盤など
0.25～0.50	G3 地盤	普通地盤
0.50～0.75	G4 地盤	普通～軟弱地盤
0.75～1.0	G5 地盤	軟弱地盤
1.0～1.5	G6 地盤	軟弱地盤
1.5～	G7 地盤	極めて軟弱な地盤

に示すように、地盤はその固有周期に応じて8つ（G0～G7地盤）に分類されており、地表面設計地震動が地盤種別ごとに設定されている（図4.5-3）。対象地盤の地盤種別に応じて設計者が適宜選択できるようになっている。

地盤種別による方法は大変実務的な手法であるが、軟弱地盤や埋没谷など地震時に土の特性が大きく変化する地盤ではその適用が難しい。このような場合には、動的解析法により地盤の挙動を評価する。地盤の動的解析では、特に注

247

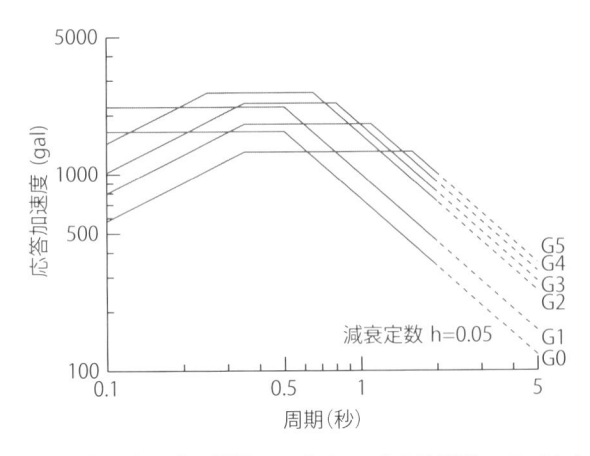

図4.5-3　地表面地震動の標準スペクトル（L2地震動・スペクトルⅡ）

意を要するのが土の非線形特性のモデル化である。耐震標準では、GHE-Sモデル[1]の適用が推奨されている。このモデルは、小さいひずみから大きなひずみレベルまで地盤挙動を精度よく評価できるとともに、標準パラメーターも設定されており、設計実務での適用性が格段に高められている。

(5) 構造物の応答値の算定

耐震標準では動的解析法を推奨しつつ、実務上への配慮から、地震作用を静的な荷重に置き換えられる場合は静的解析法を用いてよいとされている。特に重要なのは、地盤や部材の非線形性の影響と、地盤と構造物の動的相互作用の影響をどのように考慮するかである。特に、動的相互作用には、①慣性力による相互作用（Inertial相互作用）と②地盤変位による相互作用（Kinematic相互作用）という2つの影響があり、ISO23469でもこの点を重視しているにもかかわらず、国内外のほとんどの基準が前者の影響のみを考慮している。

耐震標準では、動的解析において、動的相互作用の影響（上記①、②）を考慮する方法として、図4.5-4に示すように構造物系と地盤系を並列し、それを相互作用で連結したモデルを標準モデルとしている。地盤系は構造物周辺の自由地盤を表現したものであり、その挙動が構造物の存在による影響を受けないように、フーチング面積の100倍程度の広さを有する土柱としてモデル化して

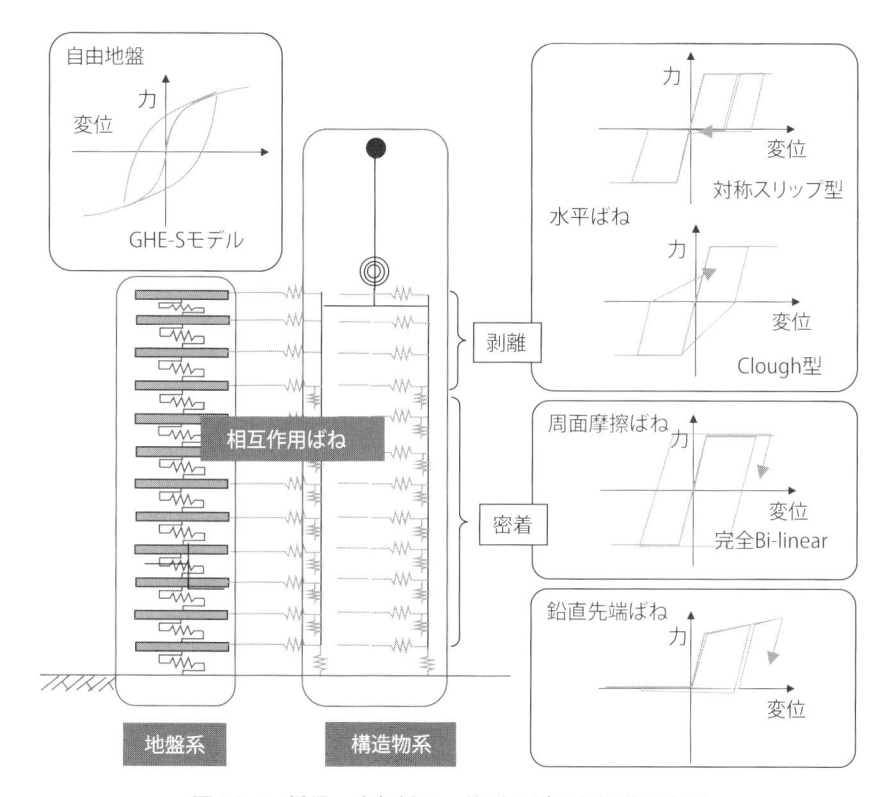

図4.5-4　橋梁・高架橋の一体型モデルの標準的な例

いる。

　静的解析法では、「非線形応答スペクトル法」と「応答変位法」を標準的な手法としている。非線形応答スペクトル法では、従来の「初期降伏点」を構造物全体系の降伏点とする考え方から、「荷重-変位曲線の明確な折れ曲がり点」を構造物全体系の降伏点とする考え方（図4.5-5）[5]に修正することで、応答値を合理的に評価できるようになっている。

　応答変位法は、①慣性力による相互作用に加えて、②地盤変位による相互作用による影響を評価する方法である。従来は軟弱地盤など地盤変位が大きいと想定されるG4地盤以上にのみ適用が義務付けられていた。しかし、本来は「地盤変位が大きいかどうか」ではなく、「慣性力による影響に比して、地盤変

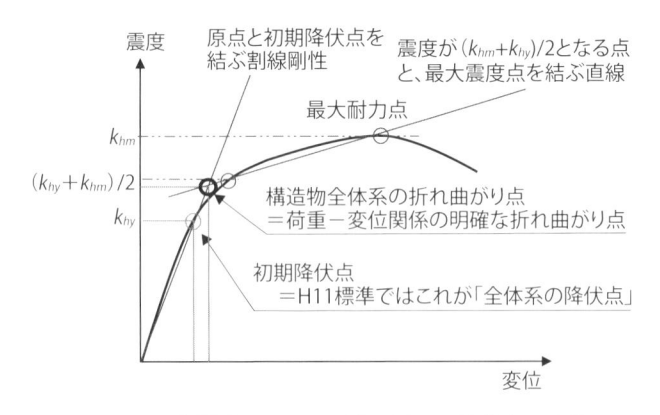

図4.5-5 非線形スペクトル法に用いる降伏点の定義

位による影響が大きいかどうか」で、地盤変位の影響を設計にとり入れるかどうかを判断しなければならない[6]。そこで耐震標準では、深い基礎に関しては地盤種別によらず、地盤変位による影響を基本的には考慮することにした。

技術開発が大きく進展した場合に、非常に優れた免震工法や制振工法が開発される可能性があり、慣性力による影響だけを考慮する設計では、基礎の応力を過小評価する危険性がある。性能規定型の設計体系では、従来の固定観念にとらわれず実際に作用する荷重は陽なかたちでとり入れることが重要なのである。

(6) 性能照査

性能照査は、限界状態設計法を基本とした。構造体としての安全性は、L2地震動に対して構造物全体系が破壊しないことを照査することになるが、一般に、「破壊」および「安定」に関して照査する。構造物全体系が破壊しないことに対する照査は、一部の構造要素が破壊しても構造物全体系として破壊しないことを照査すればよい。ただし、現状の解析ではこのような現象を取り扱うことが難しく、また構造物の破壊を安全側に照査するために、構造物を構成する部材のいずれかひとつが破壊の限界状態に至った場合を構造物の破壊と等価と仮定し、部材破壊の限界状態を照査することによって構造物の破壊の照査としている。なお、損傷レベル3の限界値を破壊の限界値としてよいこととなっている（図4.5-6）。また、基礎の安定に関しては、地震作用により基礎が構造

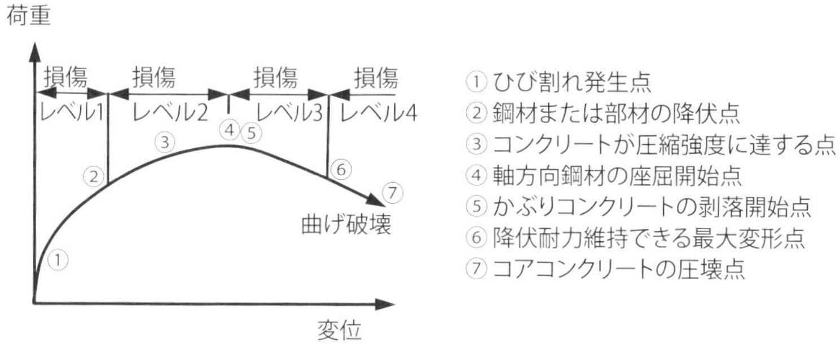

4.5 地震災害

図4.5-6 鉄筋コンクリート部材（曲げ破壊形態）の荷重-変位関係包絡線と損傷レベルの関係

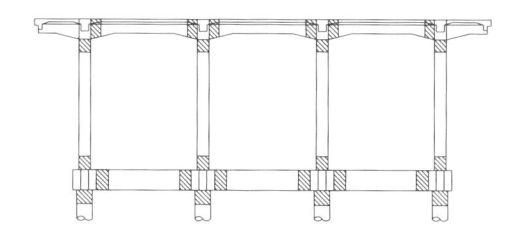

① ひび割れ発生点
② 鋼材または部材の降伏点
③ コンクリートが圧縮強度に達する点
④ 軸方向鋼材の座屈開始点
⑤ かぶりコンクリートの剥落開始点
⑥ 降伏耐力維持できる最大変形点
⑦ コアコンクリートの圧壊点

図4.5-7 ラーメン高架橋の損傷部位のイメージ

物を支持できなくなり、構造物全体系での破壊に至ることがないことを照査する。安定レベルを定義し、安定レベルごとに限界値が設定されている。

　復旧性については、損傷した構造物への進入路の確保や、高架下利用などの状況により大きく異なるので、これらの構造物周辺の環境状況を考慮したうえで、構造物を短期間で機能回復できる状態に保つことを検討することが重要である。構造物を短期間で機能回復させるためには、構造物が損傷を受けた場合の構造体の修復と機能の復旧の難易度などを考慮して、構造物を構成する部材などの個々の構造要素の損傷状態を設定する。例えば、一般的な橋梁および高架橋では、損傷が地中部に生じた場合と地上部に生じた場合では、補修・補強の難易度が大きく異なることになる。したがって、構造物の復旧性を考えるうえでは、可能な限り杭などの基礎部材よりも柱を先行降伏させるなどの配慮が必要となる。図4.5-7および表4.5-3にラーメン高架橋を例にして、以上の考え方を示す。

表4.5-3 要求性能と損傷レベル、基礎の安定レベルの設定例

構造物の要求性能		復旧性	安全性
損傷レベル	上層梁／地中梁	2	3
	柱	2～3	3
	そのほかの梁	3	3 (4)
基礎の安定レベル		2	3

4.5.2 耐震対策

　鉄道構造物の耐震設計は、地震で被害を受けるたびに見直されてきた歴史がある。したがって、旧基準で設計された構造物は被害を受けることが想定されていたものの、どのような被害を受けるのか不明であったため、積極的な取り組みは少なく、多くの構造物が既存不適格として存在していた。その状況を一変させたのが1995年の兵庫県南部地震であり、旧基準で設計された構造物が甚大な被害を受けたことから、既設構造物の耐震補強が進められるようになってきた。

(1) 耐震対策の取り組み状況

　1995年の兵庫県南部地震以降の既設構造物に対する耐震補強の主な取り組みを表4.5-4にまとめた。兵庫県南部地震では、ラーメン高架橋・橋台の柱がせん断破壊して落橋に至ったことから（第3章3.5.1参照）、落橋防止工の設置と、せん断破壊型の柱を対象とした耐震補強が緊急対策として進められた。また、開削トンネルも中柱の破壊による被害を受けたため、同様に対策が進められた。緊急対策終了の頃には、新設構造物を対象とした設計標準の見直しも取りまとめられ、これらを踏まえて2001年に運輸省鉄道局から既存鉄道構造物の耐震補強に関する指針が示された。

　2003年には宮城県沖を震源とする地震が発生し、耐震補強の対象地域外であった東北新幹線の高架橋が損傷した。そこで、新幹線に関しては対象地域の限定を取りやめ、せん断破壊型の高架橋柱はすべて耐震補強の対象となった。

　2004年の新潟県中越地震では、営業中の新幹線が初めて脱線したことから

4.5 地震災害

表4.5-4 最近の主な地震と対策

年　月	主な地震と対策	概　要
1995年1月	【兵庫県南部地震】	
1995年7月	鉄道施設耐震構造検討委員会の提言に基づく鉄道構造物の耐震性能に係る当面の措置について	せん断破壊型の高架橋柱等を対象線区と実施期間を定めて緊急耐震補強
1996年3月	特定鉄道施設に係る耐震補強に関する省令	耐震補強について定めた運輸省令
1998年12月	鉄道構造物等設計標準（耐震設計）	新設構造物の新しい耐震設計基準を制定
2001年6月	既存鉄道構造物に係る耐震補強について	緊急耐震補強後の対策、既存鉄道構造物の耐震補強に関する指針
2003年5月	【宮城県沖を震源とする地震】	
2003年6月	新幹線構造物の耐震補強について	耐震補強の対象地域限定をとりやめ
2004年10月	【新潟県中越地震】	
2004年11月	新幹線における高架橋柱の耐震性確保について	耐震補強計画の前倒し
2005年3月	新幹線脱線対策に係る中間とりまとめ	中間部で拘束された柱、山岳トンネルの対策
2005年12月	鉄道駅の耐震補強の推進について	鉄道駅の耐震補強
2011年3月	【東北地方太平洋沖地震】	
2011年7月	鉄道駅の耐震補強の一層の推進について	鉄道駅の耐震補強の一層の推進
2013年3月	特定鉄道等施設に係る耐震補強に関する省令	耐震補強について定めた国土交通省令
2013年4月	既存鉄道施設に係る耐震補強について	既存鉄道施設の耐震補強に関する指針

（第3章3.5.2参照）、脱線防止対策や逸脱防止対策が進められた。また、高架橋については、中間部で拘束された柱が被害を受けたことから、これが対象に加えられるとともに、耐震補強計画の前倒しが進められた。さらに、活断層と交差する山岳トンネルが被害を受けたことから、これを踏まえた対策が進められた。2005年には首都直下地震などの懸念が高まったことから、鉄道駅の耐震補強も進められることとなった。

2011年に東北地方太平洋沖地震が発生したが、地震規模の大きさに比べて地震の揺れによる鉄道構造物の被害は限定的であり（第3章3.5.3参照）、耐震補強の効果が実証されることとなった。しかし、一部の未対策構造物などで被害が生じたため、各事業者で一層の取り組みが進められている。

(2) 耐震対策に関する技術開発

1) 高架橋

　鉄道高架橋の構造形式は、経済性の観点からほとんどが鉄筋コンクリート構造のラーメン高架橋となっている。ラーメン高架橋は、不静定構造物であり冗長性が高く、耐震性に優れた構造と考えられてきたが、1995年兵庫県南部地震では鉄筋コンクリート柱のせん断破壊が高架橋全体の崩壊につながることが明らかになった。そこで、既設高架橋柱を鋼板巻き立てなどにより補強する耐震対策が進められてきた。これは、柱の耐力向上は大きくないが、大変形でも耐力低下が生じない、粘り強い構造とする補強方法であり、基礎や梁などに大きな負担をかけずに高架橋の耐震性を向上する方法である。2011年の東北地方太平洋沖地震などその後の地震において、柱が鋼板巻き立て補強された高架橋は大きな被害を受けておらず、その効果が実証されている（図4.5-8）。なお、現在では同様の目的の補強工法が多数開発されており、鋼板を分割して巻き立てる工法のほかに、鉄筋などの補強材をコンクリートやモルタルで巻き立てる工法、炭素繊維やアラミド繊維の繊維シートを巻き立てる工法などが実用化されている[7]。

　ところで現行の設計基準では、高架橋柱がせん断破壊せず曲げ破壊するように設計されている。これは、鉄筋コンクリート柱のせん断破壊が脆性的な破壊形態であるのに対し、曲げ破壊は大変形を繰り返しても比較的耐力低下が少なく、粘り強い破壊形態となるためである。大規模地震により柱が大変形を生じると、損傷するものの耐力を保持して安全性を確保するという考え方である。このため、大規模地震時に柱が損傷する可能性があるため、損傷した場合の補修方法を検討しておく必要がある。そこで、曲げ破壊形態の柱について、耐力や変形性能を回復するために必要な補修方法を検討した結果、ひび割れやコンクリートの剥落程度の損傷であれば、無収縮モルタルによる断面修復で十分で

図4.5-8　高架橋柱の鋼板巻き立て補強

図4.5-9　高架橋柱損傷検知装置

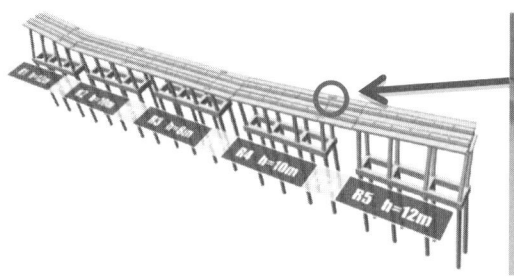

図4.5-10　角折れ防止工

あるが、軸方向鉄筋が座屈するような損傷の場合は、鋼板巻き立てなどが必要であることが明らかにされている[8]。

また、高架橋柱の損傷を早期に検知するため、地震時における柱の最大応答部材角を測定し、損傷の有無を把握できる装置が開発されている（図4.5-9）[9]。この損傷検知装置を用いることにより、耐震補強で鋼板巻き立てされた柱など、目視による損傷状況の調査が困難である場合においても損傷の有無を把握することができ、地震発生から運転再開までのダウンタイムを短縮できると考えられる。

さらに、地震時の列車走行性の確保も課題であるが、高架橋接続部の角折れや目違いを軽減する対策法も開発されており（図4.5-10）[10]、これらにより地震時列車走行性の向上が図られている。

図4.5-11　桁の移動制限装置　　図4.5-12　補強リングを用いた
　　　　　　　　　　　　　　　　　　　　ピボット支承の対策

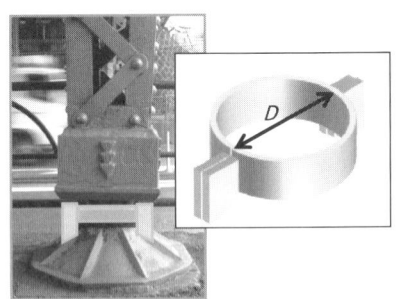

2) 橋梁

　橋梁で地震の被害を受けやすい部位は、支承部や橋脚く体であり、これまでに数多くの被害を受けてきた。

　桁の支承部は、地震の影響を受けやすい部位であるため比較的小規模な地震でも損傷する例があり、支承部が破壊して桁が移動したり、最悪の場合は落橋に至ったりすることもある。旧基準で設計された橋梁には、脆性的な材料である鋳鉄や鋳鋼を用いた支承が存在するため、これらについては、移動制限装置（図4.5-11）や、落橋防止工を取り付ける対策が実施されている。また、旧式構造物である鋼製橋脚に用いられているピボット支承は地震の揺れで逸脱する恐れがあるが、これを防止するため、補強リングによる対策方法（図4.5-12）が開発されている[11]。

　橋脚く体については、旧基準で設計された鉄筋コンクリート構造の場合、地震時に軸方向鉄筋段落とし部のコンクリートが損傷する被害がしばしば発生している（第3章3.5.2参照）。これは、単柱式の橋脚の場合、地震時に受ける力がく体の上方ほど小さいため、これに応じて軸方向鉄筋量を減じているが、実際には旧基準の想定よりも大きい力を受けるためである。現行設計基準ではこの点は是正されているが、既設構造物に対してはこの対策として、橋脚く体を鉄筋コンクリートで巻き立てる補強が実施されてきた。しかし、この補強工法は断面が大きくなることや、施工が大がかりになることから、河川内のように制約のある箇所では適用が難しい。そこで、断面の増加を最小限に抑えるとと

図4.5-13 橋脚の帯板鋼板補強工法

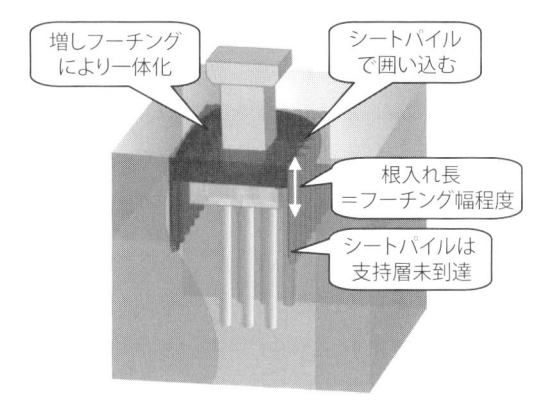

図4.5-14 橋脚基礎のシートパイル補強

もに、より簡易に補強できる方法として帯板鋼板補強工法が開発されている（図4.5-13）[12]。

また、地盤が軟弱な箇所においては、地震により基礎の安定が失われて残留変位を生じる被害も報告されている[13]。基礎の補強は大規模な工事となるため対策は進んでいないが、最近では、比較的簡易な補強方法として橋脚基礎のシートパイル補強工法が開発されている（図4.5-14）[14]。

3) 土構造物

土構造物は、地震による被害を繰り返し受けてきたが、復旧が比較的容易であることから、これまで根本的な対策が実施されることはあまり多くなかった。しかし、最近になって首都直下地震の懸念が高まったことなどから、重要箇所を対象とした対策が徐々に進められている。

土構造物の主な破壊形態としては、盛土の破壊や沈下、土留壁の破壊、液状化による軌道の沈下、橋台裏の沈下などがある。土構造物は新幹線などでは比較的少ないが、建設時期が古い在来線などにおいては膨大な数量が存在している。そこで、施工が簡便でより効果的な耐震対策方法として、ラディッシュアンカーを用いた既設盛土の補強工法（図4.5-15）[15]が用いられている。

土留壁は全国に20万カ所以上存在するが、そのなかでも耐震性が低い石積み壁を対象として、崩壊防止ネットと地山補強材を併用した石積み壁の補強工

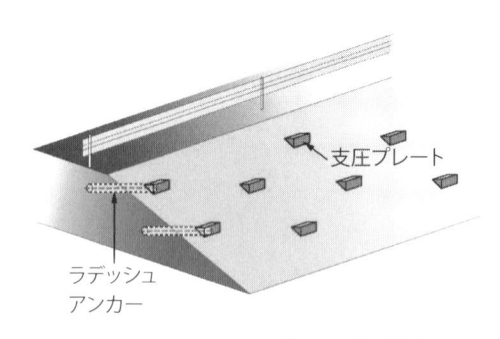

図4.5-15　既設盛土の耐震補強

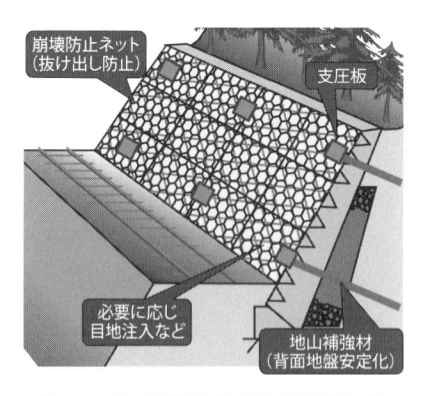

図4.5-16　石積み壁の耐震補強工法

法が開発されている（図4.5-16)[16]。また、背面地盤の自立性が高い場合には、地山補強材と部分的な薬液注入を併用したピンナップ工法も有効である[17]。

4) トンネル

　トンネルは、一般には地震被害を受けにくい構造物であるが、過去の地震においていくつかの被害が報告されている。

　山岳トンネルにおいては、2004年新潟県中越地震で覆工コンクリートが剥落するなどの被害を受けた（第3章3.5.2参照）。地震規模が大きく震源距離が短い場合、地形、地質条件、構造条件によっては、このような被害を受けることが考えられる。このような場合には、背面空洞への裏込め注入やロックボルトによる補強が有効である（図4.5-17）。

　開削トンネルにおいては、1995年兵庫県南部地震において、中柱の破壊に

4.5　地震災害

図4.5-17　山岳トンネルの地震対策

図4.5-18　開削トンネル中柱の鋼板巻き立て補強

より上床版が沈下し、地表面で道路が陥没する被害を受けた。旧基準で設計された開削トンネルには、地震の影響が考慮されていない場合が多いが、構造条件や地盤条件によっては地震による影響を受ける場合もあるため、検討の結果必要と判断された場合には補強が実施されている[18]。開削トンネルの中柱は高架橋の柱に比べて高い軸方向力を受けるため破壊性状がやや異なるが、高架橋柱と同様の鋼板巻き立てなどの補強による効果が検証されており[19]、これらの方法による耐震補強が実施されている（図4.5-18）。

5) 駅施設

駅施設においては、天井や看板などの非構造部材が落下する被害が生じているが（第3章3.5.3参照）、駅は乗客などが通行する空間であり、落下物による危険性が懸念されている。このため、地震時の安全確保のための対策が進められている。

高架区間の場合、高架橋上のホーム上家などでは、地表面より高架橋に地震

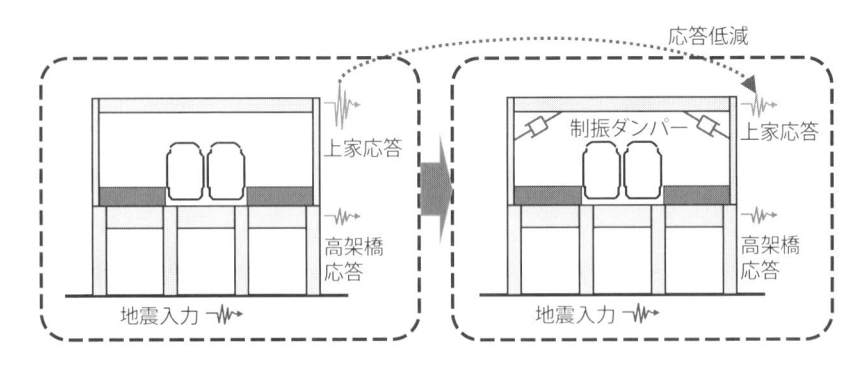

図4.5-19 駅施設の耐震対策

動が伝達されて増幅し、さらに高架橋から上家、吊天井へと伝達されてさらに地震動が増幅され、被害を大きくすることがある。高架橋上の上家には、数多くの天井、看板などが取り付けられている場合があり、これらを個別に対策することは困難である。このような場合は、個別対策よりも、上家自体の応答を抑制する対策が有効であると考えられる。駅においては旅客や列車の通行空間を確保する必要があり、耐震壁やブレースの設置が困難であるが、空間を確保できる対策方法として、方杖型制振ダンパーを用いた方法が開発されている（図4.5-19）[20]。

4.5.3　早期地震警報システム

　鉄道が地震に備えるためには、第4章4.5.1、4.5.2で記述したような構造物の耐震設計および耐震対策、また軌道近傍に敷設する脱線防止ガードや車両に取り付ける逸脱防止ガイドなどのハードウェア系の対策が不可欠である。これに加えて、地震発生時に速やかに列車の速度を落とすことができれば、地震に対する鉄道の安全性がさらに向上することが期待できる。この目的のため、地震発生時に地震動が鉄道に与える揺れの影響を即座に推定し、この情報を伝達することにより列車を制御するソフトウェア系の対策が早期地震警報システムである。当然ながらハードウェア系の対策なしに、早期地震警報システムのみを用いた場合は、その効果は限定的になる。ハードウェアとソフトウェアの対策

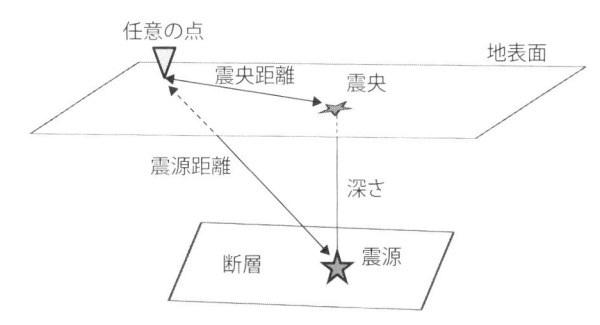

図4.5-20　震源・震央と震源距離・震央距離

を組み合わせることで、より効果的な鉄道の地震対策が可能になる。

以上の背景のもと、現在鉄道ではハードウェア対策と組み合わせる形で新幹線の早期地震警報システムや気象庁の緊急地震速報などが用いられている。本項では、このうち主に新幹線の早期地震警報システムについて記述するが、気象庁の緊急地震速報についても触れることとする。

(1) 地震、地震動、地震警報

初めに地震、地震動、地震警報に関する用語について記述する。

岩盤で発生した断層破壊を地震と呼び、破壊域から放出された波動を地震動と呼ぶ。通常、断層破壊は岩盤のある一点から開始すると考えられており、この点を震源と呼び、緯度・経度・深さで定義される。震源を二次元の地図上にプロットしたものが震央であり、これは緯度・経度で定義される。震源から任意の点までの距離を震源距離、震央から任意の点までの距離を震央距離と呼ぶ。図4.5-20にこれらの概念を示す。

地震動はP波、S波などから構成される。P波は初期微動、S波は主要動とも呼ばれ、一般的に地震被害をもたらす振幅の大きな波はS波である。P波とS波は伝播速度が異なり、P波は7～8km/s程度、S波は3～4km/s程度で岩盤内を伝搬する。このため、震源距離の増大にともない、P波が到達してからS波が到達するまでの時刻差が増加する。例えば震源距離100kmの点では、両者の時刻差は約15秒である。

地震警報には大きく分けて2つの方法が存在する。ひとつは地震計が大きな

揺れを検知した際に警報を発する方法である。通常は大きな揺れをもたらす波がS波であることが多いため、ここではこれをS波警報と呼ぶ。この方法は単純で信頼性の高い方法であるが、地震計が沿線に設置されている場合は警報を発する時点ですでに主要動が到達しているため、余裕時間がないこととなる。ただし、地震計が沿線から離れた場所に設置され、その近くで地震が発生した場合は距離に応じて余裕時間をうることができるため、"早期"地震警報と解釈することができる。もうひとつの地震警報は、地震計がP波を検知し、これを分析することにより地震の危険性を判断し、警報を発する方法である。これをP波警報と呼ぶ。前述のように、震源と地震計の距離が離れているほどP波がS波に比べて早く到達するため、P波警報による余裕時間が大きくなる。さらに震源と鉄道施設の距離が離れていれば余裕時間は増大する。以上の特徴から、P波警報は"早期"地震警報に分類される。ただし、震源と鉄道施設が近い場合は、P波警報を用いても余裕時間が短くなる（場合によっては余裕時間がなくなる）ことに注意が必要である。

(2) 新幹線における早期地震警報の変遷

　世界的に見て地震の発生頻度の高い日本では、高速で走行する新幹線において、地震に対するソフトウェア対策が開業当初より重要視されてきた。具体的には1965年より東海道新幹線の沿線約20km間隔に機械式の感震器（図4.5-21）が設置され、S波警報に基づくき電停止による自動運転制御が行われた[21]。感震器が動作した時点で、すでに大きな揺れが沿線に到達しているため、このシステムは"早期"地震警報に分類されないが、自動化された最初の鉄道用地震警報システムと位置づけることができる。また、この感震器は構造がシンプルで信頼性が高いため、現在も新幹線の早期地震警報システムを構成する機器のひとつとして使用されている。

　次に、海岸線に設置された地震計により、新幹線の運転制御を行う海岸線地震検知システムが運用された[22]。このシステムは海域で発生する大地震を対象としたものであり、海岸線に設置された地震計のS波警報によりあらかじめ定められた範囲の運転制御を行う。海岸地震計が東北地方の海岸線に設置され、1982年の東北新幹線の開業に合わせて実用化された。このシステムでは線路

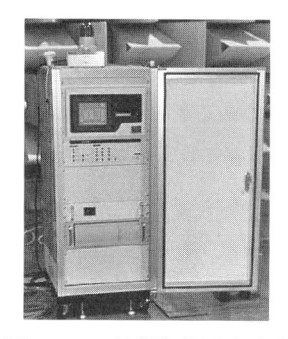

図4.5-21　機械式の感震器　　　　図4.5-22　早期警報用地震計

と海岸線の距離が離れるほど、警報から大きな揺れが到来するまでの余裕時間が長くなる。海岸線地震検知システムは最初の早期地震警報システムと位置づけることができる。

1980年代より、さらに効果的な早期地震警報を目指して、P波を用いた警報の研究が進められた。これらの研究成果を踏まえて開発されたのがユレダス（Urgent Earthquake Detection and Alarm System）である[23]。ユレダスは、単独の地震計が記録したP波初動3秒の波形からマグニチュードと震央を推定し、マグニチュードの大きさに応じた範囲の運転制御をき電停止により行うシステムである。ユレダスの開発により、新幹線の早期地震警報システムは現在のかたちにほぼ近づいたといえる。このシステムは1992年の東海道新幹線「のぞみ」営業開始にタイミングを合わせて実用化された。

その後もP波を使った警報技術は発展し、近地で発生する地震を対象にP波の規定値超過を監視し警報を出力するコンパクトユレダスが開発された[22]。コンパクトユレダスは1998年より実用化されている。

さらに2000年以降、地震学の新しい知見を反映させたかたちで、現行の早期地震警報システムが開発された[21]。このシステムでは、P波初動1〜2秒の波形から震央やマグニチュードを推定し、自機の推定した情報やほかの地震計の情報を使ってき電停止に基づく運転制御を行う。その詳細は、(3)に記述する。新幹線の早期地震警報システムは2004年より現行のシステム（図4.5-22）に置き換えられた。

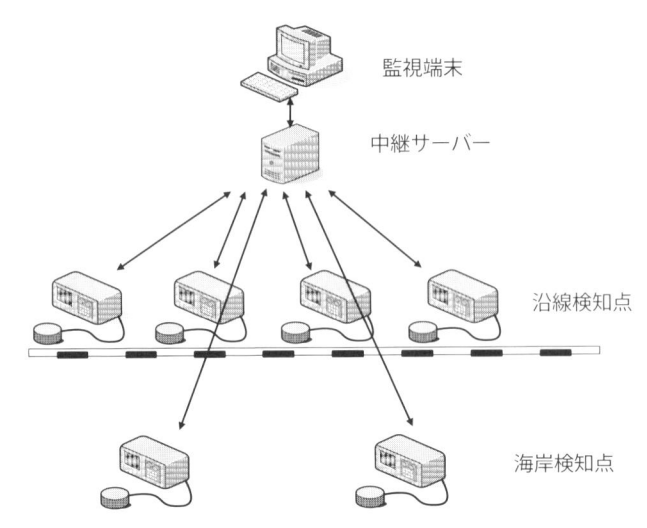

図4.5-23　早期地震警報システムの構成

(3) 現行の早期地震警報システムの仕組み

　現行の早期地震警報システムの構成を図4.5-23に示す。このシステムは、地震検知点、中継サーバーおよび監視端末から構成される。地震検知点は設置箇所に応じて2種類に分類される。ひとつは沿線付近で発生する地震を対象に沿線に設置される沿線検知点、もうひとつは海域で発生する大地震を対象に海岸線に設置される海岸検知点である。どちらの検知点もシステムとしての冗長性を考慮し、早期警報用地震計に加え機械式の感震器を設置している。沿線検知点は新幹線の線路に沿っておおむね10～20kmの間隔、海岸検知点は海岸線に沿っておおむね100kmの間隔で設置されている。

　中継サーバーと監視端末は新幹線の指令に設置されている。沿線検知点、海岸検知点、中継サーバー、監視端末はそれぞれ高速通信回線で接続されており、地震発生時のみならず、通常時にもライフチェックなどの情報のやりとりが行われている。

　沿線検知点や海岸検知点に設置される早期警報用地震計は、P波警報、S波警報の機能を持つ。S波警報は、所定のバンドパスフィルター処理（図4.5-24）

4.5 地震災害

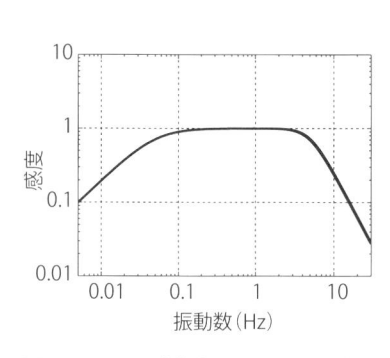

図4.5-24 S波警報用のバンドパスフィルター特性

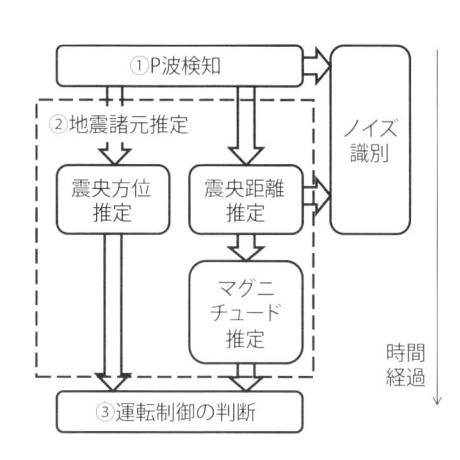

図4.5-25 P波警報の処理フロー

が行われた加速度の振幅が事前に定めた規定値を超過した場合に出力されるものである。P波警報は、単独の地震検知点で観測されたP波初動の波形を解析して震央とマグニチュードを推定し、新幹線が被害を受ける可能性があると予測される場合に出力されるものである。この警報は、自機以外の地震計が計算した震源情報によっても出力される。後者の場合、震源情報は中継サーバーを経由して受信する。

以下、早期地震警報用地震計内のP波警報処理の概要を述べる。P波警報は、図4.5-25に示すように、①P波検知、②震源諸元の推定、③列車制御の判断の段階を経て出力される。

①P波検知

地震波のP波を検知するために、早期警報用地震計では入力振幅の短時間平均と長時間平均の比を常時監視する方法（STL/LTA法と呼ぶ）が使用されている。STA/LTAにおけるトリガーの閾値は、誤警報の可能性を考慮して地震検知点ごとに決定される。P波検知後、早期警報用地震計は一定区間内（1～2秒）で波形データをさかのぼり、P波到着時刻を求める。さらに、波形振幅の包絡形状や上下動と水平動の振幅比などを解析することにより、ノイズと地震動の識別を行う。

(a) 振幅成長率の定義

(b) 振幅成長率(係数B)と震央距離の関係

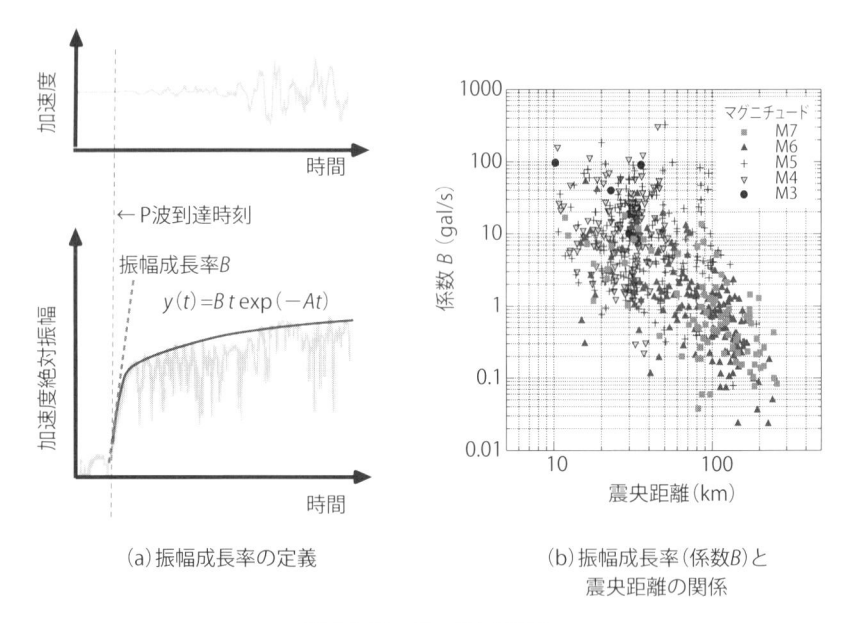

図4.5-26　B-⊿法の概念

②地震諸元の推定

次に早期警報用地震計は、震源諸元（震央、マグニチュード）を推定する。このうち震央は震央距離と震央方位を推定することにより定められる。震央距離の推定にはB-⊿法[25]が用いられている（図4.5-26）。これは震央距離とP波初動の振幅成長率の経験的関係を利用して震央距離を推定するものである。振幅成長率は、岩盤内を伝搬する際の地震動の散乱の影響により、震央距離が長いほど小さな値を示す傾向を持つ。B-⊿法では、観測されたP波初動部の振幅包絡線を式4.5-1でフィッティングさせることにより求められた係数Bを振幅成長率と定義する。

$$y(t) = B\,t\,\exp(-A\,t) \tag{式4.5-1}$$

ここで、yは振幅包絡、AとBは係数、tは時間を表す。この手法は単独観測点のP波初動部1〜2秒の波形のみを使用して解析をするため、ほかの地震計

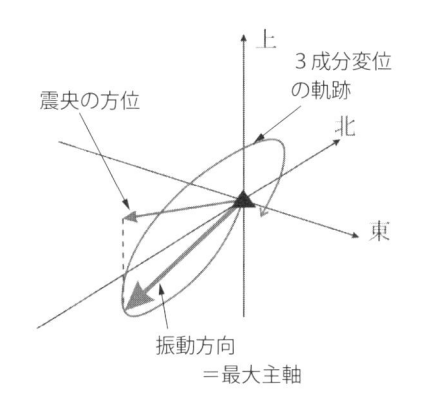

図4.5-27 震央方位推定の概念

のデータを利用することなく速やかに震央距離を求めることができる。

P波は進行方向に平行に振動する性質を持つ。このため、P波の振動方向を調べることにより震央の方向を求めることができる。早期警報用地震計では、P波初動1.0～1.1秒の変位データに主成分分析法[26]を適用することにより、振動方向の推定を行う（図4.5-27）。

さらにマグニチュードは、観測された変位振幅、係数B、マグニチュードに関する距離減衰式（式4.5-2）を用いて計算される。

$$M = 0.7387 \log_{10}(D) - 1.02 \log_{10}(B) + 7.07 \qquad (式4.5\text{-}2)$$

ここで、Mはマグニチュード、Dは観測された変位振幅を表す。P波データによるマグニチュード推定は、断層面の破壊の成長を追尾できるようにあらかじめ定められた間隔で複数回行われる。

③列車制御の判断

早期警報用地震計は、震央、マグニチュードが推定されたのち、列車制御の判断を行う。この判断は、過去の地震における鉄道の地震被害とマグニチュード、震央距離に関する経験的な関係[27]を用いて行われる。上述の関係を図4.5-28に示す。図中には新幹線および在来線において列車走行に影響を与えた構造物の被害、非構造物の被害事例がプロットされている。図より、大きなマグ

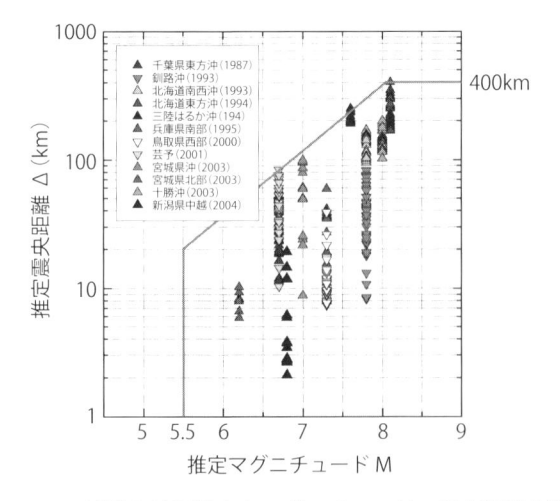

第4章 鉄道における自然災害の対策

図4.5-28 鉄道の地震被害とマグニチュード、震央距離の関係

ニチュードの地震ではより遠方まで被害が発生し、小さなマグニチュードの地震では震央距離の近い箇所でのみ被害が発生することがわかる。②で推定された震央（震央距離）とマグニチュードを図4.5-28の関係に照らし合わせることにより、地震被害の発生の可能性を求め、列車制御の要否を判断する。

上記①～③の処理は地震計ごとに独立して実施される。これらのP波警報処理により列車制御が必要と判断された場合、あるいは規定値超過によりS波警報の発報が必要と判断された場合には、地震計はき電停止の信号を変電所に対して即座に出力する。

(4) 緊急地震速報の利用

緊急地震速報は、気象庁が全国に設置した約200台の地震計のデータと防災科学技術研究所が設置した約800台の地震計のデータをリアルタイムで集約して、震源、マグニチュード、震度などを推定し、気象庁から配信されるもので、2007年より運用が開始された。このシステムは、国民全体に向けた防災情報の配信を目的としており、地震計の配置などは必ずしも鉄道での活用に最適化されたものではないが、国土全体に地震計を配置しているためブラインドゾーンの少ない早期地震警報システムといえる。このため、広域に線路や施設

4.5 地震災害

```
┌ レベル法      ┐
├ B-⊿法        ├ 単独観測点処理
├ テリトリー法 ┘
├ グリッドサーチ法 ┐
├ 着未着法         ├ 複数観測点処理
└ EPOS            ┘
```

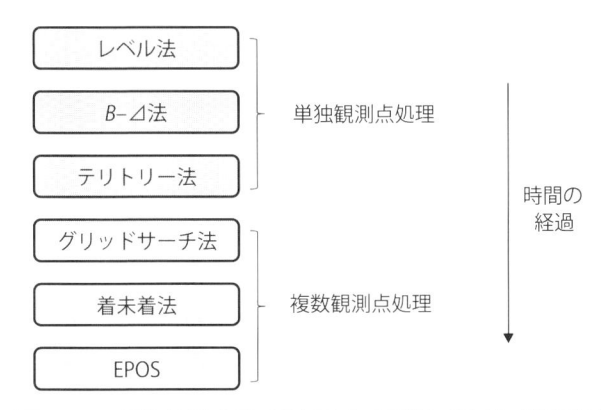

時間の経過 →

図4.5-29 緊急地震速報で使用される震源（震央）推定手法

が展開される鉄道にとって、緊急地震速報の利用の効果は高いと考える。現在、この情報を単独で利用する鉄道事業者、あるいは自社の早期地震警報システムと組み合わせて利用する鉄道事業者が存在する。

緊急地震速報の処理の概要を以下に記述する。

震源位置の決定には、使用できる観測点数に応じて複数の手法が適用される（図4.5-29）[28]。それらはレベル法、B-⊿法、テリトリー法、グリッドサーチ法、着未着法、EPOSによる方法である。このうち単独観測点処理手法として、レベル法、B-⊿法、テリトリー法、複数観測点処理手法としてグリッドサーチ法、着未着法、EPOSによる方法が適用される。緊急地震速報は、使用できる観測点数や使用する手法の変化にともない、ひとつの地震に対して複数の情報が配信される。

レベル法は観測された加速度が所定の閾値を超過した際に超過情報を発する手法、B-⊿法は(3)②に記述した手法、テリトリー法は事前に各地震計の受け持ち範囲を定義し、最も早く地震を検知した地震計の受け持ち範囲内で地震が発生したとみなす手法である。また、グリッドサーチ法、着未着法、EPOSによる方法は複数の地震計で観測されたP波（あるいはS波）の到達時刻の差を利用して震源を決定する手法である。一般に記述した順番に即時性が高いが、即時性の高いものほど推定精度が劣る傾向を示す。したがって、これらのデータを扱う際には、即時性と精度のトレードオフを考慮する必要がある。

(5) 今後の展望

　鉄道の早期地震警報システムはこれまで大地震に対して一定の働きをしてきたと考えられる[たとえば29]。一方、鉄道のさらなる安全を求め、より早く正確な警報出力が望まれている。不確定性の多い自然現象を対象に常に確実に安定した動作をすることを目指し、P波警報にかかわる処理手法の高度化[30],[31]、地震計の増設、他機関の地震情報の活用[32]など、多角的に性能・機能を向上させる取り組みが行われている。同時に機器の信頼性を向上させるなどの地道な努力が行われている。

【参考文献】

1) 公益財団法人鉄道総合技術研究所：鉄道構造物等設計標準・同解説　耐震設計、418p.、丸善、2012
2) ISO23469: Basis for design of structure-Seismic actions for designing geotechnical works, 2005
3) 坂井公俊、室野剛隆、佐藤勉：近年の地震記録に基づいたL2地震動の考え方とその設定方法、鉄道総研報告、Vol.25、No.4、pp.5-12、2011
4) 室野剛隆・野上雄太・田上和也・坂井公俊：GHE-Sモデルによる土の動的非線形挙動の評価方法、鉄道総研報告、Vol.25、No.4、pp.13-18、2011
5) 室野剛隆、佐藤勉：構造物の損傷過程を考慮した非線形応答スペクトル法の適用、土木学会地震工学論文集、第29巻、pp.520-528、2007
6) 豊岡亮洋・室野剛隆・野上雄太・西村隆義：構造形式の差異に着目した慣性力および地盤変位の影響評価、鉄道総研報告、Vol.25、No.4、pp.51-56、2011
7) 岡本大・堀慎一・谷村幸裕：既設高架橋の耐震性を向上する、RRR、Vol.70、No.3、pp.20-23、2013
8) 仁平達也・谷村幸裕・岡本大・田所敏弥：震害を受け補修したラーメン高架橋柱の部材特性、鉄道総研報告、Vol.22、No.3、pp.5-10、2008
9) 松本光矢・曽我部正道・仁平達也・谷村幸裕：応答部材角測定による高架橋群の地震被害評価法、鉄道総研報告、Vol.23、No.12、pp.11-16、2009
10) 丸山直樹・曽我部正道・谷村幸裕・原田和洋・黒岩俊之・笠倉亮太：鉄道高架橋用角折れ防止装置の性能評価、鉄道力学論文集No.13、pp.162-169、2009
11) 池田学・芝寛・吉田直人・黒田智也：ピボット支承を有する旧式鋼橋の耐震性評価および補強法、鉄道総研報告、Vol.25、No.2、pp.23-28、2011
12) 大本晋士朗・大越靖広・奥西淳一・獅子目修一：帯板鋼板を用いたRC橋脚の段落し補強効果の検討、土木学会第68回年次学術講演会V-75、2013
13) 土木学会：2003年に発生した地震によるコンクリート構造物の被害分析、コンクリートライブラリー114、III-20、2014
14) 西岡英俊・西村昌宏・神田政幸・山本忠久・樋口俊一・杉江茂彦：鋼矢板とフーチングの一体化による既設杭基礎の耐震補強工法、鉄道総研報告、Vol.23、No.12、pp.23-28、2009

15) 矢崎澄雄：大径地山補強材による地山安定化工法の設計・施工例－ラディッシュアンカー工法－、基礎工、Vol.41、No.11、pp.70-73、2013
16) 中島進・藤原寅士良・池本宏文：崩壊防止ネットと地山補強材を併用した既設石積み壁の耐震補強、Vol.52、No.10、pp.829-831、2014
17) 太田直之・杉山友康・岡田勝也・布川修・鳥井原誠・山本彰・山田祐樹：間知石を用いた石積み壁を対象とした耐震補強工の開発、土木学会論文集F、Vol.63、No.2、pp.212-224、2007
18) 運輸省鉄道局監修：よみがえる鉄道―阪神・淡路大震災鉄道復興の記録―、pp.65-71、1996
19) 谷村幸裕・渡辺忠朋・佐藤勉：軸方向力の大きいRC部材における鋼板巻き補強効果に関する実験、コンクリート工学年次論文報告集、Vol.19、No.2、1997
20) 山田聖治・三木広志・清水克将：スマートパッシブ制振ダンパを用いた鉄道建築物の耐震性能評価：鉄道総研報告、Vol.28、No.8、pp.41-46、2014
21) 中村豊：鉄道における地震警報システム、鉄道技術、Vol.42、No.10、pp.371-376、1985
22) 中村豊：世界最初の実用P波警報システム「ユレダス」の現状と将来、第2回土木学会リアルタイム地震防災システムシンポジウム、pp.107-112、2000
23) Nakamura, Y.: On the urgent earthquake detection and alarm system (UrEDAS), Proceedings of Ninth world Conference on Earthquake Engineering, Vol.VII, pp.673-678, 1988
24) 岩橋寛臣・岩田直泰・佐藤新二・芦谷公稔：早期地震警報システムの実用化、鉄道総研報告、Vol.18、No.9、pp.23-28、2004
25) Odaka, T., Ashiya, K., Tsukada, S., Sato, S., Ohtake, K., and Nozaka, D..: A new method of quickly estimating epicentral distance and magnitude from a single seismic records, Bulletin of Seismological Society of America, Vol.93, No.1, pp.526-532, 2003
26) 気象研究所地震火山研究部：自動検測手法の研究、気象研究所技術報告、No.16、pp.56-100、1985
27) 中村洋光・岩田直泰・芦谷公稔：地震時運転規制に用いる指標と鉄道被害の統計的な関係、Vol.19、No.10、pp.11-16、2005
28) 気象庁：緊急地震速報御概要や処理手法に関する技術的参考資料、http://www.data.jma.go.jp/svd/eew/data/nc/katsuyou/reference.pdf
29) Yamamoto, S., and Tomori, M..: Earthquake early warning system for railways and its performance, JSCE, Vol.1, pp.322-328, 2013
30) 野田俊太・山本俊六・佐藤新二：早期地震検知における地震諸元推定方法の精度および即時性向上、鉄道総研報告、Vol.25、No.7、pp.7-12、2011
31) 山本俊六・野田俊太・是永régt宏：P波初動部の立ち上がり特性に着目した震央距離推定手法、鉄道総研報告、Vol.26、No.9、pp.5-10、2012
32) 宮腰寛之・山本俊六・祇園昭宏・神山真樹・他谷周一・渡辺篤・功刀卓：鉄道の早期地震警報への海底地震計情報活用に向けたデータ処理、鉄道総研報告、Vol.29、No.1、pp.35-40、2015

第5章

鉄道の自然災害に対する防災・減災の今後

第5章 鉄道の自然災害に対する防災・減災の今後

　鉄道では、第3章で述べたような被災事例に基づいて、第2章および第4章で述べた対策を行っている。ところが、2011年3月11日に発生した東北地方太平洋沖地震は日本の防災対策の考え方の方向転換を迫る災害であり、鉄道においても同様に災害対策に対する考え方の変換を迫る出来事であった。特に災害の発生を完全に防ぐことは不可能であること、できるだけ被害を最小とする「減災」の考え方を徹底して災害対策を推進すべきこと、が認識された[1]。鉄道の「防災」の考え方は第2章で述べた運転規制や線区ごとの防災強度の設定に代表されるように、従来「減災」を意識した対策をとってきたといえる。このような減災の考え方に基づいて災害による被害を最小限にするためには、科学的知見に基づき起こりうる災害形態と規模およびその災害によって生じる被害を適確に想定し、起こりうる災害とその被害推定に基づいて点検を行い、対策を進める必要がある[1]。

　また、東北地方太平洋沖地震のような強大な外力による災害は、発生頻度は非常に低いが被災の範囲や重大さは極めて大きい。このような低頻度で大規模な災害は、実施可能なハード対策の耐力を上まわり、それだけでは被害を防ぎきれないため、設計を超える外力の災害にもある程度の効果を発揮するハード対策や規制や避難などのソフト対策を組み合わせる必要がある[1]。近年、日本では明治期以降に経験したことのない規模の地震や豪雨などが発生しており、今後はこのような強大な外力にともなって発生することが危惧される低頻度かつ大規模な災害に対する備えが必要となってきている。これは、鉄道においても同様の問題であり、以下に低頻度大規模災害に備えて、今後鉄道がとるべき対応について、本書のまとめに代えて述べてみたい。

(1) 巨大地震・巨大津波

　一般に大きな地震の後には余震や誘発地震の活動が見られる。1900年以降、モーメントマグニチュード（Mw）9.0以上の地震は、東北地方太平洋沖地震までに世界で4回発生している（表5.1）[1]が、そのうち2004年のスマトラ島北部西方沖地震では、その3カ月後と7年後にMw8.6の地震が発生した。カムチャッカ～アラスカ地域では、1952年（Mw9.0）、1957年（Mw8.6）、1964年（Mw9.2）、1965年（Mw8.7）にMw9前後の地震が連続して発生した。東北地

表5.1　1900年以降発生したMw9以上の地震と火山噴火

発生日時 （日本時間）	発生場所	マグニチュード (Mw)	地震後の噴火
1960年5月23日	チリ	9.5	コンドンカウジェ（2日後）ほか3火山が1年以内
1964年3月28日	アラスカ湾	9.2	トライデント（3日後）、リダウト（2年後）
2004年12月26日	インドネシア、スマトラ島北部西方沖	9.1	タラン（4カ月後）、メラピ（1年3カ月後）、ケルート（3年後）
1952年11月5日	カムチャッカ半島	9.0	カルピンスキー（翌日）ほか2火山が3カ月以内、ベズイミアニ（3年後、1,000年の休止後）
2011年3月11日	日本、三陸沖（東北地方太平洋沖地震）	9.0	?

方太平洋沖地震後は各地で活発な地震活動が観測されているが、Mw8前後の地震は先の地震との関連性はまったく不明だが2015年5月30日の小笠原西方沖地震（Mw7.8）のみが観測されている。

一方、南海トラフでは100〜150年程度の周期でマグニチュード8クラスの海溝型地震が発生しており、東海、東南海、南海の3つの震源域が同時に活動した地震も確認されている。東海地震は前回の発生から約160年、東南海、南海地震は前回から約70年が経過しており、これらが連動した地震の発生が危惧されている[1]。このため、内閣府ではあらゆる可能性を考慮した巨大地震モデルを構築し、地震規模としてマグニチュード9クラスを想定した震度分布、津波高の推定を進め、推計結果を取りまとめている[1]。また、最近の地震活動の活発化を踏まえ、東京湾北部地震などのマグニチュード7クラス以上の首都直下地震の発生の切迫性が指摘されている[1]。

このように想定される大規模地震に対して、第4章4.5.1項でも述べたように、鉄道の耐震設計[2]では、危機耐性という概念をいち早く導入しており、ハード・ソフト両面で対応することが示されている。例えば、早期検知手法、津波発生時の旅客避難を考慮した列車運行手法、早期復旧を考慮したレジリエ

ンス性の高い構造物の設計手法、適切な早期運転再開の判断手法、などの開発が必要であろう。巨大地震の早期検知に関しては、海溝型地震に対しては海底地震計[3]、直下型地震には地中地震計[4]の活用が検討されており、津波発生時の旅客の安全確保に対しては国土交通省が協議会を設置し、対応方針と対応策をまとめている[5]。

(2) 火山災害

　日本には第1章、第3章3.6で述べたように110の活火山が分布し、有史以来繰り返し甚大な火山災害に見舞われてきた。最近の四半世紀の間でも1990年〜1995年の雲仙普賢岳、2000年の有珠山や三宅島、2011年の霧島山（新燃岳）などで大きな被害をもたらす噴火が発生している。雲仙普賢岳や有珠山の噴火では第3章3.6で述べたように鉄道も大きな被害を被った。また、桜島でも2009年以降爆発的噴火が毎日のように発生し、現在も活発な活動が続いており、鉄道も降灰による影響を受けている。

　これまで発生したMw9.0以上の地震の発生後には、数年のうちに周辺の火山で噴火が生じていることが確認されている（表5.1）。東北地方太平洋沖地震後は、三陸沖で大きな地震が発生し火山活動が活発であった9世紀の状況と類似するとの指摘もある[1]。例えば、2013年12月から小笠原諸島の西之島火山ではマグマの噴出が1年6カ月以上にわたって継続しており、溶岩の堆積量は約6,500万m^{3}に達している。2014年9月27日には御嶽山で水蒸気爆発が発生し、多くの方々が犠牲となった。2015年になると、箱根山の大涌谷での火山活動が活発化し、口永良部島で5月29日に爆発的噴火が起き、火砕流が発生した。そのほか、蔵王山、吾妻山、草津白根山、浅間山、阿蘇山、霧島山（新燃岳）などで火山活動が活発になっている。このようなことから、火山噴火災害への備えが急務となっている。

　火山噴火による災害を予測し、その被害を軽減させるためには、事前に噴火シナリオを想定したうえでハザードマップを作成し、これに基づいた避難計画を策定しておく必要がある。噴火時には策定した計画に基づき行動することとなるが、事前の想定と同一の現象が生じることはないため、噴火活動の状況に合わせてハザードマップを変更し、対応する必要がある[1]。

2010年のアイスランドのエイヤフィヤトラヨークトルの噴火では$2.5 \times 10^8 m^3$もの火山灰が放出され（火山爆発指数VEI=4）、欧州全域で航空便が多数欠航し、鉄道などの陸上交通機関も混乱した[1]。日本最大の火山噴火は約9万年前の阿蘇カルデラの噴火で$6 \times 10^{11} m^3$もの火山噴出物が放出され（VEI=7）、そのほか姶良カルデラ（鹿児島湾）や鬼界カルデラでも同レベルの噴火が発生した。国が設置した「広域的な火山防災対策に係る検討会」は、このような大規模火山災害に備えて、溶岩流や火砕流などに対する避難計画の策定、降灰の影響評価と対策に関する調査研究の推進などの重要性を指摘している[1]。火山噴火による鉄道の被災事例はあまり多くないため（第3章3.6参照）、懸念されるようなやや大きな規模の噴火が生じた際に鉄道が被る被災の形態は明らかではない。したがって、火山噴火による鉄道への影響評価手法を検討するとともに、各火山で整備されているハザードマップの活用方法や火山防災協議会と鉄道事業者とのかかわり方について、整理しておくことが重要であろう。

(3) 大規模水災害・大規模土砂災害、竜巻

　2005年のハリケーン・カトリーナによるニューオリンズでの浸水被害、2011年のタイの水害など、近年世界的にも大規模な水害が多発している[1]。第1章でも述べたように日本でも近年は短時間強雨が増加傾向にあり、さらには地球温暖化によるとされる、いわゆる「ゲリラ豪雨」などの局所的で短時間の大雨の頻度の増加（図5.1）[6]や、2013年11月にフィリピンに大被害をもたらした台風30号のような極めて強い台風の発生などが予測されている[1]。また、大気の鉛直安定度が低下すると、強雨や雹、竜巻などの激しい気象現象が発生しやすくなるが、将来はこの大気の鉛直安定度が現在よりも低下することが予想されており[6]、竜巻などのより激しい気象現象が発生する可能性が高い。

　日本における降雨にともなう土砂災害の発生件数は年平均約1,000件以上で推移しており、降雨の強大化にともない大規模な土砂災害が発生するようになってきた[1]。例えば、2011年台風12号にともなう大雨により紀伊半島で複数発生した、いわゆる深層崩壊による河道閉塞や、2012年7月の九州北部豪雨による多数の土砂災害の発生などが挙げられる。特に後者では、熊本県阿蘇地

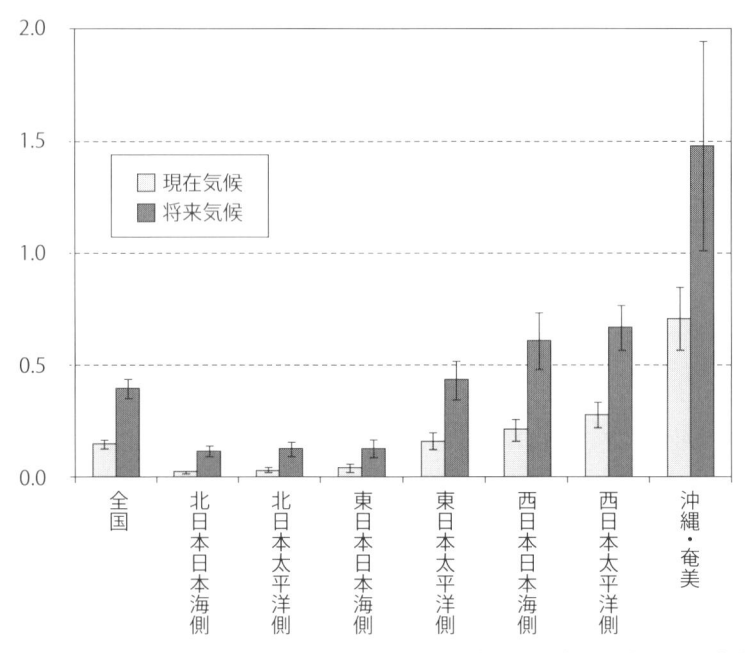

第5章 鉄道の自然災害に対する防災・減災の今後

図5.1 地域別の1時間降水量50mm以上の1地点当たりの年間発生回数の変化 [6]
(地球温暖化予測情報第8巻、気象庁、2013、図3.2-2（b）)

区で最大時間雨量106.0mm、最大連続雨量816.5mmを観測し、鉄道における災害件数が201件にのぼり、供用中のトンネルの崩落などこれまで事例のない災害が発生した（橋倉、2013[7]；第3章3.1.1参照）。

以上のような豪雨などにともなう大規模土砂崩壊については、発生機構や要因が不明な点が多く、さらなる調査研究や防災対策の検討が必要であると指摘されている。国土交通省は「深層崩壊推定頻度マップ」「深層崩壊渓流レベル評価マップ」を公表し、雨量レーダー、振動による大規模土砂移動検知システム、衛星画像解析などの技術を活用した大規模崩壊監視計画システムの整備を進めている[1]。今後の課題として、大規模崩壊の規模や影響範囲を事前に特定する手法の確立が挙げられている[1]。

また、巨大な台風などにともなう大規模水災害に対しては、タイムライン（事前防災行動計画）を活用して対応することが重要であるとされている[8]。

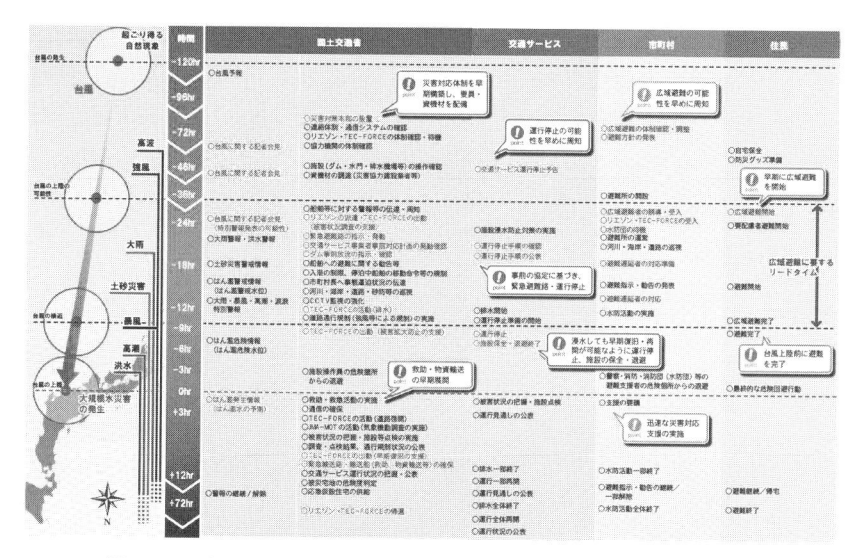

図5.2　大規模水災害時のタイムラインの流れ（国土交通省、2014）[8]

　タイムラインとは、台風などのように事前にある程度災害の発生が予測できるリスクに対して、あらかじめ被害の発生を前提に時間軸に沿った防災行動を作成しておくことであり、災害の発生を前提として「いつ」「誰が」「何を」するかについて、事前に関係機関が協力して準備し、いざその時に実行することで被害を最小限にとどめることができるという考え方である。これは従来の「被害を出さないための対応」に加えて、「被害が出ることを前提とした対応」という2つの備えを用意することになる[9]。2012年の米国でのハリケーン・サンディの発生の際には各地で多くの被害が出たが、ニューヨーク市の地下鉄やニュージャージー州ではタイムラインに従って行動したことにより人的被害が最小限に抑えられたと評価され、日本でも注目されるようになった。国土交通省ではこのタイムラインの導入を検討し、2014年度に河川における水災害対策に導入する方針を示した（図5.2）[8]。ただしこの考え方は、突発的に発生する地震やゲリラ豪雨、竜巻などのリスクの発現から被害発生までのリードタイムが極めて短いリスクについては活用が難しい。
　鉄道においても、このような巨大台風やゲリラ豪雨、竜巻などの極端な気象

現象の際に発生する災害に対する備えが必要になっている。巨大台風のように事前に災害の発生が予測できるような災害に対しては、鉄道においても前述したタイムラインの手法が列車の安全の確保の観点からは有効であろう。2014年10月13日に台風19号が近畿、東海地方を通過した際に、JR西日本、JR東海ではタイムラインに従って、運休を告知したうえで列車の運転を見合わせた。これは列車、旅客の安全を最優先した判断であり高い評価を得ているが、鉄道の使命のひとつである安定輸送の面からは今後、社会的な同意形成をいかに進めるかが課題といえる。

一方、第2章、第4章で述べたように、鉄道では豪雨や強風などの気象現象に対しては、沿線にある間隔で雨量計や風速計を設置し、その観測値に基づいて運転規制などの判断を行っている。しかし、従来の沿線に配置した観測体制では点的な情報しか得られないため、ゲリラ豪雨や竜巻などの強大であるが局所的な気象現象については、その発生を捉えきれない可能性がある。局所的な気象現象を検知するためには面的な観測が有効であるが、これには第4章4.1.1でも紹介したように、近年進歩が著しい気象レーダーがある。例えば、気象庁が配信する「解析雨量」は1kmメッシュで6時間先までの各1時間降水量を30分間隔で配信している[10]。また、「高解像度降水ナウキャスト」は250mメッシュの解像度の降水量分布を30分先まで予測している[11]。また、竜巻など強風観測についても気象レーダーの活用が期待され、主要空港では空港気象ドップラーレーダーによる風向や風速の急変が監視され、航空事故の防止に役立てられている[12]。このような気象レーダー情報の活用については、鉄道が線状に伸びる構造物であるがゆえの課題があると考えられる。しかし局所的な気象現象を検知する手法として気象レーダーは有効であることは間違いなく、これらの課題を解決して鉄道の安全確保と安定輸送への効果的、効率的な適用方法の開発を進めることが急がれる。

鉄道は100年以上の歴史があり、先人達が築き上げた日本の鉄道システムは世界でも稀を見ぬ安全性の高いものである。また運転規制や防災強度の設定など、古くから減災の考え方がとり入れられている。しかし近年の日本は、地震、火山の活動期に入ったともいわれている。また、観測史上最大と報道され

る豪雨も頻繁に発生している。したがって、鉄道100年の歴史でも経験のない自然外力が今後発生することも考えられる。東北地方太平洋沖地震以降、自然災害においても「想定外」は許容されない社会情勢となってきている。私たち鉄道防災に携わる技術者も、これまで経験したことのない自然外力による災害、「想定外」の災害を想定して、鉄道の安全を護っていかなければならない。

【参考文献】

1) 内閣府：平成25年度版防災白書、http://www.bousai.go.jp/kaigirep/hakusho/pdf/H25_honbun_1-4bu.pdf、2013
2) 公益財団法人鉄道総合技術研究所：鉄道構造物等設計標準・同解説　耐震設計、418p.、丸善、2012
3) 宮腰寛之・山本俊六・祇園昭宏・神山真樹・他谷周一・渡辺篤・功刀卓：鉄道の早期地震警報への海底地震計情報活用に向けたデータ整理、鉄道総研報告、Vol.29、No.1、pp.35-40、2015
4) 宮腰寛之・津野靖士：地中地震記録を利用した地表地震動の即時予測手法、鉄道総研報告、Vol.27、No.11、pp.5-10、2013
5) 国土交通省：津波発生時における鉄道旅客の安全性確保に関する協議会報告書、平成25年2月、37p.、http://www.mlit.go.jp/common/000987764.pdf、2013
6) 気象庁：地球温暖化予測情報第8巻、http://www.data.jma.go.jp/cpdinfo/GWP/、2013
7) 橋倉涼一：平成24年度　災害の概要　JR九州、日本鉄道施設協会誌、Vol.51、No.6、pp.426、2013
8) 国土交通省：水災害に関する防災・減災対策本部会議（第2回）資料、http://www.mlit.go.jp/saigai/bousai-gensai-2kai.html、2014
9) 東京海上日動リスクコンサルティング：災害時におけるタイムライン（事前対応計画）の導入、リスクマネジメント最前線、2014-No.24、http://www.tokiorisk.co.jp/risk_info/up_file/201408181.pdf、2014
10) 気象庁：解析雨量、http://www.jma.go.jp/jma/kishou/know/kurashi/kaiseki.html
11) 気象庁：高解像度降水ナウキャスト、http://www.jma.go.jp/jma/kishou/know/kurashi/highres_nowcast.html
12) 気象庁：空港気象ドップラーレーダーによる観測、http://www.jma.go.jp/jma/kishou/know/kouku/2_kannsoku/23_draw/23_draw.html

索引 (五十音順)

数字・欧文

- 38豪雪 ………………………………… 239
- B-⊿法 ………………………………… 266
- GHE-Sモデル ………………………… 248
- L1地震動 ……………………… 245, 246
- L2地震動 ………………… 245, 246, 250
- P波 ……………………………… 41, 261
- P波警報 ………………………… 262, 265
- S波 ……………………………………… 261
- S波警報 ………………… 262, 264, 268

あ行

- 余部橋梁 ……………………………… 106
- 安全性 ………………………………… 244
- 一般規制区間 ………………………… 217
- 受け盤 ………………………………… 24
- 有珠山 ………………………………… 161
- 雨量観測 ……………………………… 166
- 雨量計 ………………………………… 166
- 雨量指標値 …………………………… 169
- 雲仙普賢岳 …………………………… 156
- 運転規制 ……………… 36, 40, 75, 94, 106, 109, 166, 169, 215, 227, 239, 274
- 液状化 ………………………………… 149
- 応急対策 ……………………………… 182
- 応急復旧 ………………… 68, 89, 92, 183
- 横断排水工 …………………………… 184
- 応答変位法 …………………………… 249
- 尾根 …………………………………… 167

か行

- 海岸線地震検知システム …………… 262
- 開床式 ………………………………… 230
- 解析雨量 ………………………… 168, 280
- 外力 …………………… 2, 3, 32, 41, 274
- 化学的風化 ……………………… 26, 196
- 火山 ……………………………………… 17
- 火山泥流 ………………… 17, 156, 157, 159
- 火山灰 …………………… 17, 156, 159, 277
- 火山噴火 ………………… 155, 276, 277
- ガストフロント ……… 8, 9, 11, 107, 108, 109
- 活火山 …………………………………… 18
- 活断層 …………………………………… 15
- 岩石 …………………………………… 197
- 冠雪 ………………………… 124, 223, 224
- 岩盤 …………………………………… 197
- 岩盤崩壊 ……………………………… 200
- 危機耐性 ………………………… 245, 275
- 気象観測システム（アメダス） …… 168
- 気象レーダー …………………… 168, 280
- 規制基準 ……………………………… 217
- 規制用風速計 ………………………… 217
- 強風 ……………………… 40, 111, 215
- 強風災害 ……………………………… 105
- 強風対策 ………………………… 106, 109
- 局所的短時間強雨 …………………… 167
- 緊急地震速報 …………………… 261, 268
- 空中写真判読 ………………………… 185
- 国枝式 ………………………………… 218
- 決定的素因 …………………………… 204
- 限界雨量曲線 ………………………… 177
- 検査 ……………………… 75, 172, 175
- 減災 ……………………………… 32, 274
- 健全度 ……………………………… 175, 176
- 検知 ………………… 40, 41, 42, 213, 265

索　引

降灰	156, 157	震央	261, 266
高解像度降水ナウキャスト	280	震央距離	261, 266, 267, 268
恒久対策	89, 94, 182, 184	震源	261
航空レーザー計測	202	震源距離	261
降水短時間予報	168	水制工	193
降水ナウキャスト	168	数値標高モデル（DEM）	202
降雪	223	数量化I類解析	180
豪雪地帯	223	砂基礎	149
鋼板巻き立て補強	254	スネーク曲線	169
護岸工	193	スノーシェルター	230, 232
固定警備	213	スノープラウ	230
コンパクトユレダス	263	すべり面	91
		性能規定	243

さ行

災害復旧	180	性能規定化	244
細粒土	169	性能照査	250
砂質土	169	性能照査型	243
散水消雪型	230	性能照査型設計	244
ジオテキスタイル	132	性能ランク	208
時間雨量	45, 169, 180	性能レベル	208
事後防災	173	積雪	223, 224
地震	13, 21, 126, 243, 261	積雪対策	227
地震警報	261	積雪深	116, 120, 121
地震動	16, 244, 245, 246, 260, 261	雪害	39
地すべり	20, 25, 38, 75, 76, 77, 184	設計地震動	246
自然的な素因	2	雪氷	223
事前防災	172, 173	雪氷害	223
実効雨量	170	節理	101, 102, 197
湿舌	3, 50	全層雪崩	115
地盤種別	246	洗掘	84
地盤反力	195	せん断破壊	128, 137, 139, 252, 254
社会的な素因	2	線路際対策	104, 208, 209
斜面崩壊	20, 27, 37, 50, 52, 184	素因	2, 19
集中豪雨	3, 8	早期地震警報	262, 263
瞬間風速	108, 109, 110, 216	早期地震警報システム	260, 262, 263
植生	27	総研詳細式	218
		速度規制	182, 217

283

索 引

ソフト対策 32, 33, 36, 38, 42, 215, 226, 239, 274

た行

大規模土砂崩壊 278
耐震設計 37, 243, 275
耐震補強 37, 147, 148, 252, 254
タイムライン 278
耐力 2, 19, 274
ダウンバースト 8, 9, 11
竜巻 8, 9, 11, 110, 111, 279
谷渡り盛土 57, 142
短時間強雨 5, 277
断層 13, 23
着霜 223, 225, 240
着雪 223, 225, 240
着氷 225, 240
超過外力 245
津波 16, 152, 245
鉄道構造物等設計標準（耐震設計） 243
電化柱 148
転覆 105
転覆限界風速 109, 111, 218, 219
転落型落石 96, 204
東海地震 275
東京湾北部地震 275
凍結 226, 242
動的相互作用 248
倒木 113, 124
東北地方太平洋沖地震 30, 143, 245, 254, 274
とき325号 136
土砂災害 166
土砂止柵 183
土砂崩壊 90

土石流 71, 74, 199
突風 107

な行

流れ盤 24, 89, 142
雪崩 12, 20, 28, 37, 115, 117, 225
雪崩危険度 234
雪崩警備 239
雪崩災害 115
雪崩対策 233
雪崩の到達危険度 234
雪崩の発生危険度 234
南海トラフ 275
新潟県中越地震 134, 252, 258
熱水変質 26
のり面採点表 173, 177

は行

ハード対策 31, 32, 33, 36, 37, 38, 42, 215, 221, 226, 237, 274
梅雨前線 3, 44, 50
排水パイプ 184
排水ブランケット 184
剥落型落石 96, 202, 204, 206
ハザード 2, 31
ハザードマップ 276
発生源対策 37, 103, 200, 207
早め規制区間 217
判別解析 180
飛砂 113, 222
飛砂防止林 113
非線形応答スペクトル法 249
避難列車 161
兵庫県南部地震 30, 127, 252, 254, 258
風化 21, 88, 91, 99, 101, 102, 196, 199, 201, 206

風化作用	26
風速計	216, 218
吹きだまり	120, 121, 225, 240
藤田スケール	8, 111
復旧性	244
物理的風化	26, 196
吹雪	12, 120, 225, 240
プレート	13
プレート境界	13, 143
分岐器	229
平均風速	216
閉床式貯雪型	230
平成18年豪雪	12, 114
崩壊検知センサー	182
崩壊予測	79
崩壊予知	79
防護工	37, 200, 209, 237
防災	31
防災強度	42, 274
防災対策	36
防災投資	173
方杖型制振ダンパー	260
防風柵	215, 221
防風壁	221
防風林	221
本復旧	183

ま行

マイクロ波	168
埋没谷	25, 247
曲げ破壊	128, 251, 254
待ち受け対策	182
室戸台風	215
盛土崩壊	47, 57, 61, 64, 152

や行

誘因	2, 3
融解	226, 242
湧水	63, 73
融雪	226, 242
ユレダス	263
要求性能	244
抑止工	37, 39, 192
抑制工	37, 38, 192
予防工	200, 207, 237

ら行

落石	39, 96, 103, 196, 200, 201
落橋	127, 128
ラディッシュアンカー	257
レーザー波緩衝装置（Uドップラー）	204
連続雨量	45, 169, 180

わ行

割れ目	197

鉄道と自然災害
列車を護る防災・減災対策　　　　　　　　　　NDC516

2015年10月30日　初版1刷発行　　（定価はカバーに表示してあります）

Ⓒ　編　者　　公益財団法人鉄道総合技術研究所　防災技術研究部・
　　　　　　　鉄道地震工学研究センター
　　発行者　　井水　治博
　　発行所　　日刊工業新聞社
　　　　　　　〒103-8548　東京都中央区日本橋小網町14-1
　　電　話　　書籍編集部　03（5644）7490
　　　　　　　販売・管理部　03（5644）7410
　　ＦＡＸ　　03（5644）7400
　　振替口座　00190-2-186076
　　ＵＲＬ　　http://pub.nikkan.co.jp/
　　e-mail　　info@media.nikkan.co.jp
　　印刷・製本　新日本印刷㈱

2015 Printed in Japan　　　落丁・乱丁本はお取り替えいたします。
ISBN 978-4-526-07467-7

本書の無断複写は、著作権法上の例外を除き、禁じられています。